HANS JOSEF HORCHEM

Auch Spione werden pensioniert

HANS JOSEF HORCHEM

Auch Spione werden pensioniert

SEIT 1789

Verlag E. S. Mittler & Sohn GmbH · Herford · Berlin · Bonn

Bildnachweis:
Die Abbildungen im Bildteil stammen aus dem Archiv des Ver-
fassers (24) und von Conti-Press, Hamburg (1).
Foto der hinteren Umschlagklappe: Maicke Mackerodt, Köln

Die Deutsche Bibliothek – CIP-Einheitsaufnahme

Horchem, Hans Josef:
Auch Spione werden pensioniert / Hans Josef Horchem.–
Herford; Berlin; Bonn: Mittler, 1993
  ISBN 3-8132-0410-3

ISBN 3 8132 0410 3; Warengruppe 14

© 1993 by Verlag E.S. Mittler & Sohn GmbH, Herford
Alle Rechte, insbesondere das der Übersetzung, vorbehalten.
Einbandgrafik: Frank Schumann, Hamburg
Umschlaggestaltung: T. Flexen, Hamburg, unter Verwendung
der o.g. Grafik
Produktion: Heinz Kameier
Gesamtherstellung:
Hans Kock Buch- und Offsetdruck GmbH, Bielefeld
Printed in Germany

Inhalt

Vorwort

In seinem Buch, dessen Titel enger ist als der ausgebreitete Stoff, beschäftigt sich Hans Josef Horchem überwiegend mit dem Phänomen des deutschen und internationalen Terrorismus. Er liefert damit einen wichtigen Beitrag zu einem bedrückenden Kapitel der deutschen Nachkriegsgeschichte.

Als Chef des erfolgreichen Hamburger Landesamtes für Verfassungsschutz konnte Horchem die Entwicklungen und Veränderungen des Terrorismus aus unmittelbarer Nähe mitverfolgen. Sein Amt war zur Hochzeit des Terrorismus über längere Zeiträume hinweg das einzige, das Zugänge zur Terrorszene hatte und in der Lage war, langfristig erfolgreiche nachrichtendienstliche Operationen gegen die Rote Armee Fraktion zu führen. In vielen theoretischen Aufsätzen, Vorträgen und Lagebildern hat Horchem die Ereignisse analysiert und dadurch die Terrorismusabwehr in der Bundesrepublik mitgestaltet. Da man sein Fachwissen und seine Fähigkeiten zur Darstellung und Analyse auf fachlicher und politischer Ebene überall brauchte, befand er sich stets in vorderster Beobachterposition und oft inmitten dramatischer Geschehnisse. Seine fachliche Autorität, die auch die Details mühelos beherrscht, haben ihm den Respekt aller Angehörigen der Sicherheitsorgane eingetragen.

Mit Hans Josef Horchem verband mich in den 70er Jahren eine Art »dialektische Freundschaft«. Unsere verschiedenen beruflichen Aufgaben — er war Verfassungsschützer, ich Polizist — bedingten unterschiedliche, teils sogar konträre Auffassungen zu den Ursachen des Terrorismus und den zweckmäßigsten Methoden seiner Bekämpfung. Die Aufdeckung der Stasi-Connection der RAF mag ihn weniger überrascht haben als mich, der ich in meinem Amt auch von kommunistischen Staaten aktive Hilfe bei der Bekämpfung des Terrorismus erhalten hatte. In der Zielsetzung, die Täter zu finden und sie ihrer

Strafe zuzuführen, waren Hans Josef Horchem und ich stets einer Meinung. Besonderen Dank schuldet die Polizei ihm für seine öffentliche Unterstützung der polizeilichen Rasterfahndung. Wenn dem Bundeskriminalamt seinerzeit erlaubt worden wäre, dieses Fahndungshilfsmittel, das den nicht betroffenen Bürger unberührt läßt, weiter zu entwickeln und fortzuführen, bestünde das Problem der Roten Armee Fraktion nicht mehr.

Hans Josef Horchem hat sich nach seinem Abschied vom aktiven Dienst weiter mit den Fragen des nationalen und internationalen Terrorismus beschäftigt. Im Jahre 1986 gründete er ein »Institut Terrorismusforschung«, das sich sehr bald einen hohen internationalen Ruf erwarb. Horchem gilt heute weltweit als Experte in der Analyse von Entwicklungen im Bereich politisch motivierter Gewalt.

Mitarbeiter der Sicherheitsbehörden finden in dem Buch »Auch Spione werden pensioniert« wertvolle Hinweise, die ihrer Arbeit nutzen können.

Rosenheim, im Juni 1993   *Horst Herold*

Prolog

Ein Spion war ich nie. Ich habe allerdings jahrelang Agenten umgedreht, angeworben und geführt und Kollegen, die im operativen Bereich arbeiteten, ausgebildet und angeleitet. Spion nannte mich nur Jule Baumann, Witwe eines Jägers aus Hinterthal im österreichischen Pinzgau. Wir haben dort seit 1972 eine Wohnung. Frau Baumann war unsere Nachbarin. Ihr Mann hatte bei den Kaiserjägern in Innsbruck gedient. Sie stammte vom Pillersee.

Es war beim »Einheugen«, einer Art von Erntedankfest. Früher hatten die Bauern im Tal dieses Fest nach der Heumahd in lockerer Reihenfolge jeweils auf ihren Höfen gefeiert und die Nachbarn dazu eingeladen. Dieser Brauch war verlorengegangen. Anfang der achtziger Jahre versuchten der Auer-Bauer, der Botenwirt und der Obermussbach-Bauer, diese Tradition wiederzubeleben. Gefeiert werden sollte allerdings nicht mehr auf den einzelnen Höfen, sondern mit dem ganzen Dorf zusammen. Das erste Fest dieser Art fand im Gasthof »Zum Botenwirt« statt.

Meine Frau Maria und ich saßen am Tisch des Pfarrers, den alle Onkel Franz nannten. Neben mir saß Jule Baumann. Sie war damals dreiundachtzig, tanzte aber noch wie eine Feder. Als ich sie nach einem Walzer zum Tisch zurückbrachte, schaute sie mich von der Seite an und sagte mit ihrer von Tirol geprägten Sprachfärbung: »Aha, Sie san also der Spion.« Ich zögerte und meinte dann: »Nun ja, wenn Sie das so sehen wollen.«

Ich hatte keine Ahnung, woher Frau Baumann von meinem früheren Gewerbe wußte. Vielleicht hatte Onkel Franz etwas erzählt. Möglicherweise wußte sie es von Reinhard Spitzy, dem letzten Arbeitgeber ihres verstorbenen Mannes. Auch Spitzy kannte meine ehemalige Profession.

Seiner Frau hat einmal der größte Teil des Hinterthals gehört, vorwiegend Almen und Wälder. Er selbst stammt aus Graz. Schon sehr frühzeitig hatte er sich für die Nazis engagiert. Nach dem Anschluß wurde er Sekretär von Hans Joachim von Ribbentrop, dann Verbindungsoffizier zwischen dem Auswärtigen Amt und dem Reichssicherheitshauptamt. Am Kriegsende arbeitete er für Walter Schellenberg, SS-Brigadeführer und Chef der Auslandsaufklärung, an der deutschen Botschaft in Madrid.

Maria prostete Frau Baumann zu. Ludwig Schwaiger, der Obermussbach-Bauer, hatte einen Hirsch gegeben, der Auer-Bauer eine Gams, ich selbst ein Fäßchen Bier gestiftet. Jule Baumann wischte sich den Mund ab und fragte mich: »Sie san doch pensioniert, oder?« Ich bejahte. Daraufhin schaute sie mich mit ihren durchdringenden blauen Augen an und meinte: »Ich hab' gar nicht gewußt, daß auch Spione pensioniert werden!«

Wege zum Geheimdienst

Eine Tätigkeit beim Verfassungsschutz hatte ich nicht geplant. Ursprünglich wollte ich Anwalt werden. Die rhetorische Unterstützung von juristischen Positionen in einem Plädoyer, der Aufbau der Argumente mit sorgsamer Differenzierung zwischen Fakten und Bewertung, der große Schwung der Robe mit der ständigen Versuchung zur Selbstdarstellung: Das hätte mir gefallen.

Als ich dann — mehr durch Zufall — ein einigermaßen gutes Examen machte, zerstoben diese Vorstellungen. Der Personalchef des Oberlandesgerichts in Köln bot mir eine Richterstelle in Aachen an. Ich wollte heiraten. Die beamtenmäßige Besoldung eines Richters (Anfang 1955 rund 750,— DM pro Monat) schien mir eine bessere ökonomische Basis für eine Ehe zu sein als die unsicheren Aussichten einer Anwaltskarriere in einer Zeit, in der zahlreiche Kriegsteilnehmer, die nach ihrer Heimkehr Jura studiert hatten, ihre Prüfungen ablegten und eine Juristenschwemme herbeiführten. Ich nahm das Angebot an.

Vom Richterberuf war ich zunächst begeistert. Das ständige Bemühen um Neutralität und die größtmögliche Annäherung an Objektivität faszinierten mich. Beides schien am ehesten gewährleistet, wenn man einen gewissen Abstand zu dem jeweils bearbeiteten Fall bewahrte und diese Distanz verband mit einer möglichst intensiven Beschäftigung mit der Materie allgemein.

Rückblickend bestätigt sich, daß die damalige Juristenausbildung eine sehr solide Plattform war für den Richterberuf und für die Tätigkeit als Rechtsanwalt und Staatsanwalt. Das beruhte wesentlich auf der praktischen Ausbildung während der Referendarzeit, die Anfang der fünfziger Jahre noch drei bis dreieinhalb Jahre dauerte. Man lernte, sich schnell in fremde Sachgebiete einzuarbeiten, einen Tatbestand zu erfassen und zu beschreiben, eine Entscheidung zu treffen und zu begründen.

Die Ausbildung schulte auch im Gebrauch der deutschen Sprache. Man verstand, wann das Imperfekt, das Perfekt oder das Plusquamperfekt angewendet werden mußte, und gewöhnte sich daran, den Vortrag der Parteien oder die Behauptungen der Zeugen in indirekter Rede zu bringen. Die Erfahrung in der Formulierung von Urteilen, vor allem von Zivilurteilen, bei denen Tatbestand und Entscheidungsgründe zu trennen waren, half auch bei der Berichterstattung im Verfassungsschutz und bei der späteren journalistischen Arbeit.

Jahre danach, als ich schon lange beim Verfassungsschutz arbeitete, hatte ich manchmal den Wunsch, noch einmal ein Zivilrechtsurteil schreiben zu können mit dem Ziel, daß die Begründung sowohl den Kläger als auch den Beklagten überzeugen möge, ihnen sei Recht gesprochen worden.

Nach einem Jahr richterlicher Tätigkeit wurde ich einer Kammer zugeteilt, die sich vorwiegend mit Scheidungssachen befaßte. Die Beisitzer mußten die Parteien in den Fällen, die sie zu bearbeiten hatten, dazu bewegen, sich wieder zu versöhnen und Klage und Gegenklage zurückzunehmen. Diese sogenannten Sühnetermine waren damals noch Vorschrift. In einem katholisch geprägten Umland waren Hinweise auf die Unauflöslichkeit der Ehe oder Appelle an die christliche Pflicht zur Vergebung eine gute Basis für Erfolg. In sehr vielen Fällen gelang es mir, den Kläger oder die Gegenklägerin zu einer Zurücknahme des Klagebegehrens zu bewegen. Es ist natürlich möglich, daß die Parteien manchmal Versöhnungsbereitschaft nur deshalb demonstrierten, um den »jungen Richter«, der sich so sehr bemüht hatte und selbst erst kurze Zeit verheiratet war, nicht zu enttäuschen.

Der Vorsitzende meiner Zivilkammer war ein langgedienter Jurist, der in den Jahrzehnten, die er der Rechtsfindung gewidmet hatte, zum Skeptiker geworden war. Er beobachtete mein Engagement mit großer Zurückhaltung. Eines Tages sagte er mir, daß meine nachdrücklichen Überredungskünste letztlich nicht der Versöhnung der zerstrittenen Ehepartner dienen würden, sondern nur eine Verzögerung der anstehenden Verfahren zur Folge hätten. Ich wollte widersprechen, aber er hatte recht. Nach sechs Wochen, spätestens nach drei Monaten, legten die meisten der »versöhnten« Ehepartner erneut Klage ein, um sich scheiden zu lassen.

Ich erkannte, daß ich zu jung war für den Richterberuf. Es mangelte an Lebenserfahrung. Das englische System, das Juristen den Zugang zur

Rechtssprechung erst nach langjähriger Anwaltstätigkeit und im Alter von 40 bis 45 Jahren eröffnet, ist insofern besser. Jugend und nicht ausreichende Reife verstellten mir auch den unbefangenen und abgewogenen Umgang mit der richterlichen Unabhängigkeit.

Bei einigen Kollegen, die nur wenig älter waren, glaubte ich, eine Wesensveränderung feststellen zu können. Sie schienen die Gerechtigkeit gepachtet zu haben. Ich dachte an Kurt Tucholsky, den ich damals las: Nach ihm hatte der typische deutsche Landgerichtsdirektor lange gelbe Zähne, einen Embonpoint, war Mitglied eines Kegelclubs und spielte zweimal in der Woche mit dem benachbarten Apotheker, dem Notar und einem Rechtsanwalt Skat oder Doppelkopf.

Das waren dann wohl doch nicht das Berufsbild und die Zukunft, die mir vorschwebten. Ich begann, mich nach anderen Möglichkeiten umzusehen. Eine davon war der Verfassungsschutz. Er schien mir — an soldatische Erfahrungen erinnernd — eine Verbindung zwischen Pflichterfüllung und Abenteuer zu ermöglichen. Die spätere Arbeit bestätigte das.

Dr. Otto John war auf Druck der Engländer Präsident des Bundesamtes für Verfassungsschutz geworden. Konrad Adenauer mochte ihn nicht. John hatte ein amateurhaftes Verhältnis zum geheimen Nachrichtendienst. Er fürchtete ständig, daß sich in der Bundesrepublik eine rechte Renaissance entwickeln könne. Auf der anderen Seite waren die Mitarbeiter im Verfassungsschutz, denen er am meisten vertraute und — fachlich — zutraute, ehemalige Gestapoleute und frühere Angehörige des SD. Im Jahre 1953 schickte er eine Handvoll dieser Verfassungsschützer zum Toplitzsee, um den letzten Kriegsschatz der Nazis heben zu lassen, der dort angeblich mit einem Transportflugzeug untergegangen war.

Otto John war bei seinen Mitarbeitern beliebt, vor allem bei den einfachen Leuten. Er war ein stabiler Trinker. An Weiberfastnacht — einem hohen Fest im Kölner Karneval — hatte er auf jedem Knie eine Putzfrau sitzen.

Am 20. Juli 1954 wechselte er von Westberlin über die Sektorengrenze und blieb in Ostberlin. Von der DDR aus griff er dann in Rundfunkansprachen und Pressekonferenzen die Politik der Bundesregierung an.

Der dänische Journalist Henrik Bonde-Henriksen brachte ihn am 11. Dezember 1955 nach Westdeutschland zurück. Hier wurde ihm der Prozeß gemacht. Ihm konnte nicht bewiesen werden, daß er bei den Vernehmungen durch den Staatssicherheitsdienst und durch das KGB die Klarnamen und die Decknamen der Mitarbeiter vorsätzlich enthüllt hatte, die früher für die Geheimdienste der Nazis tätig gewesen waren und jetzt in der Spionageabwehr in Köln arbeiteten. Am 22. Dezember 1956 verurteilte ihn der Bundesgerichtshof in Karlsruhe wegen landesverräterischer Konspiration und landesverräterischer Fälschung zu vier Jahren Zuchthaus.

Zu dieser Zeit war Hubert Schrübbers schon zum Präsidenten des Bundesamtes für Verfassungsschutz ernannt worden. Schrübbers kam von der Bundesanwaltschaft. Er wollte den Verfassungsschutz, der durch die John-Affäre sehr angeschlagen war, wieder stabilisieren und das Bundesamt von einem bloßen Geheimdienst, dem bei vielen kritischen Demokraten der hautgôut von unseriösen, wenn nicht gar illegalen Arbeitsmethoden anhaftete, in eine ordentliche und funktionierende Obere Bundesbehörde umwandeln. Auf seine Initiative hin stellte das Bundesamt von Ende 1956 bis Mitte 1958 rund 15 junge Juristen ein. Sie sollten die Funktionen übernehmen, die nach der Pensionierung älterer Abteilungsleiter und Referenten frei werden würden, und die Führungspositionen besetzen, die sich — als Folge der wachsenden Konfrontation mit dem Sowjetkommunismus — aus den größeren Aufgaben des Verfassungsschutzes entwickeln könnten. Die meisten dieser jungen Richter, Staatsanwälte und Verwaltungsbeamten wurden den in sie gesetzten Erwartungen gerecht: Moniereisen für den Neubau des Verfassungsschutzes.

Präsident Schrübbers führte die Einstellungsgespräche mit den künftigen Kadern selbst. Der Leiter der Personalabteilung war immer beteiligt. Sehr häufig war auch Vizepräsident Albert Radke dabei.

Hubert Schrübbers erklärte seinen Kandidaten, daß ihre neuen Aufgaben völlig verschieden seien von dem, was sie bisher getan hätten. Die juristische Ausbildung und Praxis böten allerdings eine solide Basis für die Arbeit im Geheimdienst. Vor romantischen Illusionen sei zu warnen. Die Beamten des Verfassungsschutzes würden nur in seltenen Fällen mit Pistole zu ihren Verabredungen gehen. Vorbild für die Arbeit sei vor allem das amerikanische FBI.

Nach dem Vorstellungsgespräch mit dem Präsidenten wurden die Bewerber einigen Abteilungsleitern und anderen wichtigen Funktionären im Bundesamt vorgeführt. Unter diesen Gesprächspartnern war auch Dr. Günter Nollau, der spätere Präsident des BfV. Damals leitete er die Auswertung für Linksextremismus.

Er saß an seinem Schreibtisch hinter zwei Aktenbergen, die ihn fast verbargen. In seinem prononcierten Sächsisch forderte er mich auf, ihm etwas über meine bisherigen Tätigkeiten zu erzählen und zu erklären, wo meine Interessengebiete lägen. Während meiner Erläuterungen las er weiter in seinen Vorgängen, machte sich einige Notizen, die aber nicht meine Ausführungen betrafen, und unterschrieb hier und dort einen Vermerk. Dann blickte er auf und fragte mich: »Kennen Sie den ›Linken Radikalismus, die Kinderkrankheit im Kommunismus‹?« — Dies ist eines der bedeutenderen Werke von Lenin. Ich kannte es nicht. — Dann fragte er weiter: »Haben Sie etwas von Marx gelesen?« Ich hatte nicht. Er fragte schließlich: »Was haben Sie denn von Hegel gelesen?« Auch hier mußte ich passen. Damit war das Gespräch beendet.

Nollau war Jurist mit ausgezeichneten Examina. Als ich sein Zimmer verlassen wollte, bemerkte er noch: »Übrigens, ich bin der Meinung, daß sich Juristen grundsätzlich nicht für den Geheimdienst eignen.«

Dem Personalreferenten sagte ich danach, daß es mir im Prinzip gleichgültig sei, in welchem Bereich man mich beim Verfassungsschutz beschäftigen werde; ich hätte nur einen Wunsch, nämlich nicht unter Dr. Nollau arbeiten zu müssen. Als ich im Februar 1957 eingestellt wurde, fand ich mich im Arbeitsbereich Linksextremismus wieder. Dort blieb ich, bis ich im Januar 1969 nach Hamburg ging.

Damals mußte man bei einer Bewerbung noch fünf Referenzpersonen angeben. Als erste hatte ich meinen früheren Vorsitzenden Richter Dr. Kälcker benannt. Er hatte mir eine gute Beurteilung geschrieben. Als zweite Referenzperson notierte ich Kunrat Freiherr von Hammerstein.

Kunrat war ein Freund meiner Schwiegereltern. Er gehörte zu der Gruppe der Offiziere vom 20. Juli 1944. Nach dem Attentat auf Hitler verbarg er sich vor den Häschern der Gestapo bei Freunden und Bekannten im Rheinland.

Ich dachte, die Referenz eines Mitglieds der Verschwörung vom 20. Juli könne für eine Bewerbung beim Verfassungsschutz hilfreich sein. Gottseidank unterließ es der damals für Einstellungen zuständige Personalreferent, in der Kartei (damals gab es noch keine Computer) nachzufragen, ob über die Referenzperson Kunrat von Hammerstein etwas bekannt war. Er begnügte sich damit, bei Dr. Kälcker eine Referenz einzuholen, weil Kälcker Anfang des Krieges sein »Referendarvater« gewesen war.

Einige Monate später, als die Überprüfung meiner Vertrauenswürdigkeit abgeschlossen und ich zum Umgang mit Verschlußsachen bis zur Stufe »Geheim« ermächtigt worden war, ließ ich mir die Akte »Hammerstein« kommen. Sie war fünf Zentimeter dick und enthielt nicht nur Details aus seiner Familiengeschichte, die mir bis dahin nicht bekannt waren, sondern auch seine Kontakte bis zu dem Zeitpunkt, als ich beim Bundesamt für Verfassungsschutz eingestellt wurde. Sein Vater, ehemals Chef des Truppenamtes (des Generalstabs) der Reichswehr, unterhielt in den zwanziger Jahren in Berlin ein Haus, in dem sich namhafte Vertreter von Militär, Literatur, Journalismus und Politik begegneten. Eine Schwester Kunrats lernte den stellvertretenden Chef des M- und T-Apparates der KPD kennen (»M« und »T« bedeutete Mord und Terror). Sein Name war Viktor Aaron. Er war der Sohn eines reichen jüdischen Schuhhändlers aus Berlin. Viktor und die Tochter Hammerstein heirateten Anfang der dreißiger Jahre. Viktor ging mit den Resten des M- und T-Apparates nach der Machtübernahme der Nazis in den Untergrund. Mitte der dreißiger Jahre konnte er sich seiner Verhaftung durch Flucht in die Sowjetunion entziehen. Dort wurde er 1937 — zusammen mit seinem Chef Hans Kippenberger — bei den Stalinschen Säuberungen umgebracht.

Auf diese Tatsache wies mich im Jahre 1970 Herbert Wehner hin. Er erzählte mir, daß er vom Zentralkomitee der KPD 1941 in Moskau die Weisung bekommen habe, über Schweden nach Deutschland zu gehen, um dort die illegale KPD wieder aufzubauen bzw. ihre Reste zusammenzuführen. Von Stockholm aus sollte er zunächst die Verbindungswege ins Reich organisieren. Anfang 1942 habe ihn dann ein Mitglied des ZK der schwedischen

KP mit einer Frau aus Moskau zusammengebracht, die ihn — Wehner — unbedingt sprechen wollte.

Sie sagte zu ihm: »Genosse Funk (das war der Deckname von Herbert Wehner), Moskau hat die Order, Parteiarbeit in Deutschland zu leisten, wieder aufgehoben. Statt dessen mußt Du nach Berlin, um dort eine Verbindung zur Familie Hammerstein herzustellen.« Wehner erwiderte: »Ich kenne niemanden aus der Familie von Hammerstein. Ihr aber habt doch jemand, über den Ihr eine bessere Verbindung aufbauen könnt. Viktor Aaron ist der Schwiegersohn von General von Hammerstein-Ecquord. Viktor mußte wie ich 1937 in die Sowjetunion fliehen. Für Euch dürfte es ein leichtes sein, ihn dort zu finden.«

Wehner wußte natürlich, daß sowohl Kippenberger als auch Viktor Opfer der Stalinschen Säuberung geworden waren.

Als die »Dame aus Moskau« (so nannte sie Wehner) erkannte, daß sich der Genosse Funk nicht für die Ziele des sowjetischen Geheimdienstes einspannen ließ, sondern bei seiner Parteiarbeit bleiben wollte, verließ sie das Besprechungszimmer. Zwei Tage danach wurde Herbert Wehner von der schwedischen Reichspolizei verhaftet und im Sommer 1942 zu einem Jahr Zuchthaus verurteilt. Nach seiner Entlassung aus der Strafhaft überführte man ihn in ein Internierungslager. Dort saß er bis August 1944. Danach arbeitete er in einem Industriebetrieb. Seine Mitgliedschaft in der KPD hatte er inzwischen gelöst. Im September 1946 kehrte er nach Deutschland zurück.

Hier bewog ihn der Vorsitzende der SPD, Dr. Kurt Schumacher, als Abgeordneter der Partei im Wahlkreis Hamburg-Harburg zu kandidieren. Harburg war damals eine Hochburg der KPD. Obwohl Wehner fürchten mußte, daß seine ehemaligen Genossen ihm — wie er mir einmal sagte — »die Haut bei lebendigem Leibe abziehen« würden, akzeptierte er. Er unterstützte von Anfang an bedingungslos die markante Frontstellung Schumachers gegen den Kommunismus.

Im zweiten Teil der Akte Hammerstein waren vorwiegend die Verbindungen aufgelistet, die Kunrat nach dem Kriege aufgenommen und unterhalten hatte, angefangen von Otto Wolff von Amerongen, dem Sohn eines Freundes seines Vaters, bis hin zu Wilhelm Zaisser, im spanischen Bürgerkrieg als »General Gomez« bekannt geworden und von 1950 bis zum 17. Juni 1953 Minister für Staatssicherheit in Ostberlin.

Einige Jahre später sagte ich dem Personalreferenten, der inzwischen eine andere Funktion übernommen hatte, er solle sich doch einmal die Akte Hammerstein kommen lassen. Ich hätte bei meiner Bewerbung Kunrat Freiherr von Hammerstein als Referenzperson angegeben. Offensichtlich aber sei von der Personalabteilung unterlassen worden, eine Karteianfrage einzuholen über Personen, die für mich hätten gutsagen sollen.

Der Kollege sagte mir nach einigen Tagen, daß er die Akte durchgeblättert habe. Wenn er diese Notizen vor meiner Einstellung gelesen hätte — so fügte er hinzu —, dann wäre ich höchstwahrscheinlich heute nicht Verfassungsschützer.

Alte Hasen

Ende 1957 wurde das BfV umstrukturiert. Bis dahin war es — ähnlich dem Bundesnachrichtendienst (BND) — in eine Verwaltungsabteilung sowie in eine Abteilung für Auswertungsfragen und eine Abteilung für Beschaffung, d.h. für Operationen, gegliedert. Jetzt teilte man Auswertung und Beschaffung in die einzelnen Fachbereiche auf. Neben der Verwaltungsabteilung wurden je eine Abteilung eingerichtet zur Beobachtung rechtsextremistischer Bestrebungen, zur Aufklärung linksextremistischer Tendenzen und für Spionageabwehr. Jede dieser drei Fachabteilungen hatte eine Referatsgruppe für Beschaffung und eine Referatsgruppe für Auswertung. Günter Nollau wurde Leiter der Abteilung Linksextremismus. Im Februar 1958 übernahm ich das Auswertungsreferat »Illegale KPD — SED — Internationaler Kommunismus«.

Der Beschaffung war es damals gelungen, in eine geheime Organisation des »Freien Deutschen Gewerkschaftsbundes« (FDGB) einzudringen. Die sogenannte Gesamtdeutsche Abteilung des FDGB hatte in der Bundesrepublik eine Reihe von Stützpunkten aufgebaut, die von Instrukteuren aus der DDR betreut wurden. Ziel dieser Agententätigkeit war, westdeutsche Arbeiter, Betriebsräte und Gewerkschaftsfunktionäre zur Teilnahme an den »Gesamtdeutschen Arbeiterkonferenzen« anzuwerben.

Diese Konferenzen fanden zweimal im Jahr in Leipzig statt, und zwar gleichzeitig mit der Leipziger Messe. Die Instrukteure reisten in regelmäßigen Abständen aus der DDR ein, wohnten bei vertrauenswürdigen kommunistischen Genossen und riefen jeweils drei bis zehn westdeutsche Arbeiter zu abendlichen Schulungen zusammen, um die »reine Lehre« des Marxismus-Leninismus zu verkünden und ihren westdeutschen Kollegen klarzumachen, daß die wahren Interessen der Arbeiterklasse nur von der SED und vom FDGB vertreten würden.

Schwerpunkte der subversiven FDGB-Arbeit lagen in Hamburg, Bremen, Nordrhein-Westfalen und Hessen. Das Bundesamt hatte in allen Stützpunkten dieses Netzes V-Leute, d.h. geheime Mitarbeiter, die durch entsprechende Werbemaßnahmen gewonnen wurden.

Da ich neben Günter Nollau der einzige Jurist mit Befähigung zum Richteramt in der Abteilung war, wandte sich die Beschaffung an mich, obwohl die Auswertung der kommunistischen subversiven Arbeit gegen die Gewerkschaften damals nicht zu meinem Aufgabenbereich gehörte. Ich sollte zur Vorbereitung einer späteren Exekutivaktion aus den geheimen Meldungen Beweismaterial herausfiltern, um die Staatsanwaltschaft bei den kommenden Strafverfahren in die Lage zu setzen, die festgenommenen FDGB-Instrukteure ihrer Straftaten zu überführen, ohne daß dabei die Quellen, d.h. die V-Leute des Verfassungsschutzes, preisgegeben werden mußten.

Die Beschaffung hatte mir die Namen ihrer Quellen nicht mitgeteilt. Nach Durchsicht aller Meldungen wurde mir aber schon bald klar, wer von den in dem Netz tätigen westdeutschen Gewerkschaftsfunktionären gleichzeitig für den Verfassungsschutz gearbeitet hatte. Ich erklärte dem Chef der Beschaffung, daß auch bei noch so vorsichtiger Formulierung und Abtarnung der Zugänge des Verfassungsschutzes die Gegenseite sehr bald in der Lage sein werde zu erkennen, wer die »Verräter« in ihren Reihen waren. Man glaubte mir nicht. Ich war damals für die alten Hasen immer noch ein Neuzugang, der noch nicht über ausreichende nachrichtendienstliche Erfahrung verfügte.

Die spätere Entwicklung gab mir recht. Während der Beweisaufnahme in dem Strafverfahren gegen die FDGB-Funktionäre, die alle mehrjährige Gefängnisstrafen erhielten, wurden die meisten V-Leute enttarnt. Sie mußten mit neuen Identitäten versorgt werden und in andere Bereiche der Bundesrepublik umziehen. Ein Spitzenagent wurde sogar nach Kanada verfrachtet.

In der Abteilung III (Linksextremismus) gab es niemanden, der in der Gestapo oder beim SD gewesen war. Für die Beobachtung und Analysierung linksextremistischer Bestrebungen brauchte man mehr als nur kriminalpolizeiliche Erfahrungen. Wir hatten auch niemanden, der bei der Abwehr gewesen war. Zwei Kollegen hatten sich durch Kommandoeinsätze während ihrer Zeit bei der Division Brandenburg hervorgetan.

Das BfV umfaßte 1957/58 nur 350 Mitarbeiter. Nach meinem ersten Eindruck waren die meisten davon ehemalige Friseure oder gescheiterte kaufmännische Angestellte und Handelsvertreter.

Heute hat das BfV 2.500 Arbeiter, Angestellte und Beamte. Der Prozentsatz der Amateure ist gegenüber den Anfangsjahren deutlich geringer.

Bei der Telefonaffäre 1960–1962 stellte sich heraus, daß nur ein Dutzend der damaligen Mitarbeiter des BfV der Gestapo, dem SD oder der Allgemeinen SS angehört hatten.

Einige der Kollegen genossen offensichtlich die Unterstützung politischer Parteien. Bei dieser Art protektionistischer Personalpolitik tat sich — damals wie heute — die FDP hervor. Die dünne Kaderdecke, verbunden mit der ständigen Position der FDP als Partner auch wechselnder Koalitionen und als Mehrheitsbeschaffer, gibt auch dummen und faulen Liberalen, die auf ihrem Parteiticket Karriere machen wollen, gute Chancen.

Günter Nollau etwa, qualifizierter Jurist, der mehrere Jahre eine größere Anwaltspraxis in Krakau und in Dresden geführt hatte, mußte lange Zeit warten, bevor man ihn im BfV zum Beamten machte. Demgegenüber wurde ein Kollege, dessen Abwehrerfahrungen allenfalls darin bestanden haben konnten, daß er Admiral Canaris einmal den Wagenschlag geöffnet hatte, schon mit seiner Einstellung im BfV zum Regierungsrat ernannt. Diese frühzeitige Bestallung verdankte er der Tatsache, daß er mit Hans-Dietrich Genscher und Walter Scheel zu den Gründungsmitgliedern der FDP in Solingen gehört und sich dort als Geschäftsführer der Partei verdient gemacht hatte.

Er war beteiligt an der sogenannten Vulkanaffäre. »Vulkan« war das Code-wort für eine großangelegte Verhaftungsaktion gegen angebliche Spione des »Ministeriums für Staatsicherheit« (MfS), die sich als Schlag ins Wasser entpuppte. Am 5. April 1953, Ostersonntag, hatte sich ein Abteilungsleiter des »Instituts für wirtschaftswissenschaftliche Forschung« (IWF) aus Ost-berlin abgesetzt und beim BfV in Köln gemeldet. Das IWF war eine Tarn-firma des MfS und diente damals und bis zur Verhaftung von Günter Guil-laume am 24. April 1974 als Drehscheibe für den Einsatz von Agenten in Westdeutschland. Der Abteilungsleiter brachte Informationen über ein umfangreiches Spionagenetz des MfS. Die Spionageabwehr des BfV über-nahm die Meldungen als gesicherte Erkenntnisse, ohne sie ausreichend genug auszuwerten und zu überprüfen. Gegen 44 Personen ergingen Haftbefehle. Insgesamt 38 Personen wurden tatsächlich festgenommen. Fast alle von ihnen mußten wieder freigelassen werden. Nur in zwei Fällen kam es zu einer Verurteilung wegen landesverräterischer Beziehungen. Der Bundesregierung erwuchsen daraus mehrere Schadenersatzprozesse.

In der Hand der »alten Hasen« der Abwehr lag eine weitere bemerkenswerte Spionageaktion. Nach dem blamablen Ausgang der Operation Vulkan war man offensichtlich zu der Überzeugung gekommen, daß man einen Abwehrerfolg brauchte, um die verlorene Reputation wiederherzustellen. Der oben genannte Regierungsrat der FDP erinnerte seine Kollegen daran, daß man vor längerer Zeit einmal eine junge Frau der Zusammenarbeit mit dem polnischen Nachrichtendienst überführt hatte. Ihr Name war Maria. Jetzt könne man die junge Frau wieder reaktivieren und sie später als Agentin des gegnerischen Geheimdienstes der Bundesanwaltschaft übergeben.

Tatsächlich gelang es, Maria durch einige Telefongespräche und durch den Hinweis auf einen toten Briefkasten davon zu überzeugen, daß der polnische Geheimdienst wieder Kontakt zu ihr suche. Sie erklärte sich schließlich zu erneuter Mitarbeit bereit, ohne zu ahnen, daß ihre Kontaktpartner nicht zum polnischen Dienst gehörten, sondern zur Spionageabwehr des BfV.

Nach dem ersten Auftrag, den sie — angeblich — für die Polen durchgeführt hatte, übergaben die Kollegen von der Abwehr die Akte »Maria«, die sie fein säuberlich zusammengestellt hatten, an die Bundesanwaltschaft. Der Ermittlungsrichter des Bundesgerichtshofes stellte nach den ersten Vernehmungen fest, daß Maria mit hoher Wahrscheinlichkeit nicht für den polnischen Dienst gearbeitet hatte. Nach einer anschließenden Befragung der in den Fall verwickelten Beamten des BfV gestanden einige, daß es sich bei der Aktion »Maria« um eine fingierte Spionageoperation gehandelt habe. Der FDP-Freund wurde in einem Disziplinarverfahren mit einem Beförderungsverbot von einem Jahr belegt. Als ich 1969 nach Hamburg kam, fand ich ihn dort als meinen Vertreter vor.

Seine späteren Versuche, auf der FDP-Schiene versetzt zu werden, unterstützte ich. Seine Bemühungen hatten aber keinen Erfolg. Als ich den stellvertretenden Bürgermeister von Hamburg, Professor Dieter Biallas (FDP), um sein Einverständnis bat, meinen Vertreter von seinen Funktionen zu entbinden und bei seiner Versetzung zu helfen, lehnte er mit der Begründung ab: »Tut mir leid, das geht nicht; wir haben keinen anderen.« Erst als ich im Jahre 1978 für drei Monate nach Madrid gehen mußte, konnte ich erreichen, daß der Kollege von der FDP seine Funktion als Vertreter niederlegen mußte. Statt seiner übernahm in meiner Abwesenheit Christian Lochte die Amtsgeschäfte. Er wurde im Februar 1981 mein Nachfolger.

Erste Erfahrungen

Das Referat III A 2, dessen Chef ich im Februar 1958 geworden war, hatte die beste Mannschaft im BfV. Es handelte sich um junge, engagierte Mitarbeiter, von denen die meisten eine solide Ausbildung in der Kommunalverwaltung erfahren hatten. Einige von ihnen besaßen Erfahrungen in der unmittelbaren Gestaltung örtlicher Politik. Dadurch konnten sie sich schnell in neue Sachgebiete einarbeiten und komplizierte Sachverhalte in verhältnismäßig kurzer Zeit ordnen und einer Entscheidung zuführen.

Neben der Analyse kommunistischer Politik allgemein versuchten wir von Anfang an, der Beschaffung Hinweise zu geben auf Schwachstellen in den gegnerischen Organisationen. In vielen Fällen beschrieben wir im Detail, in welchen Bereichen Agenten geworben werden müßten, wer von den infrage kommenden kommunistischen Funktionären für eine Zusammenarbeit geeignet sein könnte und wer sich eventuell zu einer Mitarbeit für den Verfassungsschutz bereitfinden würde. Das zeitigte Erfolg.

Ein Überläufer aus dem Zentralkomitee (ZK) der SED hatte uns soviel Material übermittelt, das wir fast ein Jahr brauchten, den Stoff zu ordnen und daraus einen Bericht über kommunistische Kaderpolitik zu erstellen, die Hintergründe der Nomenklatura und die Mechanismen, mit denen die SED die subversive Politik der Illegalen KPD steuerte.

Noch 1958 erhielt unsere Beschaffung einige Hinweise auf dem geheimen Meldewege, die zu zwei Kurieren des Druckapparates der Illegalen KPD führten. Das war eine Organisation, die in zwei geheimen Druckereien die Parteizeitung der KPD herstellte und diese — in PKWs versteckt — an die zehn Bezirksleitungen der Illegalen KPD in der Bundesrepublik transportierte. Von dort wurden die Zeitungen an die Kreisleitungen und Ortsgruppen der Partei weitergegeben und schließlich an die einzelnen Genossen verteilt. Wir regten daraufhin eine Observation der beiden Funktionäre an.

In einer langdauernden Operation, an der sich auch mehrere Landesämter beteiligten, führten uns die beiden Kuriere zu weiteren Mitarbeitern des

Druckapparates, zu fast allen Bezirksleitungen und schließlich zu den beiden geheimen Druckereien. Die Überwachungsmaßnahmen dauerten sieben Monate. Danach übergaben wir den Vorgang an die Sicherungsgruppe des Bundeskriminalamtes und an die Bundesanwaltschaft.

Es wurde vereinbart, daß die Observationsgruppe des BfV den Kurieren des Druckapparates noch einmal bei der Verteilung folgen sollte. Nach Auslieferung der Zeitung an die jeweilige Bezirksleitung und nachdem die Kuriere schon wieder auf der Weiterfahrt waren, konnten dann die Funktionäre der Bezirksleitung — noch in Besitz des illegalen Druckmaterials — festgenommen werden.

Durch diese Kooperation zwischen Sicherungsgruppe, Bundesanwaltschaft und Verfassungsschutz wurden dann tatsächlich fast alle erkannten Funktionäre des Druckapparates der Illegalen KPD festgenommen. Die beiden Druckereien waren schon ausgehoben worden, als die Kuriere mit ihren PKWs das Gelände verlassen hatten. Die ganze Aktion wurde mit Hilfe von zwei Telefonen aus dem BfV in Köln gesteuert. Funkverbindung war — außer in der Observationsgruppe — noch nicht üblich. Es war die Zeit, als der Verfassungsschutz noch mit »Dampfradios« arbeitete, trotzdem erfolgreich tätig war.

Noch während meiner Zeit als Auswerter versuchte ich mich — nach Absprache mit der Beschaffung und mit Genehmigung von Abteilungsleiter Nollau — in der hohen Kunst, Agenten anzusprechen, umzudrehen und anzuwerben.

Der Versuch, Gesprächspartner aus dem gegnerischen Lager von der Richtigkeit unserer Position zu überzeugen und zu uns herüberzuziehen, war immer wieder eine intellektuelle Herausforderung.

Ich hatte Balthasar Gracian »Das Handorakel oder die Kunst der Weltklugheit« gelesen. Gracian war ein Jesuitenpater, der Mitte des 17. Jahrhunderts seinem jüngeren Freund Vicencio Lastanosa im »Oráculo manual« das aufgeschrieben hatte, was man seiner Meinung nach für die Beurteilung und das Verständnis anderer Menschen wissen mußte und was für den Umgang mit ihnen wichtig erschien.

Immer wieder hatte ich in dem Büchlein geblättert, mir Auszüge gemacht und es schließlich als Handbuch für Werbungsgespräche genutzt. Bei einem Mann aus dem mittleren Management der KPD und bei einem leitenden Funktionär einer kommunistischen Tarnorganisation war ich der Empfehlung Gracians zur Annäherung gefolgt: »Mit der fremden Angelegenheit auftreten, um mit der seinigen abzuziehen.« Die beiden Gesprächspartner wurden zu langjährigen Mitarbeitern des Verfassungsschutzes.

Zahlreiche andere Werbungsversuche scheiterten. Wir waren schon damals der Überzeugung, daß Druck, Nötigung und Erpressung keine dauerhafte Basis für eine Zusammenarbeit bilden konnten. Spätere Erfahrungen bestätigten das.

Homosexuelle zogen wir niemals als geheime Mitarbeiter in Betracht. Das war keine Frage ihrer Erpreßbarkeit, sondern das Problem ihrer Verläßlichkeit. Von einem Mann, der in der Regel Verbindung zu zahlreichen ständig wechselnden Geschlechtspartnern unterhält, kann man keine Loyalität erwarten.

In der Auswertung versuchten wir frühzeitig, von der amateurhaften Erfassung und Archivierung der Informationen freizukommen, die die operativen Mitarbeiter beschafft hatten. Wir kauften eine Merkmalkartei, die nach dem Lochkartensystem arbeitete. Die Besonderheiten aller leitenden kommunistischen Funktionäre, angefangen von körperlichen Merkmalen bis hin zu ihren Hobbys oder zu Auffälligkeiten im Sprachgebrauch, in Haltung oder im Gang, wurden ausgewertet und in dieser Kartei festgehalten.

Als wir das Ding einige Monate hatten, passierte auf der Autobahn bei München ein schwerer Unfall, in den ein Mann verwickelt war, dessen Fahrzeugpapiere gefälscht schienen und bei dem mit Sicherheit angenommen werden mußte, daß es sich bei seinem Personalausweis um eine Totalfälschung handelte. Der Mann war leicht verletzt, weigerte sich aber, seine richtigen Personalien anzugeben.

Der Vorgang landete mit einer Anfrage des LfV München auf meinem Schreibtisch. Die Personenbeschreibung des Unbekannten lautete: 40 bis 45 Jahre alt, 1,80 m groß, schlank, blaue Augen, am kleinen Finger der rechten

Hand fehlt das letzte Glied. Wir gaben diese Daten an die Merkmalkartei, und heraus fiel als einzige Karte die von Adolf Baier, dem Chef des Grenzapparates der Illegalen KPD.

Der Grenzapparat war verantwortlich für die Einschleusung von Instrukteuren und Agenten der Illegalen KPD aus der DDR in die Bundesrepublik und für deren Rückschleusung. Diese Organisation gehörte zwar zur KPD und organisierte die geheimen Transportwege der Partei; in ihrer Befehlsstruktur unterstand sie aber unmittelbar der Westabteilung des ZK der SED.

Wir unterrichteten die Kollegen in München sofort darüber, daß der Unbekannte als Leiter des Grenzapparates der KPD identifiziert worden war. Adolf Baier wurde aus dem Krankenhaus rechts der Isar in die Krankenabteilung des Gefängnisses München-Stadelheim verlegt.

Während der wenigen Monate, die er dort einsaß, besuchte ich ihn regelmäßig, etwa zweimal die Woche. Ich brachte ihm Obst und Monographien. Das waren vorwiegend Bücher von ehemaligen Kommunisten, die mit der Partei gebrochen hatten. Wir sprachen lange über die »ideologischen Bauchschmerzen«, die man als Mitglied der Partei nach dem Ungarnaufstand haben konnte. Ich versuchte, auch über die Säuberungen unter Stalin zu sprechen. Das lehnte er ab.

Adolf Baier war während des spanischen Bürgerkriegs Offizier in der XI. Internationalen Brigade gewesen. Er hatte sein ganzes Leben der Sache der Partei geopfert. Bei einem solchen Mann mußten meine Anwerbungsversuche scheitern. Während eines unserer letzten Gespräche sagte er mir, daß er über seinen westdeutschen Anwalt Verbindung nach »drüben« aufgenommen habe. Dr. Wolfgang Vogel sei beauftragt, für seine Freilassung zu sorgen.

Tatsächlich wurde Baier wenige Wochen später gegen einen Agenten des BND, der in der DDR verhaftet worden war, ausgetauscht. Als ich mich von ihm verabschiedete und Aufwiedersehen sagte, erwiderte er: »Hoffentlich nicht.« Ich sagte ihm, ich würde ihm schreiben; vorsichtshalber würde ich die Briefe durch Kurier in seinen Briefkasten werfen lassen und nicht mit der Post schicken; alles andere sei belastend. Ich habe das dann mehrfach gemacht, aber nie eine Antwort bekommen. Später übermittelte er mir einige Schallplatten mit den Liedern der Internationalen Brigaden.

Die kamen zu hohen Ehren. Im Jahre 1964 hatte das spanische Innenministerium einen Verbindungsoffizier zum BfV in Köln abgestellt. Es dauerte einige Zeit, bis wir ihn überzeugt hatten, daß nicht alle Sozialisten auf die Befehle Moskaus hörten oder gar Kommunisten waren. Hans Matthöfer, der damals das Bildungswesen beim Vorstand der IG Metall in Frankfurt a.M. unter sich hatte und dadurch Kontakt zu spanischen Arbeitern unterhielt, war für unseren Freund zunächst nur ein Linksextremist besonderer Prägung.

Die Liaison setzte sich bis in den privaten Bereich fort. Ich vereinbarte mit Tomás — so hieß er —, daß ich bei ihm Spanisch lernen würde, und zwar nach der Methode Berlitz, zweimal in der Woche jeweils zwei Stunden. Ich machte auch Hausaufgaben, die er kontrollierte. Das ging bis 1968.

Tomás ist ein Mann der Mancha — ein echter Caballèro und von geradezu preußischer Pünktlichkeit und Pflichterfüllung. Wenn er mit seinem VW zehn Minuten zu früh vor unserem Haus in Junkersdorf angekommen war, dann wartete er bis zur vollen Zeit im Auto, bevor er an der Haustür klingelte.

In vielen Gesprächen über den spanischen Bürgerkrieg — er nannte ihn »nuestra guerra« — bemühten wir uns, ihm unsere Sicht zu vermitteln: Die revolutionäre und geistige Jugend der Welt — darunter Ernest Hemingway, George Orwell, André Malraux und Arthur Koestler —, hatte sich im Kampf gegen den Faschismus in den Internationalen Brigaden zusammengefunden. Wir schilderten die Schlachten bei Brunete im Juli 1937 und bei Teruel zur Jahreswende 1937/38 — Gefechte, die für die Republikaner schon verloren waren, ehe sie begonnen hatten. Und dennoch waren die jungen Brigadisten ins Feuer gegangen, ähnlich den Bataillonen der deutschen Kriegsfreiwilligen im Oktober 1914 bei Langemarck.

Nach Wochen saßen er und ich zusammen auf dem Teppich vor dem Plattenspieler, ein Glas Rioja in der Hand, und sangen lauthals die Lieder der XI. Brigade.

Tomás wurde der Pate unseres Sohnes Thomas, als wir diesen nach der Adoption taufen ließen. Käte Jaenicke wurde seine Patin.

Maria und ich entwickelten sehr früh eine besondere Neigung zu Spanien. Wir hatten das Land schon Anfang der fünfziger Jahre besucht, zu einer Zeit, als es noch wie ein fremder, unerschlossener Kontinent hinter den Pyrenäen lag.

Im Jahre 1959 waren wir zur Fiesta in Pamplona. Dort lernten wir Ernest Hemingway kennen. Wir tranken mit ihm, und er nannte uns »the krauts«. Am vierten Tag der Fiesta begegneten wir ihm wieder auf der Plaza del Castillo. Er war so betrunken, daß er mich für seinen Freund Antonio Ordonez hielt, einen damals sehr berühmten Stierkämpfer der klassischen Schule. Er umarmte mich. Ich machte ihn auf seinen Irrtum aufmerksam. Dann erzählte er mir, daß er Ende 1944 beobachtet habe, wie amerikanische Elitetruppen versucht hätten, die deutsche Front am Hürtgenwald zu durchbrechen. Ich sagte ihm, daß ich in der Nähe des Hürtgenwaldes aufgewachsen und dort während der damaligen amerikanischen Offensive, im Dezember 1944, in Heimaturlaub gewesen sei. Er war begeistert.

Andere Amerikaner meinten, Hemingway hätte das Kampfgeschehen gar nicht beobachten können. Er habe sich während der Schlacht, ständig versorgt mit zwei Feldflaschen voll Whisky, nur in der Etappe herumgetrieben.

Diese Erzählungen minderten meine Wertschätzung seiner Person nicht. Ich bewunderte Hemingway. Ich hatte »A Farewell to Arms« gelesen, »For Whom the Bell Tolls« und »The Sun also Rises«. Das letztgenannte Buch war in Deutsch unter dem Titel »Fiesta« erschienen. Es schilderte im Detail die Stierkämpfe in Pamplona.

Durch Hemingway war ich zum Aficionado geworden. Maria konnte mich nur durch die Androhung erheblicher Konsequenzen für das eheliche Leben davon abhalten, beim Encierro mitzulaufen.

Jeden Morgen um acht Uhr werden die Stiere, die am Nachmittag in der Arena kämpfen sollen, von ihren Boxen durch die Calle de Estafeta zur Arena getrieben. Mehrere hundert junge Burschen laufen vor den Stieren her. Die meisten von ihnen haben Zeitungen in der Hand, die zu einer Rolle zusammengedreht sind. Damit versuchen sie, die Stiere am Horn oder auf der Stirn zu touchieren, so wie die Prärie-Indianer — Anfang des vorigen Jahrhunderts die beste Kavallerie der Welt — ihren Gegner im Kampf zunächst nur mit der Lanze berührten, um einen »Coup« zu zählen, durch den sie sich mit Mut und unerschrockener Wendigkeit hervortun konnten. Beim Encierro kommt es dabei häufig zu schweren Verletzungen; manchmal gibt es Tote.

In den siebziger Jahren sind wir mehrfach zur Fiesta nach Pamplona zurückgekehrt. Die Sonne, das Gelächter, die helle und doch schwermütige Musik der Txistu, einer Schnabelflöte, begleitet von einer Trommel, der liturgisch anmutende Zortziko, den man in den Straßen tanzt, die Bandas de musica und schließlich der Stierkampf selbst: Es war jedes Mal ein Fest der Hochstimmung und der überschäumenden Emotionen — ähnlich einer Felskletterei vor einem Überhang oder an besonders ausgesetzter Stelle in der Wand.

In der Arena laufen Zeremonie und Ritual in ungewohnter zeitlicher Begrenzung auf eines hinaus: auf den Tod des Tieres. Die Vorbereitungen auf diesen »Moment der Wahrheit« zeigen den Gegensatz zwischen kontrollierter Herausforderung durch den Matador und der atavistischen Kraft des Stieres, zwischen der heiteren Nichtachtung der Gefahr und dem animalischen Angriffswillen. Hemingway nannte es »grace under pressure«.

In seinem Sterben, das im Kampf geschieht, bleibt der Stier die Verkörperung der Macht und der Herrlichkeit der spanischen Nation.

Über Antonio Ordonez sagte mir Hemingway, daß sein Freund neben Mut und großem Stil mit Capa und Muleta noch etwas Besonderes habe, das den meisten anderen Toreros abgehe, nämlich »Duende«. Ich habe im Wörterbuch dafür keine passende Übersetzung gefunden. Ein spanischer Freund sagte mir, daß man heute darunter so etwas wie »herben Wohlgeschmack« verstehe.

Westarbeit und
Marxismus-Leninismus

Solange Nollau Leiter der Abteilung III war, blieb der Führungsanspruch des Bundesamtes im Bereich »Linksextremismus« gegenüber den Landesämtern unangefochten. Das war nicht selbstverständlich. Das Bundesamt hat keine Weisungsbefugnis gegenüber den Landesämtern. Die Landesämter sind »nur« zur vertrauensvollen Zusammenarbeit verpflichtet.

Unter Nollaus Nachfolger minderte sich die Dominanz der Abteilung III gegenüber den LfV. Als Nollau im Jahre 1972 Präsident des BfV geworden war, stellten einige LfV die Führungsrolle des BfV erstmals infrage. Auf einer Tagung der Amtsleiter, auf der die Beobachtungsschwerpunkte des Verfassungsschutzes festgelegt werden sollten, hatte Nollau vorgeschlagen, die Beschaffung und Auswertung von Informationen über linksextremistische Bestrebungen nicht mehr in den Vordergrund zu stellen. Statt dieser Beobachtungsaufgabe sollte sich der Verfassungsschutz in erster Linie auf Erkenntnisse über terroristische Organisationen konzentrieren. Die Abwehr der Spionage von Ostblockstaaten rangierte auf der Liste unter »ferner liefen«.

Dieser Vorschlag traf zusammen mit einem Artikel, den Nollau im »Stern« geschrieben hatte über das Thema »Die Russen kommen nicht«. Von einigen Kollegen wurde das als eine Gefälligkeitsarbeit zur Unterstützung der neuen Ostpolitik der Bundesregierung gewertet.

Nach hitziger Diskussion beschlossen die Amtsleiter, daß die Beobachtung der Aktivitäten der — inzwischen neu zugelassenen — kommunistischen Partei und der Westarbeit der SED nach wie vor erster Schwerpunkt der Verfassungsschutzarbeit sein sollte. Neben dieser Aufgabe würden ohnehin noch genügend Kapazitäten frei bleiben, Informationen über die Terrorgruppen »Rote Armee Fraktion«, »Bewegung 2. Juni« und »Revolutionäre Zellen« zu sammeln.

Das BfV mußte sich diesem Votum anschließen. Bald stellte sich aber heraus, daß es viel schwerer war, als von den Kollegen vorausgesehen werden konnte, auch nur in das Umfeld terroristischer Gruppierungen einzudringen, geschweige denn in die Organisationen selbst.

Ende der fünfziger Jahre war die Position des Verfassungsschutzes noch klar. Das Bundesverfassungsgericht hatte durch sein Urteil zum Verbot der »Sozialistischen Reichspartei« (SRG) aus dem Jahre 1952 und zum Verbot der KPD aus dem Jahre 1956 abschließend definiert, was unter verfassungsfeindlichen Bestrebungen zu verstehen war. Indirekt hatte das Bundesverfassungsgericht damit auch einen wesentlichen Teil der Tätigkeit des Verfassungsschutzes beschrieben. Nach dem Koreakrieg, nach dem Arbeiteraufstand vom 17. Juni 1953 in der DDR und nach der antisowjetischen Revolution in Ungarn im Jahre 1956 konnten keine Zweifel mehr daran bestehen, daß die Illegale KPD und die hinter ihr stehende SED Instrumente der expansiven Politik des internationalen Kommunismus waren. Die Arbeit der Illegalen KPD wurde von der SED gesteuert, d.h., sie fungierte praktisch als Vasall.

Bis dahin hatten die Mitarbeiter des Verfassungsschutzes die einzelnen subversiven Aktionen der Gegenseite weitgehend als Manöver betrachtet, die zwar einer Generallinie folgten, aber letztlich nur von den jeweiligen Institutionen der SED oder des FDGB (wenn sie sich gegen die Gewerkschaften richteten) ausgingen und nicht koordiniert waren. Erst 1959 und 1960 konnte diese Auffassung korrigiert werden.

Die Beschaffung des BfV hatte damals zwei Instrukteure einer Abteilung des ZK der SED zur Mitarbeit werben können. Die betreffende Abteilung war im offiziellen Organisationsplan des Zentralkomitees nicht ausgewiesen. Sie firmierte unter dem Namen Arbeitsbüro, wurde aber von den eingeweihten SED-Funktionären in der Regel als »Westabteilung« bezeichnet. Im August 1961 änderte man den Namen Arbeitsbüro in »Abt. 62«, 1962 dann in »Abt. 70«, im Oktober 1972 schließlich in »Abt. 72«. Mitte 1984 fungierte sie unter dem Namen »Abteilung für internationale Politik und Wirtschaft« des ZK der SED.

Der Name, die Aufgaben, die Zahl der Mitarbeiter und die organisatorische Struktur dieser Abteilung unterlagen dem höchsten Geheimhaltungsgrad im Zentralkomitee.

Die Abteilung war dafür verantwortlich, die gesamte operative politische subversive Tätigkeit der SED in die Bundesrepublik hinein zu koordinieren. Sie steuerte damals sowohl die sogenannte Westarbeit des FDGB als auch die Personalpolitik, Agitation und Propaganda der verbotenen Kommunistischen Partei sowie die Tätigkeit der verschiedenen Tarnorganisationen, die die Kommunisten in Westdeutschland aufgebaut hatten, wie z.B. die Arbeit der »Deutschen Friedensunion« (DFU) und des »Bundes der Deutschen« (BdD).

Der damalige und inzwischen verstorbene Chef der DFU, Oberst a.D. Josef Weber, wurde regelmäßig von den für ihn zuständigen Instrukteuren des Arbeitsbüros aufgesucht und angewiesen, welche aktuellen politischen Maßnahmen er mit seiner Organisation jeweils durchzuführen hatte.

Die Kaderakten aller — damals illegal tätigen — Funktionäre der KPD lagerten nicht in Westdeutschland, sondern in den Schränken des Arbeitsbüros in Ostberlin. Die Leitung des Arbeitsbüros bestimmte auch, welche Funktionäre mit welchen Aufgaben und Funktionen betraut wurden und welche Mitglieder der Illegalen KPD in welcher Zeit auf den verschiedenen Kaderschulen, die auf dem Gebiete der DDR lagen, unterrichtet werden sollten. Die Finanzierungsversuche, mit denen die »Gesamtdeutsche Volkspartei« (GVP) unter ihrem damaligen Vorsitzenden Dr. Gustav Heinemann gestützt werden sollte, lagen ebenfalls in der Hand des Arbeitsbüros.

Gustav Heinemann war ursprünglich Mitglied der CDU. Mit Gründung der Bundesrepublik wurde er Bundesinnenminister. Da er die Wiederbewaffnung ablehnte, trat er im Oktober 1950 zurück und im November 1952 aus der CDU aus. Er gründete die GVP als neutralistische und pazifistische Partei, offen für Infiltrationsbestrebungen der SED. Später trat er in die SPD ein. Im Kabinett der Großen Koalition, nach 1966, wurde er Bundesjustizminister. Am 4. Juli 1968 empfahl er Grete Thiele, die zum Parteivorstand der Illegalen KPD gehörte, von einem Antrag, das Verbotsurteil von 1956 aufzuheben, abzusehen. Statt dessen sollte sich die KPD unter anderem Namen neu gründen. Daraus wurde am 27. Oktober 1968 die DKP — eine der Schienen, auf der die neue Ostpolitik bewegt wurde.

Die Arbeitsweise der West-Abteilung wird deutlich aus einem Protokoll, das über die Vorgänge zur Gründung des »Bundes der Deutschen« (BdD) berichtet. Anfang 1953 hatte der damalige Leiter der Abteilung, Paul Verner, die politischen Mitarbeiter aller Sektoren des Arbeitsbüros zusammengerufen. Verner war in subversiven Praktiken geschult. Er hatte seine ersten Erfahrungen in der Untergrundarbeit schon in den Jahren 1933/34 sammeln können, als er zusammen mit Erich Honecker die Kommunistische Partei im Saarland zu stabilisieren versuchte, die nach der Machtübernahme der Nazis in Deutschland sehr angeschlagen war.

Er erklärte seinen Mitarbeitern, daß es in der Bundesrepublik zahlreiche »fortschrittliche« Bürger gäbe, die keine Kommunisten seien und die niemals die Kandidaten der KPD wählen würden. Ihre Stimmen fielen bei den kommenden Wahlen entweder der SPD zu oder allenfalls der GVP. Um das zu verhindern, müsse man in der Bundesrepublik eine neue Partei gründen, die diese Stimmen — ohne der KPD zu schaden — auffangen könne. Das Programm der neuen Partei dürfe keine Forderungen enthalten, die dem Programm der KPD entnommen seien, sondern lediglich allgemeine demokratische Formulierungen. Die neue Partei dürfe weder eine bürgerliche noch eine Arbeiterpartei sein, sie solle vielmehr ein Auffangbecken für alle nationalen und demokratischen »fortschrittlichen« Menschen in der Bundesrepublik werden. Die Funktionen der Sekretäre und Geschäftsführer müsse man mit Kommunisten besetzen. Die nach außen in Erscheinung tretenden Führer müßten dagegen »bürgerliche Intellektuelle« sein.

Die KPD werde nur solche Funktionäre in diese Partei delegieren, die zwar parteiergeben, aber nicht allzu bekannt seien. Sie müßten vor allen Dingen in der Lage sein, mit den »bürgerlichen« Parteiführern umzugehen, mit ihnen zu verhandeln und sie anzuleiten.

Für die Instrukteure des Arbeitsbüros ergab sich dabei die schwierige Aufgabe, die von der KPD in die Leitungen geschleusten Funktionäre unauffällig anzuleiten und die Führungsspitzen der KPD zu veranlassen, die neue Partei zwar als eine von der SED/KPD gegründete, gelenkte und kontrollierte Einrichtung zu betrachten, sie aber andererseits als unabhängige Partei zu behandeln.

Nachdem sich die Leitung des Arbeitsbüros durch unverdächtige Mittelsmänner mit dem ehemaligen Reichskanzler Dr. Wirth und dem früheren

Oberbürgermeister von Mönchengladbach, Wilhelm Elfes, in Verbindung gesetzt hatte, wurde schon am 11. Mai 1953 in Düsseldorf der »Bund der Deutschen für Einheit, Frieden und Freiheit« gegründet. Der spätere Chef der DFU, Oberst a.D. Josef Weber, gehörte zum Vorstand.

Die beiden Instrukteure, die sich zur Mitarbeit für das Bundesamt für Verfassungsschutz entschlossen hatten, mußten sich bald in den Westen absetzen, weil sie bei einer Enttarnung um ihr Leben hätten fürchten müssen. Erst nach ihrem Wechsel in den Westen konnten sie ihren Auftraggebern im BfV in allen Einzelheiten das Instrumentarium darstellen, dessen sich die SED bei ihrer Politik der Aktionseinheit bediente. Sie schilderten bis in die kleinsten Details das Organisationsschema und die Steuerungsmechanismen der SED-Westarbeit und verbreiterten entscheidend den Wissensstand des Verfassungsschutzes und der damaligen politischen Führung über die Methoden und die Zielrichtung der kommunistischen Politik gegenüber der Bundesrepublik.

Einer der beiden Instrukteure wurde später, nachdem Herbert Wehner ihn sich angesehen hatte, Mitarbeiter des Referats für Gesamtdeutsche Politik beim Parteivorstand der SPD.

In den Jahren 1960 und 1961 hatte ich mehrfach Gelegenheit, Studenten der Universität Mainz die Arbeitsweise der West-Abteilung des ZK der SED zu schildern. Ähnlich wie später bei anderen Intellektuellen stießen meine Erläuterungen auf Unglauben. Die jungen Zuhörer zweifelten daran, daß es sich z.B. bei der DFU oder dem BdD um Vehikel der SED handeln sollte. Nur zögernd konnten sie ihre ursprüngliche Überzeugung, daß die beiden Organisationen demokratisch und unabhängig seien, revidieren. Meine Hinweise, daß bekannte Persönlichkeiten aus Politik und aus den Gewerkschaften sich durch die Annahme von Geldern der SED in Abhängigkeit zur DDR gebracht hätten, drohten, bisherige Weltbilder zu zerstören.

Die blind-moralische Voreingenommenheit vieler Intellektueller gegenüber dem eigenen Gesellschaftsbild erschwerte ihnen den Prozeß des Umdenkens. Sie fühlten, daß Erfolg, Geld und Ruhm nicht alles sein konnten. Das hatten sie schon. Sie suchten nach einer heilen Welt ohne Tragik und Widersprüche und frei von Selbstzweifeln. Das versprach ihnen der Kommunismus. Einsichten in die Manipulation der Politik durch kommunistische

Funktionäre bis hin zu den genozidhaften Säuberungen unter Stalin wurden verdrängt. Probleme der Gegenwart simplizifierte man nach dem Beispiel: Kernkraft in den Händen des Kapitalismus ist böse, nukleare Energie in den Händen des Sozialismus ist gut. Gegenteilige Erfahrungen in Ökonomie und Politik wurden ignoriert oder totargumentiert. Bei den westlichen Intellektuellen spielte dabei sicherlich ein Phänomen eine Rolle, das man mit »selbstinfizierter Desinformation« bezeichnen könnte: was nicht sein darf, auch nicht sein kann.

Aufklärung durch den Verfassungsschutz, die verfügbar gewesen wäre, war nicht gefragt. Damals wurde deutlich, wie sehr viele der westlichen Geistesschaffenden voreingenommen waren gegen die Praxis westlicher Nachrichtendienste, Informationen durch geheime Mitarbeiter zu gewinnen. Bei den Ostblock-Diensten beklagte man das nicht. Während die Agenten, die für die Institutionen oder Geheimdienste der Sowjetunion und ihrer Satelliten arbeiteten, mit dem Begriff »Kundschafter des Friedens« ausgezeichnet wurden, neigten nicht wenige sogenannte pluralistische westliche Beobachter — damals wie heute — dazu, die geheimen Mitarbeiter ihrer Nachrichtendienste als »Spitzel« und »Achtgroschenjungen« zu bezeichnen sowie ihre Arbeit zu diffamieren.

Dieses bestätigte sich bei einer größeren Operation, die das BfV über mehrere Jahre gegenüber dem FDGB gestartet hatte. Die »Gesamtdeutsche Arbeiterkonferenz«, die zweimal im Jahr in Leipzig zusammentrat, war nicht nur eine Heerschau kommunistisch orientierter Arbeiter und eine Plattform für die SED-Politik der Aktionseinheit. Mit dem gleichen Namen bezeichnete sich auch die Institution, die die Treffen organisierte und diese Politik umzusetzen versuchte.

Der Vorsitz der Organisation war mit zwei Personen besetzt, nämlich mit einem Vertreter des FDGB und einem Vertreter aus der Bundesrepublik Deutschland. Der westdeutsche Vertreter trat auf den jeweiligen Konferenzen nie mit seinem Namen auf, sondern wurde immer nur als »westdeutscher Genosse« oder »Kollege aus der BRD« bezeichnet. Dieser Mann war seit Jahren ein geheimer Mitarbeiter des Bundesamtes für Verfassungsschutz. Er hieß Harry Roth und war bei der AG Weser in Bremen beschäftigt.

Die Funktion von Harry Roth in der Gesamtdeutschen Arbeiterkonferenz brachte es mit sich, daß er seinen Auftraggebern im BfV nicht nur die Informationen lieferte, sondern auch selbst organisierenden Einfluß auf die sogenannte »gesamtdeutsche Politik« des FDGB nahm. Für das BfV stellte sich damit immer dringender die Frage, ob der Verfassungsschutz durch diesen V-Mann tatsächlich nicht selbst subversive Operationen von Kommunisten gegen die Bundesrepublik einleitete und durchführte. Das konnte auf die Dauer nicht gemacht werden. Man mußte Harry Roth die Weisung geben, seine Funktion in der »Gesamtdeutschen Arbeiterkonferenz« niederzulegen und sich Schritt für Schritt aus der »gesamtdeutschen Politik« zurückzuziehen. Nach der bisherigen Entwicklung seiner politischen Tätigkeit konnte er danach kaum andere Aufgaben übernehmen. Die Trennung von seinen Auftraggebern in Berlin mußte auch die Beendigung seiner Tätigkeit für den Verfassungsschutz bedeuten.

Der für die Führung und Betreuung des V-Mannes Roth verantwortliche Beamte im BfV und ich erkannten im Laufe dieser Überlegungen, daß mit einer einfachen »Abschaltung« des geheimen Mitarbeiters die ganzen im Laufe der Jahre gewonnenen Erkenntnisse letztlich nur im Archiv abgeheftet werden konnten. Eine Möglichkeit, die Informationen Roths für die Öffentlichkeit zu nutzen und damit auch zur Aufklärung der westdeutschen Arbeiter über die subversiven Praktiken von SED und FDGB, schien nicht gegeben. Eine Publizierung seiner Erfahrungen etwa durch das Bundesministerium des Innern würde bei Betriebsräten und Gewerkschaftsfunktionären in der Bundesrepublik kaum auf Resonanz stoßen. Die westdeutschen Arbeiter, die von den Emissären des FDGB umworben und zu den verschiedenen gesamtdeutschen Veranstaltungen in die DDR eingeladen wurden, konnte man möglicherweise erreichen, wenn der Gesamtkomplex von führenden Gewerkschaftern oder Spitzenfunktionären der SPD in die Hand genommen wurde.

Die Diskussion über eine derartige Möglichkeit zeigte bald zwei Probleme auf. Eine abstrakte Darstellung der »gesamtdeutschen Politik« von FDGB und SED ohne Nennung des Namens von Harry Roth würde keine Wirkung haben. Man mußte also Harry Roth dazu bewegen, sich offen sowohl zu seiner bisherigen Tätigkeit für den FDGB als auch zu seiner Zusammenarbeit mit dem Verfassungsschutz zu erklären. Das zweite Hindernis war die Tatsache, daß der Verfassungsschutz damals noch keine stabilen Verbindungen zu den Gewerkschaften und zur SPD hatte und von beiden Institutionen mit Zurückhaltung, zum Teil so gar mit Mißtrauen betrachtet wurde.

Diese Einstellung war sicherlich auch auf die Haltung der damaligen Bundesregierung gegenüber der SPD zurückzuführen. Das BfV stellte seit Beginn seiner Tätigkeit jeden Monat eine Analyse über Geschehnisse und Entwicklungen in den Bereichen Rechtsextremismus und Linksextremismus zusammen. Diese »Monatsberichte« trugen den Verschlußsachengrad »VS-Vertraulich« und wurden an die Mitglieder der Bundesregierung sowie an den Generalbundesanwalt, das Bundeskriminalamt und an ähnliche Behörden verschickt. Die SPD-Führung erhielt die »Monatsberichte« nicht.

Unter diesen Umständen schien eine Kontaktaufnahme mit der SPD-Spitze schwierig. Der Versuch, über den Präsidenten des BfV und den Bundesinnenminister — damals Gerhard Schröder — offiziell Verbindung für diesen Fall mit dem SPD-Parteivorstand aufzunehmen, schien aussichtslos. Der Bundesinnenminister würde mit Sicherheit davor zurückschrecken, Hilfe zu leisten bei dem Versuch, Erkenntnisse eines geheimen Mitarbeiters des Verfassungsschutzes und Erfahrungen aus einer langjährigen Operation in eine politische Aktion umzusetzen. Hinzu kam die Frage, an welchen SPD-Funktionär sich Dr. Schröder wenden sollte. Sein Gesprächspartner wäre wahrscheinlich der Vorsitzende Erich Ollenhauer gewesen. Der einzige Politiker in der SPD aber, der in der Lage schien, das Problem sofort zu begreifen und einer Lösung zuzuführen, war nach unserer Auffassung Herbert Wehner. Gerade ihm gegenüber hatten zahlreiche Politiker der CDU Vorbehalte wegen seiner kommunistischen Vergangenheit.

Da ich Herbert Wehner persönlich nicht kannte, ließ ich ihm durch den »Spiegel«-Redakteur Hans Schmelz mitteilen, daß ich ihn in einer Angelegenheit, die die SPD beträfe, sprechen wolle. Wehner ließ ausrichten, daß ich ihn anrufen solle, um einen Termin zu vereinbaren. Das erste Gespräch kam Allerheiligen 1960 zustande. Der V-Mann-Führer von Harry Roth und ich suchten Herbert Wehner in seinem Haus auf dem Venusberg in Bonn auf. Wir waren beeindruckt. Es war das Haus eines Mannes. Das Arbeitszimmer wurde beherrscht durch Bücher, mehr als 200 Pfeifen, die in Holz-

ständern auf den Bücherregalen aufgereiht waren, und von einer Bronzebü-
ste Kurt Schumachers.

Wehner war zunächst sehr zurückhaltend. Einige Tage vorher war der SPD-
Bundestagsabgeordnete Alfred Frenzel wegen Spionagetätigkeit für den
tschechischen Geheimdienst verhaftet worden. Wehner glaubte — wie er
später sagte —, daß wir mit einer weiteren »Spionagegeschichte« zu ihm
kämen. Als deutlich wurde, daß unser Thema die Bemühungen der Kommunisten waren, die SPD und die Gewerkschaften zu infiltrieren, lockerte
sich die Atmosphäre. Wir stellten den Fall Harry Roth dar und erläuterten
unsere Überlegungen, aus den Erkenntnissen dieses geheimen Mitarbeiters
des Verfassungsschutzes eine Aufklärungsaktion zu starten, die den
Gewerkschaften und der sozialdemokratischen Partei in der Abwehr gegen
die kommunistische Subversion helfen könnte.

Herbert Wehner griff den Gedanken sofort auf. Die weiteren Besprechungen fanden in unserem Haus in Junkersdorf bei Köln statt. In stundenlangen
Gesprächen mit zahllosen Kannen Kaffee, mein Arbeitszimmer vernebelt
von unseren Zigarren und von Wehners Pfeife, wurden die Einzelheiten des
geplanten Vorgehens festgelegt. Herbert Wehner organisierte über die IG-
Metall am 29. Januar 1961 in Hamburg eine Konferenz für Betriebsräte und
Gewerkschaftsfunktionäre.

Herbert Wehner hatte sich nach meiner Kontaktaufnahme im Oktober 1960 auf
offiziellen Kanälen erkundigt, ob es im Bundesamt für Verfassungsschutz
einen Dr. Horchem gebe und welche Funktionen der habe. Zur Begründung
seiner Anfrage hatte er den Fall Harry Roth angegeben. Die Anfrage landete
auf dem Schreibtisch von Präsident Schrübbers. Dieser ließ den Abteilungsleiter Dr. Nollau kommen und fragte ihn, ob er etwas von meiner Aktion gewußt
habe. Nollau verneinte. Danach rief Nollau mich in sein Arbeitszimmer. Er
war ganz gelb im Gesicht vor unterdrücktem Zorn, übergangen worden zu
sein, und sagte mir: »Der Präsident wird Sie ganz hart anfassen.«

Nollau konnte die Konferenz nicht verbieten. Der Präsident wollte sie wohl
auch nicht beeinflussen. Harry Roth trat als Hauptredner auf. Er schilderte
seine langjährige Tätigkeit für den FDGB und erläuterte anhand von zahlreichen Beispielen Methoden und Ziele der kommunistischen Politik der

Aktionseinheit. Dabei betonte er, daß er mit dem FDGB zusammengearbeitet habe im Auftrage des Bundesamtes für Verfassungsschutz.

Die Enthüllungen Roths wirkten auf die Zuhörer wie ein Schock. In den Medien fanden sie ein entsprechend breites Echo. Die Reaktion auf die Konferenz war jedoch anders, als wir erwartet hatten. Nicht die Infiltrationspolitik des FDGB machte Schlagzeilen, sondern die Tatsache, daß Harry Roth jahrelang als V-Mann für den Verfassungsschutz gearbeitet hatte.

Die meisten Gewerkschaftskollegen, die den von ihm vermittelten Einladungen zu gesamtdeutschen Arbeiterkonferenzen in Leipzig gern gefolgt waren, wandten sich nun von ihm ab. Der Vorstand der AG Weser, bei der Roth beschäftigt war, erklärte, daß er für die Sicherheit Roths im Betrieb keine Garantie übernehmen könne. Im Endergebnis waren nicht der FDGB und seine Unterwanderungspraktiken verwerflich, sondern die Arbeit des Verfassungsschutzes. Der Jäger wurde verteufelt, der Wilddieb fand Mitleid.

Als mich Präsident Schrübbers auch nach der Hamburger Konferenz der Betriebsräte nicht zu sich zitierte, bat ich selbst um einen Termin. Er fragte mich, warum ich die Aktion durchgeführt hätte, ohne dazu autorisiert zu sein. Ich sagte: »Im Hinblick auf die Quellenführung und auf die Politik, SPD und Gewerkschaften vor kommunistischer Infiltration zu schützen, war die Aktion notwendig. Dr. Nollau hätte sie nicht genehmigt. Das hat er mir in einem Gespräch bestätigt. Sie hätten den Innenminister fragen müssen. Er hätte auch nein gesagt.« Nach einigem Zögern fügte ich hinzu: »Nach meinem Alleingang hätte man Sie wohl nicht maßregeln können. Ich war mir aber darüber im klaren, daß ich hätte gefeuert werden können.« Hubert Schrübbers zog an seiner Pfeife, schaute mich an und sagte: »In beiden Punkten haben Sie recht.« Dann fügte er hinzu: »Wir werden Ihnen jetzt wohl die Beschaffung der Abt. III geben müssen. Juristen haben normalerweise weder Neigung noch Begabung für operative Dinge im geheimen Nachrichtendienst. Sie sind eine Ausnahme, und Ihr Talent würde in der Auswertung nur verkümmern.«

Nach einigen Wochen ließ er mich erneut zu sich rufen. Er sagte mir: »Nach Ihrer Betriebsräte-Aktion hat der Minister angeordnet, daß das BfV eine ständige Verbindung zum Parteivorstand der SPD einrichten müsse, und zwar zu Herrn Herbert Wehner. Bitte haben Sie Verständnis dafür, daß ich mit dieser Aufgabe keinen Referenten beauftrage. Die Bedeutung der Verbindung macht es notwendig, daß ein Abteilungsleiter den Kontakt wahrnimmt. Ich werde Herrn Dr. Nollau beauftragen.«

In der Folge traf sich Nollau mehrmals im Monat mit Herbert Wehner zu einer Art Berichterstattung. Mit Unterstützung Wehners wurde er 1967 zum Vizepräsidenten des BfV ernannt. 1970 ging er als Ministerialdirektor und Leiter der Abteilung für Öffentliche Sicherheit zum Bundesministerium des Innern nach Bonn. Im Jahre 1975 kehrte er als Präsident des Bundesamtes für Verfassungsschutz nach Köln zurück.

Als er von Präsident Schrübbers offiziell damit beauftragt worden war, die Verbindung zum Parteivorstand der SPD wahrzunehmen, ließ er mich rufen. In einem schwachen Versuch, früheren Mangel an Engagement zu kaschieren — so jedenfalls mußte ich das sehen —, forderte er mich auf, jegliche Verbindung zu Herbert Wehner abzubrechen. Ich lachte und sagte, daß ich das ablehnen müsse.

Auf Vorbehalte gegenüber dem Verfassungsschutz, wie ich sie nach den Ausführungen von Harry Roth auf der Hamburger Konferenz für Betriebsräte und Gewerkschaftsfunktionäre erfahren hatte, traf ich auch bei anderen Begegnungen mit Gewerkschaftern und Sozialdemokraten. Im März 1964 besuchte ich in der Zentrale der IG Metall in Frankfurt a.M. Dr. Werner Thönnessen, der damals Leiter der Pressestelle der IG Metall war. Ich überreichte ihm einige Berichte über »Kommunistische Betriebsarbeit«, die vom BfV für die sogenannte Öffentlichkeitsarbeit freigegeben worden waren. Ich erklärte ihm, daß der Verfassungsschutz mit der IG Metall als der bedeutendsten Industriegewerkschaft enger zusammenarbeiten wolle, um nach Möglichkeit laufende Probleme, die von beiderseitigem Interesse sein könnten, zu besprechen. Als ich in diesem Zusammenhang den Fall Harry Roth erwähnte, erwiderte Werner Thönnessen, daß die IG Metall gerade wegen dieses Falles dem Verfassungsschutz und der SPD »nicht sehr grün« sei. Die SPD habe die IG Metall vor der Betriebsrätekonferenz in Hamburg nicht über das geplante Auftreten unseres Mitarbeiters unterrichtet, sie praktisch »überfahren«.

Ich erklärte, daß es damals nur bei der SPD gelegen habe, die IG Metall über Harry Roth zu orientieren. Der Verfassungsschutz hätte nur im Rahmen der ihm gestellten Aufgaben und loyal gegenüber SPD und Gewerkschaften gehandelt. Seltsam sei, daß die IG Metall Harry Roth solange mit Samthandschuhen angefaßt habe, als von ihm bekannt gewesen sei, daß er für den FDGB gearbeitet habe. Nachdem aber herausgekommen sei, daß Roth dies im Auftrage des Verfassungsschutzes getan habe, sei er von der Gewerkschaft fast ausgeschlossen worden.

Dr. Thönnessen erwiderte ausweichend, daß der Vorstand auf Entscheidungen der örtlichen Gremien kaum Einfluß habe. Er fügte aber hinzu, daß man einen Kommunisten in der IG Metall noch für einen Überzeugungstäter halten könne, während man einen Mitarbeiter für den Verfassungsschutz als Agenten und Spitzel ansehen müsse.

Darauf fragte ich Herrn Thönnessen, ob ihm möglicherweise bei seinen Vorstandskollegen Schwierigkeiten daraus entstehen könnten, wenn bekannt würde, daß er vielleicht in Zukunft laufend Kontakt mit dem Verfassungsschutz habe. Dr. Thönnessen erwiderte: »Ich kann diese Frage nicht verneinen.«

Vorbehalte gegenüber den Informationen des Verfassungsschutzes beruhen manchmal auch darauf, daß die Empfänger solcher Informationen nicht wahrhaben wollen, daß Institutionen, mit denen sie zusammenarbeiten oder in denen sie tätig sind, Zielobjekt kommunistischer Unterwanderung sind. Im Herbst 1968 stellte ich einen Bericht zusammen über die kommunistisch gesteuerte »Christliche Friedenskonferenz« und die Bemühungen von Kommunisten, den Weltkirchenrat zu unterwandern. Dieser Bericht ging an alle Kabinettsmitglieder der Bundesregierung, u.a. auch an den damaligen Bundesjustizminister Prof. Dr. Gustav Heinemann. Wahrscheinlich las Gustav Heinemann die Zusammenstellung mit besonderer Aufmerksamkeit, weil er von 1949 bis 1955 Präses der Synode der Evangelischen Kirche Deutschlands gewesen war. Auch er glaubte nicht, daß eine Organisation wie der Weltkirchenrat Zielobjekt kommunistischer »Aktiver Maßnahmen« sein könne. Er schrieb Präsident Schrübbers einen Brief, der keine Stellungnahme zu dem Verfassungsschutzbericht war, sondern sich wie eine Beschwerde darüber las, daß der Verfassungsschutz seine Informationen in einer kirchlichen Organisation gesammelt hatte, die — wie sich jetzt herausgestellt hat — tatsächlich Zielobjekt kommunistischer Infiltration war.

Später allerdings war Gustav Heinemann der erste Bundespräsident, der einer Verfassungsschutzbehörde einen offiziellen Besuch machte. Ich hatte 1972 Dieter Spangenberg aufgesucht, damals Staatssekretär im Bundespräsidialamt. Wir sprachen über die Probleme des Verfassungsschutzes und über die Schwierigkeiten unserer Arbeit. Dabei meinte ich, daß die Kollegen dringend einen Motivationsschub brauchten. Eine große Geste für die Anerkennung unserer Arbeit wäre es, wenn der Bundespräsident den Verfassungsschutz besuchen und sich über seine Tätigkeit unterrichten lassen würde. Dieter Spangenberg sagte zu, den Bundespräsidenten zu bitten, dieser Anregung nachzukommen.

Da der Vorschlag für eine solche Demonstration von mir gekommen war, entschloß sich Gustav Heinemann 1973 dazu, nicht das Bundesamt in Köln, sondern das Landesamt für Verfassungsschutz in Hamburg zu besuchen. Ich war dort seit Januar 1969 Chef.

Wir hatten den Besuch des Bundespräsidenten sorgfältig vorbereitet und mit militärähnlichem Drill solange geübt, bis jede Besichtigungsphase und jedes Briefing bis auf die Minute den gegebenen Zeitvorgaben entsprachen. In der abschließenden Darstellung machte ich den Bundespräsidenten auf die negative Plakatierung des Verfassungsschutzes aufmerksam. Ich unterstrich, daß wir mit Problemen für die Arbeitsmoral der Mitarbeiter rechnen müßten. Dabei sei nicht so sehr der Rückgang von Engagement zu befürchten als vielmehr die Entwicklung zu einer Prätorianergarde. Das könne zu einer Einstellung führen, die sich am besten mit dem lateinischen Zitat umschreiben lasse: »Oderint, dum metuant.« Das heißt: »Laß sie hassen, wenn sie nur fürchten.« Gustav Heinemann legte seine Stirn in Falten, schaute mich an, sagte aber nichts.

Nach intensiver Beschäftigung mit dem Marxismus-Leninismus und nach vielen Gesprächen mit intelligenten Kommunisten war ich nicht nur von dem kämpferischen Mut dieser Männer berührt, sondern auch beeindruckt von dem — vordergründig — geschlossenen System des historischen und dialektischen Materialismus. Aufgewachsen in der barocken Dichte des rheinischen Katholizismus hatten Liturgie und Ritual für mich nicht nur symbolischen Charakter; sie waren vielmehr Leitlinien für ein Leben, das keine Begrenzung durch das Diesseits zu befürchten brauchte. Ende der fünfziger Jahre hatten dann die Zweifel an der bis dahin unwidersprochenen Überzeugung begonnen, daß es eine Fortdauer der personalen Existenz auch über den Tod hinaus gebe. Wenn sich das Leben aber auf die Erfordernisse dieser Welt beschränken sollte, dann mußte man nach Systemen suchen, die eine Plattform dafür sein konnten. Der Marxismus-Leninismus bot sich an.

Wir beschäftigten in unserem Referat einen jungen wissenschaftlichen Mitarbeiter, der für die kommunistische Ideologie und für kommunistische Propaganda (das bedeutet im Sprachgebrauch der Kommunisten »Schulung«) zuständig war. Er hatte über die Geschichte der KPD promoviert. Ursprüngliche religiöse Bindungen hatte er schon lange hinter sich gelassen. Er verstand es so sehr, sich in die Gedankengänge der Ideologie des Marxismus-Leninismus und in die kommunistische Politökonomie hineinzuversetzen, daß seine Analysen über die bloße Interpretation kommunistischer Politik hinaus zu gültigen Voraussagen späterer politischer Entwicklungen wurden. Dabei fiel zunächst kaum ins Gewicht, daß er nie nach Gegenargumenten suchte. Der Verfasser schien davon überzeugt, daß der internationale Kommunismus in der Jahrhundertauseinandersetzung zwischen Demokratie und Totalitarismus letztlich den Sieg davontragen werde.

Diese Position brachte mich zum Nachdenken. Falls der Kapitalismus, d.h. der freie Westen, die Konfrontation mit dem Marxismus-Leninismus nicht überleben sollte, so war das nicht nur ein Problem für den einzelnen Betrachter. Der Prozeß betraf die Frage der Zuordnung zu Zentren der Macht, die über das Geschick der Nation bestimmen konnten. Wer sich damals als Deutscher zum Marxismus bekannte, mußte wissen, daß er damit die Hegemonie der Sowjetunion akzeptierte.

Der Versuch, sich mit dem Existenzialismus zu beschäftigen, brachte keine Lösung. Dabei war es gleichgültig, ob man über die seltsamen Wortschöpfungen Martin Heideggers nachdachte oder die rationalen lateinischen Begründungen von Jean Paul Sartre zu akzeptieren versuchte. Man folgte einem religiösen Bedürfnis, fand aber nur Schalen ohne Inhalt.

Ich begann, Gustav A. Wetter und Josef Bochenski zu lesen, der eine Jesuit, der andere Dominikaner. Beide gaben mir Hinweise auf die Brüche und Schwachstellen der sogenannten Philosophie des Marxismus-Leninismus. Lange Zeit später, im Jahre 1968, sollte ich den beiden Professoren auf dem NATO-Defense-College in Rom begegnen. Sie überzeugten mich davon, daß ein System, welches das Glück der Menschen im Diesseits — wenn auch in ferner Zukunft — als historische Notwendigkeit ansieht und damit für möglich hält, auf Lüge aufgebaut sein oder zumindest auf Irrtum beruhen muß. Nach mehreren tausend Jahren historischer Erfahrung, von denen das Christentum noch keine zweitausend Jahre trägt, kann man nicht davon ausgehen, daß der Mensch unangefochtenen Glücks teilhaftig werden kann. Gerade das Christentum weiß um Leid, Tragik, Verfolgung und Tod. Es rechnet nicht damit, daß dem Menschen in dieser Welt Gerechtigkeit widerfährt. Vergangene Prüfungen haben die Überzeugung gestärkt, daß der Mensch immer wieder vom Menschen verlassen wird.

Das übrigens unterscheidet das Christentum vom Idealismus der Linken, gleichgültig, ob es sich um einen linken Liberalen oder um einen linken Sozialdemokraten handelt: Die Linken halten ihre Mitbürger für intelligenter und für besser, als sie in der Regel sind.

Der unbekümmerte Glaube an ein Fortleben nach dem Tode wurde nicht wiedergefunden. Es blieb das traditionsreiche Gebäude der katholischen Kirche, die mit ihrer durch den Zölibat gestärkten Hierarchie Pflichten auferlegte und ihre Erfüllung einforderte. Ich begriff, daß die Institution Kontinuität vermittelt. Das Bewußtsein, eine jahrhundertealte Tradition mit der Fortdauer für die Zukunft zu verbinden, erleichterte es, die Gültigkeit der Lehre zu akzeptieren. Hinzu kam die Erkenntnis, daß die Feier der Sonntagsmesse wesentliche Teile abendländischer Geschichte reflektiert. Beide Erfahrungen stabilisierten.

Religiöses Leben wurde zu einer Verbindung zwischen Verstehen und Glauben und beeinflußt bis heute die Entscheidungen, welche über den Tag hinaus Bedeutung haben.

Anfänge der Beschaffung

Im November 1961 übernahm ich die Beschaffung der Abteilung III des BfV, d.h. die geheimen Operationen. Aufgabe dieser Referatsgruppe war es, Informationen zu sammeln über die KPD und die SED sowie über kommunistische Tarnorganisationen. Dazu gehörte auch die Aufklärung der sogenannten Westarbeit der SED. Dies war einer der Schwerpunkte der Arbeit.

Wir führten geheime Mitarbeiter sowohl in der Bundesrepublik als auch in der DDR. Ich versuchte, mich in möglichst kurzer Zeit mit den Fällen vertraut zu machen, in denen Agenten erfolgreich geworben und geführt worden waren. Ich legte aber auch Wert darauf, in gescheiterte Operationen Einblick zu nehmen. Unter den Akten, die mir dazu vorgelegt wurden, befand sich ein besonders umfangreiches Konvolut. Es handelte sich um den Fall Bauer.

Karl Friedrich Bauer war vor dem Krieg Kriminalbeamter gewesen. Während des Krieges wurde er bei der Gestapo in Prag eingesetzt, zuletzt als Kriminalkommissar. Anfang der fünfziger Jahre bewarb er sich beim BfV. Ende 1952 wurde er als hauptamtlicher Mitarbeiter eingestellt. Er gehörte zur Außenstelle Hannover, die intern die Bezeichnung Bundesnachrichtenstelle Niedersachsen (Bunast NS) hatte. Aufgabe der Bunast NS war die Beschaffung von Informationen aus der DDR. Bauer hatte Verbindungen anzubahnen, indem er Personen ansprach, die in der DDR wohnten oder Kontakte dorthin hatten, und die für eine nachrichtendienstliche Mitarbeit geeignet erschienen. Er sollte diese Zielpersonen anwerben und nach Bewährung während einer Probezeit als V-Leute weiterführen.

Einer dieser V-Männer war Friedrich Wilhelm Schulz. Er war damals Lehrer in Ilsenburg, einem Ort auf der Seite des Harzes, die zur DDR gehörte. Bauer lernte ihn im Juni 1953 kennen. Schulz war schon 1951 und 1952 regelmäßig aus der DDR in die Bundesrepublik gekommen. Zunächst hatte er Bücher aus der DDR in die Bundesrepublik gegen Westmark verkauft. Später hatte er im Auftrag von Leuten, die sich als westdeutsche Journalisten ausgaben, kleinformatige Zeitungen aus der Bundesrepublik illegal in die DDR gebracht und dort verteilt. Dafür war er bezahlt worden. Gegen

Entgelt lieferte er den »Journalisten« auch Informationen aus der DDR — hauptsächlich wirtschaftlicher Art —, wie er später Bauer gegenüber erklärte.

Umschlagplatz für Nachrichten aus der DDR war ein Verkaufskiosk am Bahnhof in Bad Harzburg, der — wie die gesamte Bahnhofsgegend — auch Treffpunkt der Grenzgänger war.

Es waren damals die »wilden fünfziger Jahre«, in denen eine offensive Spionage aus dem Osten auf eine unerfahrene Abwehr im Westen stieß und die Bundesrepublik nichts anderes als eine Art Spielwiese für die Operationen kommunistischer Nachrichtendienste zu sein schien.

Im Laufe des Jahres 1952 und Anfang 1953 hatten die DDR-Behörden die Bewachung der Demarkationslinie verschärft. Sie richteten besondere Kontroll- und Schutzbereiche ein und schufen entlang der Grenze die fünf Kilometer breite Sperrzone. Das schreckte die meisten Grenzgänger davon ab, aus der DDR in den Westen und wieder zurück in den sowjetischen Machtbereich zu wechseln. Dennoch überschritt Friedrich Schulz auch weiterhin illegal die Grenze, obwohl er damit rechnen mußte, seine Stellung zu verlieren, falls die Volkspolizei ihn erwischen würde.

Im Frühjahr 1953 riß seine Verbindung zu den »Journalisten« ab. Daraufhin bat Schulz den Inhaber des Verkaufsstandes am Bahnhof in Bad Harzburg, ihm eine ähnliche Beschäftigung zu vermitteln, wie er sie beim Vertrieb der Zeitungen gehabt hatte. Der Inhaber des Kiosks wußte von dem Interesse Bauers an Personen, die Informationen aus der DDR überbringen konnten. Er machte Schulz mit Bauer bekannt.

Bauer eröffnete seinem neuen Informanten, daß er sich für alle Vorgänge im Grenzgebiet der DDR interessiere, insbesondere für die Grenzüberwachungsanlagen, für Einrichtungen des Staatssicherheitsdienstes und der Volkspolizei, für die Tätigkeit von Funktionären der SED und für die Organisation und die Arbeit der Justiz in der DDR. Friedrich Schulz erklärte sich zur Mitarbeit bereit. Er erhielt den Decknamen »Peter«.

Bauer hatte sich als Mitarbeiter einer »westlichen Pressestelle« ausgegeben. Schulz war sich aber von Anfang an darüber im klaren, daß er es mit einem

Mitarbeiter eines westlichen Nachrichtendienstes zu tun hatte. Bauer hatte ihn zu strengster Geheimhaltung aufgefordert. Er hatte Schulz darüber belehrt, daß er insbesondere gegenüber Dienststellen in der DDR über alles zu schweigen habe, was ihm im Rahmen seiner Mitarbeit mit Bauer bekannt geworden sei. Anderenfalls könne er in der Bundesrepublik bestraft werden.

Einige Monate später arrangierte Bauer eine Zusammenkunft von Friedrich Schulz mit seinem Chef, Oberregierungsrat Odewald, der damals die Bunast NS leitete. Odewald erklärte Schulz erstmals ausdrücklich, daß seine Mitarbeit dem Verfassungsschutz diene. Er könne damit rechnen, fest verpflichtet zu werden, wenn seine Informationen zutreffend und wertvoll sein würden.

Bis Januar 1954 wurde Friedrich Schulz zunächst zur Erprobung geführt, anschließend als geheimer Mitarbeiter gegen ein monatliches Entgelt von 200,— DM übernommen. Er erhielt das Geld jeweils bei den Zusammenkünften, bei den »Treffs«, in bar.

Bauer traf sich mit Schulz etwa einmal im Monat an verschiedenen Orten im Raum Bad Harzburg. Der Zeitpunkt der nächsten Begegnung wurde jedesmal mündlich festgesetzt. Wenn Schulz die Vereinbarung nicht einhalten konnte, kündigte er einen neuen Termin an, indem er eine getarnte Mitteilung an eine Deckadresse schickte, die er von Bauer bekommen hatte. Schulz wechselte aus der DDR in die Bundesrepublik über, indem er die Ecker — einen Bach, in dessen Mitte die Demarkationslinie verlief — überquerte. Auf dem gleichen Wege kehrte er später in die DDR zurück. Bauer holte ihn meistens an einer Bahnunterführung ab, die in der Nähe der Übergangsstelle lag. Beide fuhren dann mit Bauers Dienstwagen in eine nahegelegene Gastwirtschaft, manchmal auch bis nach Bad Harzburg. Dort berichtete Schulz mündlich über das, was er — angeblich — in Erfahrung gebracht hatte. Bauer machte sich in einem kleinen Heft, das er stets mit sich führte, Notizen.

Nach den Treffs brachte Bauer seinen V-Mann mit seinem Volkswagen zum Bahnhof Eckertal. Von dort ging Schulz in die DDR zurück, meistens auf dem Weg, auf dem er gekommen war.

Im Frühjahr 1954 berichtete Schulz seinem V-Mann-Führer, der Staatssicherheitsdienst habe an der Demarkationslinie eine neue Sicherungsanlage eingerichtet. Holzklappern seien an einem Stolperdraht befestigt. Bauer beauftragte Schulz, ihm beim nächsten Treff eine derartige Klapper mitzubringen. Schulz erbot sich, noch am selben Abend ein solches Instrument von der Sicherungsanlage abzuschneiden.

Bauer fuhr mit Schulz bis zu einer ehemaligen Schleifmühle in der Nähe der Grenze und stellte dort seinen Wagen ab. Es war schon dunkel. Die beiden Männer gingen zu einer Stelle an der Ecker, wo sich auf dem anderen Ufer die Holzklappern befinden sollten. Schulz hatte, von Bauer unbemerkt, eine Taschenlampe in der Hand. Plötzlich leuchtete diese Lampe auf. Schulz fluchte leise und tat so, als habe er versehentlich die Lampe entzündet. Wenige Sekunden später leuchtete auf dem Gebiet der DDR ebenfalls eine Lampe auf. Im gleichen Augenblick kam ein Motorradfahrer mit aufgeblendetem Scheinwerfer auf der westdeutschen Seite herangefahren. Friedrich Schulz sprang über das Geröll der Böschung hinab in die Ecker, überquerte den Bach und verschwand im Gebüsch auf der anderen Seite der Demarkationslinie.

Beim nächsten Treff brachte Schulz tatsächlich eine Holzklapper mit, die er angeblich von einem Stolperdraht der Grenzsicherungsanlage der DDR abgeschnitten hatte. Seinen überhasteten Übergang über die Ecker erklärte er damit, daß er gefürchtet habe, im Scheinwerferlicht des Motorrads von dem Fahrer erkannt zu werden. Er verschwieg das Aufleuchten seiner Taschenlampe und den Lichtstrahl vom anderen Ufer der Ecker. Bauer unterließ es, Schulz zu diesem Vorfall zu befragen.

Ende Juni 1954 beauftragte Bauer seinen V-Mann, einen toten Briefkasten zu benutzen, der von einem anderen Agenten auf einem Friedhof in Nordhausen in der DDR eingerichtet worden war. Es sollte sich um eine Erprobung in zweifachem Sinne handeln: Einerseits sollte festgestellt werden, ob eine Nachrichtenübermittlung an andere Agenten in der DDR auf diesem Wege ohne Schwierigkeiten möglich war; zum anderen wollte die Bunast NS damit auch die Verläßlichkeit ihres Agenten Schulz überprüfen. Bei dieser Zusammenkunft wurde das nächste Treffen erst für September 1954 verabredet. Mitte Juli begannen in der DDR die Schulferien, und Schulz konnte deshalb angeblich vor September nicht in die Bundesrepublik kommen.

Entgegen dieser Absprache fand Bauer am Morgen des 17. Juli 1954 bei der mit Schulz verabredeten Deckanschrift in Goslar eine Mitteilung vor, wonach Schulz noch am selben Tag in Eckertal sein wollte. Die angekündigte Zeit war 10 Uhr morgens. Bauer fuhr sofort los, kam aber erst um 10.30 Uhr am Bahnhof Eckertal an. Er mußte bis 11.30 Uhr warten, ehe Friedrich Schulz erschien. Schulz machte einen aufgelösten Eindruck und erklärte seine Verspätung damit, daß er von Volkspolizisten beschossen worden sei. Er sei trotzdem weitergelaufen. Beim Überqueren der Ecker sei er gestürzt und habe sich dabei im Gesicht und an der Hand verletzt.

Bauer und Schulz fuhren zum Mittagessen in das Hotel Weißes Roß in Bündheim. Schulz lieferte wie üblich seine Informationen und erklärte, er habe den toten Briefkasten in Nordhausen auftragsgemäß beschickt.

Das Mittagessen und die Berichterstattung dauerten bis etwa 5 Uhr nachmittags. Bauer brachte Schulz nach Eckertal zurück. Die beiden hielten noch einmal in Bad Harzburg an, wo Schulz einige Zeitungen kaufte, die er in die DDR mitnehmen wollte. In Eckertal sagte Schulz, er könne die bisherige Übergangsstelle kaum noch benutzen, weil er in ihrer Nähe beschossen worden sei. Er bat Bauer, ihm einen anderen brauchbaren Ort zu zeigen. Bauer fuhr deshalb bis zur Schwarzen Brücke, die noch vor der Schleifmühle lag und die über die Ecker in die DDR führte. In der Nähe der Brücke sollte Schulz die Ecker überqueren. Als die beiden Männer dort angekommen waren, erklärte Schulz zur Überraschung Bauers, er müsse doch noch einmal an der alten Übergangsstelle am Besenbinderstieg in die DDR überwechseln, weil er dort am anderen Ufer sein Fahrrad versteckt habe. Bauer fuhr deshalb mit Schulz zurück in Richtung Eckertal.

Als sich das Auto dem Besenbinderstieg näherte, sprang aus dem Ufergebüsch ein Mann auf die Straße, der Försterkleidung trug. Er winkte aufgeregt mit den Armen. Bauer mußte anhalten. Der Unbekannte rief: »In der Ecker liegt ein Verletzter. Helfen Sie mir, ihn zu bergen und auf westdeutsches Gebiet zu tragen.«

Bauer und Schulz stiegen aus und gingen mit dem Mann zum Bach. Die Ecker verläuft an dieser Stelle nur wenige Meter neben der Straße. Bauer sah am östlichen Uferrand des Baches einen Mann liegen, dessen Beine zum Teil ins Wasser hingen. Bauer, Schulz und der Unbekannte durchschritten die Ecker. Der Unbekannte faßte den »Verletzten«, dessen Gesicht zu bluten schien, an dem einen Arm, und Schulz packte ihn an dem anderen. Bauer bückte sich, um nach den Füßen zu greifen.

In diesem Augenblick sprangen sechs bewaffnete Zivilisten aus den Büschen, schlugen Bauer mit Knüppeln zusammen und schleppten ihn zwanzig Meter landeinwärts in die DDR bis zu einer Stelle, die von westlicher Seite nicht mehr eingesehen werden konnte. Die Leute des Ministeriums für Staatssicherheit (MfS) — um solche handelte es sich — warfen Bauer zu Boden, legten ihm Handschellen an und tasteten ihn nach Waffen ab. Noch benommen von den Schlägen konnte Bauer unter den Männern, die ihn umstanden, auch seinen V-Mann Schulz erkennen. An seiner Seite stand der »Verletzte«, dessen Gesicht — wie Bauer jetzt sehen konnte — mit roter Farbe beschmiert war. Der Mann grinste ihn höhnisch und schadenfroh an.

Die Stasi-Beamten zerrten Bauer weiter bis zu einer Straße. Dort leerten sie seine Taschen. Zwei Beamte liefen zurück zu seinem Fahrzeug. Bauer hatte den Zündschlüssel stecken lassen. Nach etwa fünfzehn Minuten kamen die beiden mit dem Dienstwagen in die DDR gefahren.

Bauer wurde mit seinem Wagen zunächst nach Werningerode geschafft. Dort mußte er in ein anderes Fahrzeug umsteigen, das ihn ins Gefängnis nach Magdeburg brachte.

Es folgten tagelange Vernehmungen. Bauer wurde beschuldigt, »Spion des westlichen Verfassungsschutzes« zu sein. Die Vernehmungsbeamten legten ihm einen etwa zweihundert Seiten starken Aktenordner vor, in dem sich zahlreiche Berichte auch über seine Besprechungen mit Friedrich Schulz befanden.

Bauer erklärte den Vernehmungsbeamten, daß Friedrich Schulz sein V-Mann gewesen sei. Die Stasi-Leute gingen auf diese Äußerung nicht ein.

Der Name von Friedrich Schulz wurde in den Protokollen der Vernehmung nicht erwähnt. Offenbar wollte das MfS seinen Agenten über das Verschleppungsunternehmen hinaus weiter schützen. Bauer drängte immer wieder darauf, Friedrich Schulz gegenübergestellt zu werden. Dadurch wollte er erreichen, daß der Name seines V-Mannes wenigstens in den Vernehmungsniederschriften festgehalten wurde. Er hatte keinen Erfolg.

Aus dem Taktieren der Stasi und aus verschiedenen Äußerungen der Vernehmungsbeamten konnte Bauer schließen, daß Schulz schon kurze Zeit nach seiner Verpflichtung durch Bauer — möglicherweise schon vorher, spätestens aber ab Herbst 1953 — Mitarbeiter des Staatssicherheitsdienstes geworden war und dem MfS fortlaufend und umfassend über seine Zusammenarbeit mit Bauer berichtet hatte. Schulz hatte als Doppelagent auch an der Vorbereitung und Durchführung von Bauers Verschleppung mitgewirkt. Mit Bauers Auto war dem Staatssicherheitsdienst seine Aktentasche in die Hände gefallen. In ihr befanden sich zwei Notizbücher, welche die verschlüsselten Aufzeichnungen Bauers über nachrichtendienstliche Informationen enthielten, ferner die Klarnamen und Decknamen von drei geheimen Mitarbeitern in der DDR und ihre Anschriften.

Bauer wurde dann zur Hauptverwaltung des Staatssicherheitsdienstes nach Berlin überstellt. Die Vernehmungen gingen weiter.

Im September 1955 machte man Bauer vor dem Bezirksgericht in Rostock den Prozeß. Die Staatsanwaltschaft forderte die Todesstrafe. Am 15. September 1955 wurde Bauer wegen »Vorbereitung eines Angriffskrieges gemäß Artikel 6 der Verfassung der DDR« und als »Hauptkriegsverbrecher gemäß Kontrollratsdirektive 211« zu lebenslangem Zuchthaus verurteilt. Die Verurteilung als Hauptkriegsverbrecher stützte das Gericht auf die Tatsache, daß Bauer während des Krieges in Prag Kriminalkommissar bei der Gestapo gewesen war. Vergehen oder Verbrechen warf man ihm nicht vor. Dazu waren auch keine besonderen Ermittlungen angestellt worden.

Alle diese Einzelheiten waren mir nicht bekannt, als ich im Jahre 1961 die Referatsgruppe Beschaffung übernahm. Die Akte, die mir damals vorgelegt wurde, schloß die Schilderung der Arbeit und der Einsätze Bauers ab mit seinem Verschwinden am 17. Juli 1954. Danach folgten einige Vermerke über

Ermittlungen, die man angestellt hatte, um den Fall aufzuklären. Einige der Analysen gipfelten in der Vermutung, Bauer sei möglicherweise als Doppelagent des Staatssicherheitsdienstes freiwillig in die DDR übergelaufen. Diese Hypothese wurde durch die Tatsache gestützt, daß auch sein Dienstwagen verschwunden war. Das Schlußgutachten kam aber zu dem Ergebnis, Bauer müsse vom Staatssicherheitsdienst der DDR verschleppt worden sein. Einzelheiten über sein weiteres Schicksal konnten vom Verfassungsschutz allerdings zunächst nicht in Erfahrung gebracht werden. Erst Ende der fünfziger Jahre wurde bekannt, daß Bauer zu lebenslangem Zuchthaus verurteilt worden war und in der berüchtigten Strafanstalt Bautzen einsaß.

Seine Akte im BfV war Anfang 1961 mit einem Vermerk des damaligen Vizepräsidenten abgeschlossen worden. In kleiner krakeliger Schrift, geschrieben mit dem üblichen roten Stift, hieß es dort:
»1. Eine weitere Aufklärung der Vorgänge, die mit der Entführung von Karl Friedrich Bauer am 17. Juli 1954 zusammenhängen, ist nicht möglich.
2. Alle Versuche, Bauer aus der DDR herauszuholen oder seine Freiheit zu erreichen, sind gescheitert.«

Die kühle Sachlichkeit, mit der hier ein Menschenschicksal »zu den Akten« gelegt worden war, machte mich betroffen. Gab es nicht doch noch eine Möglichkeit, etwas zu erreichen? Welche Beziehungen hatte ich in die DDR?

Ich besprach den Fall mit meinem Abteilungsleiter und mit dem Präsidenten. Dann versuchte ich, mich mit den Leuten »drüben« in Verbindung zu setzen. Die ersten Kontaktversuche liefen ins Leere. Schließlich landete ich bei der »Rechtsschutzstelle« in Westberlin. Dies war keine Behörde, sondern eine Anwaltssozietät, die in Ost-West-Fragen eng mit dem Ministerium für Gesamtdeutsche Fragen sowie mit anderen Ministerien und Behörden des Bundes zusammenarbeitete. Man hatte mich auf Rechtsanwalt Musiolik hingewiesen, der angeblich über eine gute Verbindung zum Justizministerium der DDR verfügte. Über diesen Kontakt könne man möglicherweise erreichen, Agenten des Verfassungsschutzes, die in der DDR inhaftiert waren, herauszuholen. Rechtsanwalt Musiolik sagte nur, daß er keine derartigen Verbindungen hätte. Ich solle mich an Rechtsanwalt Jürgen Stange wenden; der könne mir vielleicht helfen.

Ich verabredete einen Termin und suchte Jürgen Stange noch am gleichen Tage in seinem Büro — damals noch in der Schlüterstraße — auf. Heute ist sein Büro in der Bundesallee. Nachdem ich mich mit einem Tarnausweis des BfV, der auf den Namen »Dr. Horn« lautete, ausgewiesen hatte, sagte ich ihm, daß wir seine Hilfe für die Freilassung einiger unserer Agenten aus der DDR brauchten. Jürgen Stange sah mich mit großen Augen an. Jahre später erzählte er mir, daß er fast vom Stuhl gefallen sei, als ihn ein Beamter des Verfassungsschutzes kontaktiert und diesen Wunsch geäußert habe.

Das Geschäft mit dem Freikauf politischer Gefangener steckte damals noch in den Anfängen. Agenten des Verfassungsschutzes waren bis dahin noch nie freigekauft oder ausgetauscht worden. Keine Verfassungsschutzbehörde hatte sich an Behörden der DDR oder an Vermittler gewandt, um das zu erreichen. Stanges Büro befand sich noch in der Phase des Aufbaus, er betrieb es zusammen mit dem Kollegen Dr. Wolfgang Vogel, der in Ostberlin residierte, aber gleichzeitig als Anwalt in Westberlin zugelassen war.

Jürgen Stange und Wolfgang Vogel hatten auf internationaler Ebene bereits mehrfach an einem Austausch von Agenten zwischen Ost und West mitgewirkt. Zum Zeitpunkt meiner Kontaktsuche waren sie gerade mit den letzten Vorbereitungen für den Austausch von Rudolf Abel und Francis Gary Powers befaßt. Rudolf Abel war Oberst im KGB und hatte fast zehn Jahre lang als illegaler Resident für den sowjetischen Geheimdienst in den USA gearbeitet. Er wurde schließlich vom FBI verhaftet und im Oktober 1957 zu dreißig Jahren Zuchthaus verurteilt. Francis Gary Powers hatte für die CIA Spionageflüge über der Sowjetunion durchgeführt. Am 1. Mai 1960 war er mit seinem Spezialflugzeug U2 über Swerdlowsk abgeschossen worden. Am 17. August 1960 verurteilte ihn der Oberste Gerichtshof in Moskau zu zehn Jahren Haft. Abel und Powers wurden nach längeren Verhandlungen, an denen die Anwälte Stange und Vogel maßgeblich beteiligt waren, am 10. Februar 1962 in Berlin ausgetauscht.

Ich hatte mir als Testfall und zum Entree bei Jürgen Stange vom LfV Baden-Württemberg einen Fall übergeben lassen. Es handelte sich um einen Gewerkschaftler, der regelmäßig in die DDR fuhr und danach vom LfV als geheimer Mitarbeiter angeworben worden war. Auf der Gesamtdeutschen Arbeiterkonferenz in Leipzig hatte er Verbindung zu Funktionären aufgenommen, die für die Westarbeit des FDGB und für die subversive Arbeit gegen die westdeutschen Gewerkschaften verantwortlich waren. Seine Informationen stellten für den Verfassungsschutz eine sehr große Hilfe dar. Das MfS hatte ihn später enttarnt und festgenommen. Jetzt wartete er in der DDR auf sein Strafverfahren.

Damals gab es noch keine »Pauschalpreise« für den Freikauf von Mitbürgern, die in der DDR inhaftiert waren, oder von politischen Häftlingen. Zu einer Art von Reglementierung kam es erst, als Jürgen Stange im Frühjahr 1963 im Hotel »Deutscher Kaiser« in München zum erstenmal mit dem damaligen Minister für Innerdeutsche Fragen, Rainer Barzel, und mit Ludwig Rehlinger zusammentraf, der später Staatssekretär in diesem Ministerium werden sollte.

Wir mußten unseren Fall in allen Details aushandeln. Ich bot 50.000,— DM. Jürgen Stange mußte nachfragen. Nach wenigen Tagen übermittelte er, daß ihm Wolfgang Vogel mitgeteilt hätte, die DDR erwarte eine Gegenleistung von 75.000,— DM. Wolfgang Vogels Verbindung war der Generalstaatsanwalt der DDR, Josef Streit. Als ich das hörte, akzeptierte ich. Nach wenigen Wochen war der geheime Mitarbeiter des LfV Baden-Württemberg frei und wieder zu Hause.

Auch bei den vielen Fällen, die danach folgten, diskutierten wir jeden einzelnen Posten durch. Jürgen Stange, Wolfgang Vogel und ich trafen uns in einer konspirativen Wohnung in Köln in der Nähe vom Dom, die ich angemietet hatte, manchmal auch in der Bar vom Hotel Excelsior. Günter Nollau hatte mich gewarnt: Man müsse davon ausgehen, daß Stange und Vogel für das Ministerium für Staatssicherheit arbeiteten. Na und! Ich hätte selbst mit dem Teufel Verträge geschlossen, um unsere Leute aus den Gefängnissen der DDR herauszuholen.

Es schien notwendig, eine Atmosphäre des Vertrauens aufzubauen. Deshalb lud ich Jürgen Stange zwei- oder dreimal zu mir nach Hause ein. Der Fahrer holte ihn nach Einbruch der Dunkelheit in seinem Hotel ab und brachte ihn auf Umwegen zu mir. Das Straßenschild war nicht zu sehen. An unserer Tür befand sich kein Name. Wir hatten überlegt, ob wir unserem Sohn Thomas, der damals erst fünf Jahre alt war, sagen sollten, daß wir uns gegenüber dem

Besuch als »Horn« bezeichnen würden. Wir haben das dann aber gelassen. Unser richtiger Name ist niemals gefallen. Jürgen Stange und seine Frau, die wir erst später kennenlernten, kannten uns nur unter unserem Decknamen. Erst als wir nach Hamburg übergesiedelt waren, teilte ich den beiden mit, daß wir nicht »Horn« heißen würden. Ich nannte unseren richtigen Namen. Das war im Restaurant Ritcher an der Elbchaussee. Frau Stange wurde blaß; beide akzeptierten aber, daß der Gebrauch von Decknamen zum nachrichtendienstlichen Metier gehörte.

Bei jeder Besprechung über den Freikauf von Gefangenen versuchte ich, den Fall Bauer an die Spitze der Liste zu setzen. Wolfgang Vogel lehnte immer wieder ab. Aus Sicht der DDR sei an eine Freilassung Bauers nicht zu denken. Die Andeutungen, die die beiden Anwälte wiederholt zu diesem Fall machten, ließen mich vermuten, daß die »Begnadigung« Bauers keine Frage des Preises sein könne. Es handelte sich offensichtlich um die grundsätzliche Besorgnis der DDR-Behörden, die Freilassung Bauers könne eine Berichterstattung in der westdeutschen Presse nach sich ziehen, die die menschenverachtenden Praktiken des MfS erneut in die Schlagzeilen bringen würde.

Dennoch wiederholte ich bei jedem unserer Gespräche die Forderung, Bauer müsse in die Bundesrepublik zurückkehren. Bei einer solchen Begegnung — sie fand wieder in der Bar des Hotels Excelsior statt — fiel mir Wolfgang Vogel ins Wort: »Ach, hören Sie doch auf mit Ihrem ceterum censeo. Wir können es uns einfach nicht leisten, Bauer rauszulassen.« Meine Versicherung, wir würden den Freikauf unter strengster Diskretion abwickeln und Bauer verpflichten, nach seiner Freilassung keine Pressekontakte aufzunehmen, fruchtete nichts.

Von Anfang 1962 bis Ende 1964 hatte ich erreicht, daß — bis auf Bauer — alle unsere geheimen Mitarbeiter aus DDR-Haft freigekommen waren. Die Bemühungen um Bauer schienen auf Dauer zum Mißerfolg verurteilt. Von unserer Seite kam nur ein Freikauf infrage; eine Austauschmöglichkeit war niemals vorhanden und war auch für die Zukunft nicht vorauszusehen.

Plötzlich änderte sich die Situation. Im Frühjahr 1965 meldete sich Rechtsanwalt Stange bei mir und bat um Unterstützung in einer größeren Austauschoperation. Es handelte sich um einen Ringtausch, an dem vier verschiedene Länder beteiligt waren. Jürgen Stange und Wolfgang Vogel benötigten einen Zugang zu Verhandlungsgesprächen bei zwei befreundeten Diensten. Das konnte ich vermitteln.

Die Initiative für die Operation ging von den Russen aus. Einer ihrer Spitzenleute, ein Mann namens Loginow, war in Südafrika verhaftet worden. Loginow hatte sich durch einen Aufenthalt von mehreren Jahren in Kanada eine Legende verschafft und war mit ausgezeichnet gefälschten kanadischen Papieren in die Südafrikanische Republik eingereist. Dort hatte er als illegaler Resident ein Spionagenetz aufgebaut, das sich vorwiegend mit der Ausspähung der südafrikanischen Marinestützpunkte beschäftigte. Die Russen wollten Loginow haben. Das KGB vermutete, daß Loginow durch seine Aussagen zwei weitere »Illegale« enttarnt hatte. Von westlicher Seite waren ein Amerikaner und ein Franzose Teil des Geschäfts. Ich machte meine Vermittlung davon abhängig, daß auch Bauer in die Operation einbezogen werden müsse.

Im Spätherbst 1965 waren die Verhandlungen über den Ringtausch der Agenten abgeschlossen. Kurz vor Weihnachten 1965 wurde Karl Friedrich Bauer aus DDR-Haft entlassen. Antonie Stange, die Frau von Jürgen Stange, holte ihn in Ostberlin ab. Man hatte Bauer im Zuchthaus nicht davon unterrichtet, daß er entlassen werden würde. Man hatte ihm nur gesagt, er würde verlegt. Als Jürgen Stange ihm in Westberlin eröffnete, daß er Dank der Bemühungen seiner Kollegen vom Bundesamt für Verfassungsschutz jetzt frei sei, brach Bauer mit einem Weinkrampf zusammen. Er hatte elfeinhalb Jahre in Zuchthäusern der DDR verbracht und durch die Haft schwere gesundheitliche Schäden erlitten. In den ersten Jahren der Haft hatten ihn die Stasiwärter bei Vernehmungen immer wieder zusammengeschlagen. Auf dem rechten Auge war er erblindet; rechts hatte er das Gehör verloren.

Nun erst erfuhren wir, was bis dahin nur vermutet werden konnte. Die Verschleppung Bauers in die DDR war nur durch den Verrat seines V-Mannes Friedrich Wilhelm Schulz möglich gewesen. Schulz selbst hatte sich an der Entführung beteiligt. Der Referatsleiter von uns, der für Operationen in der DDR zuständig war, vermutete, Schulz könne sich in der Bundesrepublik

Deutschland befinden. Vielleicht sei er noch vor dem Mauerbau in den Westen gekommen und arbeite jetzt hier für das MfS.

Aus den Befragungen in den Notaufnahmelagern hatten wir die Flüchtlinge aus der DDR auch nach ihren ehemaligen Wohnorten und nach den Straßen, in denen sie gelebt hatten, erfaßt. Wir fanden jemand, der erst kurz vor August 1961 in die Bundesrepublik gekommen war und in der gleichen Straße gelebt hatte wie Friedrich Wilhelm Schulz. Dieser Mann erzählte uns, daß Schulz noch in den fünfziger Jahren »in den Westen gemacht« wäre.

Nach einigen Monaten hatten wir ihn gefunden. Er war schon im August 1957 aus der DDR in die Bundesrepublik Deutschland »geflüchtet«. Die Übersiedlung hatte er vorher abgesichert. Im September 1956 hatte er das Ost-Büro der SPD und die »Kampfgruppe gegen Unmenschlichkeit« in Westberlin besucht, um den beiden Institutionen seine Mitarbeit als Informant aus der DDR anzubieten. In Wirklichkeit wollte er prüfen, ob er bei westlichen Nachrichtendiensten als Mitarbeiter des MfS bekannt war oder ob überhaupt etwas gegen ihn vorlag. Aus der Tatsache, daß er nicht zu Bauer befragt wurde, konnte er schließen, daß jedenfalls kein Verfahren wegen dieser Sache gegen ihn anhängig war. Mit einer Strafverfolgung in der Bundesrepublik brauchte er also nicht zu rechnen. Bauer, als einziger Tatzeuge, war zu lebenslangem Zuchthaus verurteilt. Andere Personen, die einen Verdacht gegen Schulz hätten äußern oder die Zusammenhänge hätten klären können, gab es nicht.

Nach seiner »Flucht« in den Westen ließ Schulz sich mit seiner Tochter zunächst in Hamburg nieder. Es gelang ihm, eine Stelle als Vertreter bei einem Hamburger Lehrmittelverlag zu bekommen. Einige Wochen später ließ er seine Frau und seinen Sohn aus der DDR nachkommen. In der Folgezeit war er bei verschiedenen Firmen als Vertreter tätig, zuletzt in Rheinland-Pfalz. Am 11. Mai 1966 wurde er in Weiler bei Bingerbrück verhaftet. In der Hauptverhandlung vor dem 3. Strafsenat des Bundesgerichtshofes sagte Schulz, das MfS habe ihn erst kurz vor der Verschleppung zur Mitarbeit gezwungen. Dem Staatssicherheitsdienst sei seine Verbindung zu Bauer irgendwie bekannt geworden. Daraufhin habe man ihn — Schulz — festgenommen. In einer konspirativen Wohnung sei er mißhandelt worden. Man habe gedroht, seine Familie zu deportieren. Sogar von der Todesstrafe sei die Rede gewesen. Unter diesem Druck habe er sich schließlich bereit erklärt, Bauer an die Demarkationslinie zu locken. Er habe angenommen, das MfS habe nur ein Kontaktgespräch mit Bauer führen wollen; an eine Verschleppung habe er nie gedacht.

Ich war zu dem Prozeß als sachverständiger Zeuge geladen, um die damals üblichen Schleusungswege aus der DDR in die Bundesrepublik zu erläutern. Nach meiner Aussage, in einer Verhandlungspause, kam Bauer auf mich zu, schüttelte mir die Hand und sagte: »Jetzt weiß ich auch, wem ich es zu verdanken habe, daß ich im vergangenen Jahr freigekommen bin.«

Wir hatten damit gerechnet, daß Schulz versuchen würde, sich als Opfer einer Erpressung durch den Staatssicherheitsdienst darzustellen. Deshalb hatten wir uns nach ehemaligen hauptamtlichen Mitarbeitern des MfS umgetan, die zur Praxis des Stasi im Umgang mit geheimen Mitarbeitern aussagen konnten. Es gelang uns schließlich, einen ehemaligen Offizier der Bezirksverwaltung Magdeburg des MfS zu finden, der in der fraglichen Zeit (1953–1958) in Magdeburg Dienst getan hatte. Er war später in die Bundesrepublik übergelaufen. Dieser »Zeuge X« (der Name des Mannes durfte aus Sicherheitsgründen vor Gericht nicht genannt werden) bestritt entschieden, daß das MfS so dilettantisch vorgegangen sein könne, einen gerade erst angeworbenen Mitarbeiter an einem so bedeutsamen und schwerwiegenden Auftrag wie einer Entführung zu beteiligen. In Anbetracht des großen Risikos würden für derartige Operationen nur gut ausgebildete und absolut vertrauenswürdige Mitarbeiter eingesetzt. Der Zeuge erklärte weiter, er habe im August 1957 an einer Referentenbesprechung teilgenommen, bei der sein Abteilungsleiter eingehend über die Entführung Bauers berichtet habe. Daher wisse er genau, daß der geheime Mitarbeiter, der bei der Aktion eingesetzt worden sei, um Bauer mit List an die Zonengrenze zu locken, längere Zeit auf diese Mitwirkung vorbereitet worden sei. Der Abteilungsleiter habe darauf hingewiesen, daß sich dieser Agent auf Weisung außerdem monatelang regelmäßig mit Bauer getroffen habe, um dessen Vertrauen zu gewinnen. Deshalb habe die Entführung auch so gut geklappt.

Am 20. Juli 1967 wurde Friedrich Wilhelm Schulz wegen fortgesetzten Landesverrats in Tateinheit mit Verschleppung zu sieben Jahren Zuchthaus verurteilt.

Bergsteigen und offensive Operationen

Wir hatten die Operation »Rescue and Retaliation« getauft: »Rettung und Vergeltung«. Nollau hatte an den Erfolg nicht geglaubt — weder an die Möglichkeit, Bauer aus der DDR herauszuholen, noch an die Chance, Schulz zu finden und der Strafverfolgung zuzuführen. Eine schwierige Ausgangsposition für erfolgreiche Arbeit.

Überhaupt war Nollau sehr zurückhaltend, wenn es darum ging, gute Arbeit im Nachrichtendienst anzuerkennen — vor allem, wenn es sich dabei um engere Mitarbeiter handelte. Bei seinen Hobbys, Bergsteigen und Skifahren, war er offener. Als ich ihm im September 1966 im Anschluß an eine Dienstbesprechung erzählte, daß ich einige Wochen vorher die Schleierkante gemacht hätte, stand er spontan auf, kam hinter seinem Schreibtisch hervor, schüttelte mir die Hand und sagte: »Das verdient höchste Anerkennung.«

Zum Bergsteigen war ich erst gekommen, als ich die Dreißig schon hinter mir hatte. Ein Münchener Freund hatte mich eingeführt und süchtig gemacht. Seither nutzte ich manchen Urlaub und viele Wochenenden, um in den Alpen zu klettern. Das diente nicht nur dem Bemühen, körperlich fit zu bleiben, sondern auch der seelischen Entschlackung. Wenn man in sonnenbestrahlter Felswand nach Griffen sucht oder nach extremer Kletterei den Gipfel erreicht hat, wirken auch größere Ärgernisse des Alltags nur noch wie kleine Kümmernisse.

Die Schleierkante an der Cima della Madonna gehört zu den schönsten Genußklettereien in den Dolomiten. Der eisenharte Fels und die verschwenderische Anzahl der Griffe lassen vergessen, daß man eine Steilstufe von mehr als 400 Metern in verwegener Exponiertheit zu bewältigen hat. Zwei Spreizschritte — der erste aus dem Kamin am Kantenpfeiler heraus, der zweite in die senkrechte Schlußwand hinüber — vermitteln Adrenalinstöße, die das Herz höher schlagen lassen. Bei den letzten luftigen Seillängen bis zum Gipfelgrat kann man nur noch jauchzen.

Sehr häufig bin ich mit Anderl Mannhardt geklettert. Er gehört zu der Vierergruppe, die 1960 die erste Winterbesteigung der Eigernordwand machte. Am Nanga Parbat sind ihm beide Füße angefroren. Alle Zehen mußten amputiert werden.

Bei mehreren Kletterübungen mit dem Deutschen Alpenverein begegnete ich einem Bergkameraden, der Franz hieß. Wir verabredeten eine Klettertour im Wilden Kaiser. Am Vorabend der Bergtour, auf der Gaudeamus-Hütte, fragte er mich bei einem Glas Rotwein:»Sag' mal, bei den Kursen des Alpenvereins haben alle aus ihrem Leben erzählt; nur Du hast nie erwähnt, was Du machst.« Ich antwortete:»Das gleiche gilt doch auch für Dich. Ich weiß nur, daß Du fünf Kinder hast. Was Du eigentlich tust, davon habe ich keine Ahnung.« Ich erzählte ihm dann von meinem Gewerbe. Er sagte mir, daß er evangelischer Pfarrer in der Diaspora sei, nämlich in Niederbayern.

Wir wollten den Kopftörlgrat machen. Das ist eine verhältnismäßig leichte Kletterei, Schwierigkeitsgrad III. Eine Zweier-Seilschaft braucht dafür vier bis fünf Stunden zuzüglich zweieinhalb Stunden von der Gaudeamus-Hütte bis zum Einstieg plus einer guten Stunde für den Rückweg. In der Mitte der Passage muß man den Leuchsturm überwinden. Das ist eine der schwierigen Stellen am Kopftörlgrat mit einer 90 Meter hohen Riß- und Kaminreihe. Ich führte und hatte einen sicheren Stand mit guter Selbstsicherung gewonnen. Franz folgte am straffen Seil. Plötzlich verlor er seinen Griff. Die Platte, an der er sich hochziehen wollte, brach aus; seine Füße rutschten weg, und er stürzte aus der Wand. Ich konnte ihn sofort halten. Fünf Meter unter mir pendelte er hin und her und schrie:»Zieh mich rauf.« Ich rief zurück:»Nur wenn Du in den Schoß der alleinseligmachenden Kirche zurückkehrst!« Er schrie:»Nein! Schneid' den Strick ab!«

Während der Aktion »Rettung und Vergeltung« waren die anderen Arbeiten weitergegangen. Wir hatten 1965 auf dem geheimen Meldeweg eine Information erhalten, nach der ein bestimmter Mann im Ruhrgebiet zur Bezirksleitung der Illegalen KPD gehören sollte, verantwortlich für die Finanzen des Appparats. Weitere Einzelheiten waren nicht zu bekommen.

Wir fanden die Putzfrau der Familie, die die Wohnung auch versorgte, wenn der Funktionär mit seiner Frau und seinen Kindern in Urlaub war. Sie ließ sich überreden, uns für kurze Zeit die Haus- und Wohnungsschlüssel zu überlassen. Wir fertigten Nachschlüssel an und drangen in die Wohnung ein, als der Mann der Bezirksleitung mit seiner Familie Urlaub machte. Im Wohnzimmer brachten wir ein Mikrofon unter, das über Draht, der hinter der Fußleiste verlegt war, in die Empfangsstation im Nachbarhaus führte. Drahtlose Übermittlung durch einen Kleinstsender birgt die Gefahr, daß neugierige Funkamateure die Gespräche mithören. Unser Mikrofon war so eingestellt, daß es nur bei einem bestimmten Geräuschpegel ansprang. Im Nachbarhaus wohnte ein katholischer Kaplan, der für uns die Aufnahmebänder wechselte.

Über die Wanze erfuhren wir, wann unser Mann von der Bezirksleitung einen Kurier erwartete. Wir observierten den Treff und folgten danach dem Kurier. Bei Folgeobservationen, die sich über eine sehr lange Zeit erstreckten, lernten wir, daß der Kurier einmal im Monat von Düsseldorf nach Brüssel fuhr.

Der Leiter der Observationsgruppe war ein junger Jurist, der immer in Eile war. Wir nannten ihn deshalb den »Schnellen«. Er hatte ein unwahrscheinliches Einfühlungsvermögen in die gegnerischen Taktiken und überraschte uns immer wieder mit Vorschlägen, denen wir mit Skepsis gegenüberstehen mußten, die aber bei Durchführung sehr häufig zum Erfolg führten. Eines Tages kam er zu Dr. Nollau und zu mir, um uns ein Schema vorzulegen, nach dem sich seiner Meinung nach die Geldübergabe und die Übermittlung von Weisungen vom ZK der KPD, das in Ostberlin residierte, zu den Bezirksleitungen der Illegalen KPD in der Bundesrepublik abspielen sollten. Er sagte, die Instrukteure des Zentralkomitees würden einmal im Monat über die Tschechoslowakei nach Wien reisen und von dort über Innsbruck, Zürich, Nancy, Brüssel nach Amsterdam weiterfahren. In den genannten Städten erfolgten dann Treffs mit Kurieren der jeweils in der Bundesrepublik benachbarten KPD-Bezirksleitung. Dabei würden die Gelder für die illegale Arbeit der KPD und die Instruktionen für die Parteiarbeit übergeben. Er hatte sogar bestimmte Vorstellungen darüber, mit welchen Zügen die Instrukteure im benachbarten Ausland fahren würden. Jetzt bat er um die Genehmigung von Dienstreisen für seine Observanten in die benachbarten Länder, um die Instrukteure schon möglichst frühzeitig auffassen und begleiten zu können.

Überlegungen, die Kollegen in Österreich um Hilfe zu bitten, ließen wir sofort fallen. Bei der beschworenen Neutralität des Landes würden die Behörden in Wien oder Innsbruck uns kaum helfen können, so glaubten wir jedenfalls. Auf der anderen Seite wäre es wichtig gewesen, den jeweiligen Kurier schon in Wien oder in Innsbruck aufzufassen, um ihn dann bis nach Amsterdam begleiten zu können. Die Abwicklung der Treffs in den Kontaktstädten hätte uns dann zu allen Bezirksleitungen der Illegalen KPD in der Bundesrepublik führen müssen. Nollau entschloß sich, das Risiko einer Observation in Österreich auf sich zu nehmen, ohne dem Innenministerium in Wien davon Mitteilung zu machen.

Bei der Besprechung der Einzelheiten vergatterte ich die Observanten, daß sie auf keinen Fall Ferngläser, Funkgeräte oder ähnliches konspiratives Handwerkszeug mit nach Österreich nehmen dürften. Diese Dinge hätten in der Bundesrepublik zu bleiben. Sie sollten als Touristen nach Wien und nach Innsbruck fahren; deshalb seien allenfalls Fotoapparate erlaubt. Falls sie bei ihren Beobachtungen auffallen und von der Polizei festgehalten werden würden, so sollten sie auf keinen Fall zugeben, Mitarbeiter eines deutschen geheimen Nachrichtendienstes zu sein. Alle schworen, sich an diese Regeln halten zu wollen.

In Wien gelang es dem »Schnellen« tatsächlich, den Instrukteur des ZK der KPD aufzufassen. Wir hatten bei einer Observation des Kuriers aus dem Ruhrgebiet nach Brüssel eine Aufnahme machen können, die den Instrukteur mit dem Kurier beim Treff zeigte. Der »Schnelle« hatte trotz der Dämmerung auf dem Wiener Westbahnhof den Instrukteur erkannt. Im letzten Augenblick bestieg er den Schlafwagen, in dem der Instrukteur verschwunden war. Seinen Leuten konnte er noch zurufen, mit ihren PKWs nach Innsbruck vorauszufahren. Gegenüber dem Schlafwagenschaffner wies er sich mit einer Karte von Diner's Club aus. Er sagte, er sei von Interpol, und verlangte, die Pässe aller Passagiere zu sehen. Der Schaffner gehorchte. Der »Schnelle« stellte fest, daß der beobachtete Instrukteur im Abteil Nr. 5 untergebracht war.

In Innsbruck erwartete er, daß sich seine Mitarbeiter an verdeckten Positionen innerhalb des Hauptbahnhofs aufhalten würden. Er fand niemand vor. Als er sich suchend umschaute, kam hinter einer Reklametafel ein verschüchterter Observant hervor und berichtete, daß alle anderen Kollegen von der Polizei festgenommen worden seien.

Polizei und Staatsanwaltschaft in Innsbruck fahndeten damals nach einer Gangsterbande, deren Mitglieder teure Kraftfahrzeuge anmieteten, entwendeten und über die Grenze verschoben. Unsere Leute hatten nach ihrer Ankunft in Innsbruck schon am frühen Morgen einige PKWs mit österreichischen Kennzeichen angemietet, um den erwarteten Treff zwischen Instrukteur und Kurier unauffälliger als aus Wagen mit deutschen Kennzeichen beobachten zu können.

Der »Schnelle« raste zum Polizeipräsidium. Dort wurde er von dem zuständigen Hofrat mit seinem Klarnamen begrüßt: »Wir haben Sie schon erwartet; Ihre Mitarbeiter haben alles gestanden.« Gerade der Kollege, der am lautesten geschworen hatte dichtzuhalten, hatte zuerst die Hosen heruntergelassen.
Dr. Nollau mußte am nächsten Tag nach Wien reisen, um sich im Innenministerium für die Eigenmächtigkeit des deutschen Verfassungsschutzes zu entschuldigen. Der für die Staatspolizei zuständige Sektionschef aber sagte: »Warum haben Sie uns das nicht vorher gesagt? Wir hätten Ihnen gerne geholfen.« Das war dann der Beginn einer langen und fruchtbaren Zusammenarbeit. Die mit Hilfe der österreichischen Kollegen und der Mitarbeiter der anderen befreundeten Dienste eingeleiteten Observationen brachten ein fast vollständiges Bild des Finanzapparates der Illegalen KPD und gaben viele Hinweise auf die Arbeit ihrer Bezirksleitungen. Aus den Ermittlungen konnten die Sicherheitsbehörden schließen, daß die SED im Jahr rund 60 Millionen DM über Kuriere zur Illegalen KPD und zu ihren Hilfsorganisationen transportieren ließ.

Günter Nollau hatte die Lauschoperation, die zur Grundlage unserer Observationen werden sollte, abgelehnt. Er hatte allerdings bemerkt, daß er nichts dagegen einwenden werde, falls der Präsident seine Genehmigung erteilen würde. Ich machte einen Vermerk und trug ihn Schrübbers vor. Dann erläuterte ich, daß wir keinen Zugang zur Bezirksleitung der Illegalen KPD hätten und daß wir nur unzureichend über die Untergrundarbeit der Partei in Nordrhein-Westfalen unterrichtet seien. Über den Finanzapparat der KPD lägen überhaupt keine Erkenntnisse vor. Der Präsident schrieb daraufhin mit seiner grünen Tinte sein »einverstanden« auf den Vermerk.

Der Verfassungsschutz in Nordrhein-Westfalen hatte damals eine gute Auswertung im Bereich Linksextremismus und Rechtsextremismus. Die Analysen verrieten große Sorgfalt; die Bewertung traf die jeweilige politische Entwicklung. Auf operativem Gebiet geschah aber fast nichts. Dort verfuhr man nach dem Motto: »Wer nichts tut, macht keine Fehler.«

Der erste Chef des LfV war bis zu seiner Pensionierung der Überzeugung, daß Spionageabwehr nicht zu den Aufgaben des Verfassungsschutzes gehöre. Sein Nachfolger war ein guter Jurist, der aber auch mehr von Verwaltung als von Gestaltung hielt. Bis in die siebziger Jahre verzögerte er, daß der Landtag dem Verfassungsschutz eine gesetzliche Grundlage gab. Das geschah weniger aus Furcht, daß gesetzliche Vorschriften eine Fessel für die operativen Möglichkeiten eines geheimen Nachrichtendienstes sein könnten, sondern wohl eher aus der Besorgnis, daß dem Verfassungsschutz durch Gesetz nicht gewünschte Verantwortungen aufgebürdet werden würden, so etwa in der Spionageabwehr, in der vorbeugenden Sicherheit und in der Bekämpfung des Terrorismus. Die Kollegen kennzeichneten ihn mit dem Motto: »Viel bedacht, nichts gemacht.«

In einem weiteren Fall, der Nordrhein-Westfalen betraf, hatte ich weder beim Abteilungsleiter noch beim Präsidenten um Genehmigung nachgefragt. Es handelte sich um eine Werbungsoperation. Wir hatten erfahren, daß ein anderer Funktionär der KPD-Bezirksleitung seinen Urlaub in St. Peter-Ording verbringen würde. Ich beauftragte einen Werber, dem es gelungen war, einige kommunistische Funktionäre umzudrehen und zu einer Mitarbeit für den Verfassungsschutz zu bewegen, sich unserem Funktionär während des Urlaubs zu nähern. Dem Werber gelang es, den Strandkorb neben dem KP-Funktionär anzumieten. Es kam zu Gesprächen, man trank einige Biere zusammen, schließlich duzte man sich. Daraus entstand so etwas wie eine Freundschaft.

Einige Wochen später besuchte unser Werber den Bezirksleitungsfunktionär in dessen Wohnung in Düsseldorf. In seiner Aktentasche hatte er ein handliches Tondbandgerät untergebracht, das die Unterhaltung der beiden aufzeichnete. Der Werber verstand es, seinen Gesprächspartner zu einigen kritischen Äußerungen über Mitglieder des Zentralkomitees der KPD zu bewegen. Die Schreibtischhengste vom ZK säßen im sicheren Ostberlin, so hieß es, während die Illegalen hier im Westen ihre Haut zu Markte tragen und Verhaftung, Prozeß und Gefängnis riskieren würden.

Unserem Werber schien der Augenblick günstig; er erklärte seinem Urlaubsfreund, daß er vom Verfassungsschutz sei und dieses Gespräch auf Tonband festgehalten habe. Für den Funktionär der Bezirksleitung bestehe allerdings die Möglichkeit, sich zu einer Zusammenarbeit mit dem Verfassungsschutz bereitzufinden. Niemand könne sicher sein, wo dieses Tonbandgespräch landen werde.

Der Kommunist warf seinen Urlaubsfreund aus der Wohnung. Er erzählte einem Gewerkschaftskollegen, was passiert war. Dieser sprach mit einem Genossen von der SPD. Von dort wurde der Innenminister unterrichtet, und schließlich landete die Story bei dem Amtsleiter des Verfassungsschutzes in Düsseldorf.

Der Kollege aus Düsseldorf gab die Beschwerde weiter an den Präsidenten des BfV in Köln. Hubert Schrübbers zog mich zu der Besprechung hinzu. Ich erklärte dem Kollegen aus Nordrhein-Westfalen, daß wir nur unzureichend über die Arbeit der Illegalen KPD in seinem Lande orientiert seien. Bei dem Versuch, einen Funktionär der Bezirksleitung als Quelle zu gewinnen, habe es sich um ein übliches nachrichtendienstliches Geschäft gehandelt. Wir seien strikt im Rahmen der uns durch Gesetz gestellten Aufgaben geblieben. Damit war mein Anteil an der Besprechung beendet.

Präsident Schrübbers sagte mir später, der Kollege hätte gefragt: »Ist der Horchem überhaupt Jurist?«

Das Bundesamt für Verfassungsschutz hatte von Anfang an das Problem, daß seine Quellen — abgesehen von den Agenten in der DDR — in den Zuständigkeitsbereichen der Bundesländer lebten. Das führte häufig zu Diskussionen und manchmal zu Auseinandersetzungen über die Frage der Berechtigung, Quellen in den jeweiligen Bundesländern anzuwerben und zu führen, und über die Informationspflicht des Bundesamtes gegenüber den LfV.

Im Bereich eines süddeutschen Amtes hatten wir eine Quelle, die eine Spitzenfunktion in einer kommunistischen Tarnorganisation innehatte. Der Leiter dieses Landesamtes versuchte mit Überredung und später mit Druck, uns dazu zu bringen, die Quelle an das LfV abzugeben. Uns blieb nach jahrelangen Diskussionen keine andere Wahl, als die Quelle zu bewegen, nach Nordrhein-Westfalen umzuziehen. Dort konnte sie sowohl ihr Jurastudium fortsetzen als auch ihre illegale Arbeit für die Partei.

Weitere Probleme tauchten auf, als sie ihr Referendarexamen bestanden hatte. Damals gab es noch keine Diskussion um »Berufsverbote«. Die Beamtengesetze, gebunden an Artikel 33 des Grundgesetzes, wurden ohne Frage und ohne Rückkoppelung an pseudoliberale Permissivität angewendet. Jeder Bewerber für den Beruf des Beamten wurde dahingehend überprüft, ob er die Gewähr bot, sich jederzeit für die freiheitlich demokratische Grundordnung einzusetzen. Die Ämter für Verfassungsschutz übermittelten den Einstellungsbehörden auf Anfrage, ob und welche Erkenntnisse über die jeweiligen Kandidaten vorhanden waren.

Über unseren V-Mann lagen umfangreiche Erkenntnisse vor, die während seiner langjährige illegalen Arbeit angefallen waren. Die Auswertung des LfV hatte sie an die Personalstelle des Oberlandesgerichts weitergegeben, bei der sich unser Mann um Einstellung als Referendar beworben hatte. Die Auswertung wußte nichts davon, daß der betreffende Kandidat geheimer Mitarbeiter unserer Beschaffung war. Das übliche Schottensystem, das der Sicherheit der geheimen Mitarbeiter und der Abdeckung von geheimen Informationen dienen sollte, hatte fast zu einer Panne geführt.

Als ich von unserer Quelle erfuhr, daß ihre Einstellung gefährdet war, ging ich zum Personalchef des betreffenden Oberlandesgerichts und erklärte ihm, daß es sich bei dem Bewerber um unseren Mitarbeiter handelte. Danach stand seiner Ernennung zum Beamten auf Widerruf nichts mehr im Wege.

Ein offensiver Nachrichtendienst sollte sich nicht auf die Beschaffung von Informationen beschränken; er sollte auch versuchen, Unsicherheit in die Reihen des Gegners zu tragen. Nach dem XX. Parteitag der KPdSU 1956, auf dem Chruschtschow in einer Geheimrede die Verbrechen Stalins angeprangert hatte, war es in allen westeuropäischen kommunistischen Parteien zu Diskussionen über die »reine Lehre« gekommen. Viele Genossen fragten sich, ob man sich nach diesen Enthüllungen noch weiter zum sowjetischen Kommunismus stalinistischer Prägung bekennen könne. Einige suchten nach neuen Lösungen zwischen Kapitalismus und Kommunismus.

Wir machten uns diese Diskussionen zunutze. Auf Anregung von Günter Nollau gründeten wir eine Zeitung, die wir »Dritter Weg« tauften. Diesen Titel wählten wir in Anlehnung an die Arbeiterselbstverwaltung in Jugoslawien, die damals von zahlreichen zweifelnden Kommunisten als eine Möglichkeit zur Verwirklichung des wahren Sozialismus angesehen wurde. Chefredakteur des Blattes wurde Heinz Lippmann, zweiter Sekretär und Stellvertreter von Erich Honecker in der FDJ, der Anfang der fünfziger Jahre aus der DDR in den Westen übergelaufen war. Der Name Lippmann wurde nie genannt. Wir gestalteten die Zeitung so, als ob sie von einer Fraktion innerhalb der Illegalen KPD geschrieben worden sei, die auf Reform aus war. Von Koblenz aus verschickten wir Exemplare an alle wichtigen Funktionäre der Illegalen KPD, an Leute der Nomenklatura der SED und an deutschsprechende Funktionäre der kommunistischen Parteien in Westeuropa.

Eine Spaltung der Parteien haben wir nicht bewirkt. Unruhe und Unsicherheiten konnten wir herbeiführen. Außerdem hatten wir mit dem »Dritten Weg« eine Plattform, die uns Werbungsgespräche erleichterte. Für manchen Funktionär der Illegalen KPD war es leichter, mit einem Reformkommunisten und der Redaktion eines geheimen Mitteilungsblattes zusammenzuarbeiten als mit dem Verfassungsschutz. Die Unruhe, die wir mit unseren »Aktiven Maßnahmen« in die KPD brachten, führte sogar Walter Ulbricht dazu, sich mit dem Thema zu beschäftigen. Im Juni 1959 erklärte er vor Intellektuellen in Dresden: »Was bedeutet diese Konzeption des sogenannten Dritten Weges?… Zwischen den Fronten kann man nur das Leben verlieren.«

Im Sommer 1961 gelang es dem MfS, einen Doppelagenten in das Redaktionsteam des »Dritten Weges« einzuschleusen. Am 28. Dezember 1961 veröffentlichte die im Ostteil der Stadt erscheinende »Berliner Zeitung« einen Artikel, in dem im Detail beschrieben wurde, daß es sich bei der Zeitung »Dritter Weg« um ein Instrument der Desinformationspolitik des Bundesamtes für Verfassungsschutz handele. Der Doppelagent hatte sich zu diesem Zeitpunkt schon wieder nach Ostberlin abgesetzt.

Ursprünge des studentischen Protests

Anfang der sechziger Jahre kam es zu einer engeren Zusammenarbeit zwischen dem französischen Nachrichtendienst, der italienischen Sicurezza und dem deutschen Verfassungsschutz. Einige Kollegen und wohl auch Nollau waren zu der Überzeugung gekommen, daß eine engere Kooperation dieser Partner dazu führen könne, den Einfluß des internationalen Kommunismus mehr als bisher zurückzudrängen. Die französische kommunistische Partei konnte damals bei Wahlen immer wieder mehr als 20 Prozent der Stimmen gewinnen. Sie blieb auf der Linie der Sowjetunion. In Italien wurden allerdings — nicht zuletzt unter dem Einfluß der Schriften von Gramsci — erste Ansätze zu einer differenzierteren Einstellung deutlich, die sich danach als Eurokommunismus kennzeichnete.

Möglicherweise waren wir bei unserem Bemühen auch davon beeinflußt, daß der europäische Gedanke zuerst entwickelt worden war von Konrad Adenauer aus Deutschland, Robert Schuman aus Frankreich und Alcide di Gasperi aus Italien. Diese drei Politiker teilten eine gemeinsame Auffassung von der politisch-religiösen Ratio und der Rolle der westeuropäischen Zivilisation, des Katholizismus und der europäischen Traditionen von Recht und Gesetz. Daraus hatte sich eine gegenseitige Sympathie entwickelt, die eine Plattform bildete für den kommenden Prozeß der europäischen Einigung. Dabei war ein interessanter Nebenaspekt, daß die Politiker ihre Gespräche über die Zukunft Europas in Deutsch führten. Konrad Adenauer verstand keine Fremdsprachen. Robert Schuman stammte aus dem deutschsprechenden Teil Frankreichs, nämlich dem Elsaß. Alcide de Gasperi war im Norden Italiens geboren, der in seiner Jugend noch Teil des Habsburgischen Reiches war. Insofern hat die deutsche Sprache bei der Entwicklung auf ein gemeinsames Europa erneut eine Rolle gespielt, die sie schon seit langer Zeit verloren hatte.

In den Jahren 1960/61 stieg die Zahl der Flüchtlinge, die aus der DDR in die Bundesrepublik kamen, unaufhaltsam an. Die meisten kamen über Westberlin. Allein während der ersten Hälfte von August 1961 überquerten 16.000 Menschen die Demarkationslinie vom sowjetischen Sektor Berlins in die Westsektoren. Die »Bild-Zeitung« schrieb damals: »Die Deutschen stimmen mit den Füßen ab.« In den Morgenstunden vom Sonntag dem 13. August 1961, begannen ostdeutsche Arbeiter unter dem Schutz der Nationalen Volksarmee mit dem Bau einer Mauer zwischen dem sowjetischen Sektor Berlins sowie den Westsektoren und der DDR. An der Demarkationslinie zwischen der DDR und der Bundesrepublik wurde der »Eiserne Vorhang« errichtet.

Der Bau der Mauer bewahrte die DDR bis 1989 vor dem Zusammenbruch. Im Oktober 1962 initiierte Chruschtschow die Kuba-Krise. Wegen der Installierung sowjetischer Raketen auf Kuba kam es zu einer Konfrontation zwischen den Vereinigten Staaten und der Sowjetunion. Ein Krieg zwischen den Supermächten stand vor der Tür. Auf Druck der Amerikaner und nach einer Blockade Kubas mußten die Sowjets ihre Raketen von dort abziehen. Die Vereinigten Staaten demilitarisierten Raketenstationen der NATO in der Türkei.

Im Zusammenhang mit der Kuba-Krise hatte Conrad Ahlers im »Spiegel« einen Artikel veröffentlicht: »Bedingt abwehrbereit«. Er zitierte dabei aus vertraulichen Dokumenten der NATO. Danach wären — einem Planspiel der NATO zufolge — bei einem sowjetischen Angriff auf Europa die Bundeswehr und die Alliierten nicht in der Lage gewesen, dem Angriff rechtzeitig zu begegnen; man hätte mit 10 bis 15 Millionen Toten rechnen müssen.

Der Artikel führte zur Verhaftung mehrerer »Spiegel«-Redakteure. Dr. Nollau rief mich noch in der gleichen Nacht an, um mir das mitzuteilen. Er warnte mich: »Nun rufen Sie nicht Ihre Freunde beim ›Spiegel‹ an; Sie können nicht wissen, ob deren Telefone abgehört werden.« Ich versuchte, Hans Dieter Jaene und Claus Jacobi zu warnen. Jacobi war schon festgenommen.

Zu einer engeren Bekanntschaft mit »Spiegel«-Leuten war ich gekommen nach einer Goodwill-Offensive, die ich gestartet hatte, um bestimmte Vertreter der Medien davon zu überzeugen, daß man dem Verfassungsschutz vertrauen könne. Hans Detlef Becker, damals Geschäftsführer des »Spiegel«, hatte das vermittelt. Mit Theo Sommer und Rolf Zundel von der »Zeit«, die damals am Speersort in Hamburg im gleichen Gebäude wie der »Spiegel« residierten, sprach ich mehrere Stunden. Danach sagte Dr. Sommer zu Rolf Zundel: »Wenn Dr. Horchem einverstanden ist, sollten wir ihn der Gräfin vorstellen.« Ich war einverstanden.

Als ich Marion Gräfin Dönhoff auf artige Weise meine Mission darzustellen versuchte, sah sie mich an, als ob sie ein seltsames Reptil vor sich hätte. Jahre später, als ich Chef in Hamburg geworden war, hatte ich Gelegenheit, an mehreren Konferenzen der »Zeit«-Redaktion teilzunehmen. Jetzt war die Atmosphäre locker. Es ging nicht mehr nur um die Beobachtung von »Extremisten«. Inzwischen gab es Bombenanschläge und Tote durch den nationalen und internationalen Terrorismus. Auch kritische Journalisten mußten erkennen, daß der Verfassungsschutz in einigen Fällen notwendig sein konnte.

Die »Spiegel«-Affäre und die Parlamentsdebatte danach führten zum Rücktritt von Franz Josef Strauß und leiteten das Ende der Ära Adenauer ein. Als Konrad Adenauer zurücktrat, hatte die Bundesrepublik dasselbe Alter wie die Weimarer Republik, als sie 1933 von den Nationalsozialisten zerschlagen wurde. Die Weimarer Republik war in dieser Zeit von 13 Kanzlern regiert worden. Die Bundesrepublik Deutschland hatte in ihren ersten 13 Jahren nur einen Bundeskanzler. Dieser auffallende Unterschied symbolisiert den Grad der Stabilität, den die Bundesrepublik bis dahin erreicht hatte.

Die Errichtung der Mauer im August 1961 hatte seltsamerweise dazu geführt, daß man sich in Westberlin von der Bekämpfung des Marxismus entfernte und sich dem Studium des Marxismus zuwandte. Ausgehend von einer Welle von neo-marxistischen Diskussionen in den Vereinigten Staaten (Universities of Berkely, Stanford, Columbia) hatten Vertreter der »Frankfurter Schule«, die sich Ende der zwanziger Jahre mit der Theorie des Sozialismus beschäftigt hatte, eine neue Resonanz gefunden. Herbert Marcuse, der nicht nach Deutschland zurückgekehrt, sondern in Kalifornien geblieben war, gewann Einfluß mit seiner Schrift über den »eindimensionalen Menschen«. Theodor Adorno und Max Horkheimer lehrten an der Frankfurter Universität radikale sozialistische Theorien. Zum Schwerpunkt der Entwicklung wurde Westberlin. Dies hatte seine Ursache auch darin, daß Studenten, die in Berlin wohnten, nicht zur Bundeswehr eingezogen werden konnten.

Die SPD hatte sich 1959 mit dem »Godesberger Programm« eine Plattform geschaffen, mit der sie von einer sozialistischen Kaderpartei zu einer wahren Volkspartei werden konnte. In der neuen Programmschrift war expressis verbis gesagt, daß der Marxismus nur einer der möglichen Wege zum Sozialismus sein könne.

Im Oktober 1963 hatte Ludwig Erhard die Regierung übernommen. Sein Kabinett blieb — bis auf wenige Ausnahmen — das gleiche wie unter Konrad Adenauer. In seiner Regierungserklärung unterstrich er, daß Deutschland aus politischem, wirtschaftlichem und sozialem Chaos in eine sichere Gegenwart gewechselt sei.

In seiner Außenpolitik artikulierte er weniger als Adenauer die bisherige eindeutig westliche Position der Politik. Er bezeichnete sich als »Internationalist«. Für ihn waren die traditionellen Staaten offensichtlich Relikte aus der Vorzeit; er schien überzeugt zu sein, daß sich die Welt auf eine globale Gesellschaft zu entwickelte. In der Innenpolitik vermied er, die Konflikte zwischen den unterschiedlichen politischen Parteien zu kennzeichnen. Er versuchte einen Konsens um jeden Preis. Darin lag schon eine Ursache seines Scheiterns.

Zu den Intellektuellen hatte er keinen Zugang, vor allem nicht zu Geisteswissenschaftlern und Journalisten. Als in der politischen Presse erste Angriffe gegen seinen Führungsstil und seine Person veröffentlicht wurden, bezeichnete er die Intellektuellen als »Pinscher«.

Demgegenüber hatte sich die Zusammensetzung der SPD inzwischen geändert. Unter den Delegierten des Parteitages im Frühjahr 1966 gewannen Vertreter geistiger Berufe im Verhältnis zu den Arbeitnehmern und zu den Vertretern der Gewerkschaften stärker an Einfluß. Das Zentralkomitee der SED hatte dem Parteitag der SPD einen offenen Brief geschickt mit dem Vorschlag, Sprecher der beiden Parteien auszutauschen. Die Resolutionen des SPD-Parteitages trugen diesem Vorschlag Rechnung. Willy Brandt, damals noch Kandidat der SPD für die Funktion des Bundeskanzlers, wurde zum Symbol einer neuen Ostpolitik, die auf eine »friedliche Koexistenz« der »beiden deutschen Staaten« hinauslief.

Die neue Politik der SPD fand unter Akademikern und linken Intellektuellen viel Sympathie. In dieser politischen Klasse war man mit der Position der Regierung Erhard gegenüber der DDR, die in Stagnation zu verharren schien, unzufrieden. Man warf ihr vor, unbeweglich zu sein und keine Visionen für ein wiedervereinigtes Deutschland — unter welchen Vorzeichen auch immer — zu haben.

Nach der Übernahme der Regierungsgeschäfte versuchte Erhard, dem Drängen der politischen Kräfte nach größeren staatlichen Ausgaben im sozialen Bereich zu begegnen. In mehreren Statements erklärte er, daß die Forderung nach erhöhten Sozialausgaben das Wirtschaftswachstum verlangsamen und die wirtschaftliche Stabilität gefährden würde. Das führte zu politisch-psychologischen Problemen. Rückblickend kann man feststellen, daß die sogenannte »Rezession« von 1966 tatsächlich keine ernsthafte ökonomische Krise war. Westdeutschland hatte ein ungewöhnlich großes ökonomisches Wachstum erfahren, und das für eine Zeit von mehr als fünfzehn Jahren. Die Arbeitslosigkeit war geringer als die Zahl der Unbeschäftigten in allen anderen westeuropäischen Ländern.

Die unmittelbare Ursache für den Sturz von Ludwig Erhard war das Defizit in den Staatsausgaben. Erhard wollte das Defizit durch Steuererhöhungen beheben. Sein Koalitionspartner FDP bestand darauf, daß die Staatsausgaben gekürzt werden müßten. Erhard aber konnte sich gegenüber seinen Ressortministern nicht in dem notwendigen Umfang durchsetzen. Die FDP-Minister traten am 27. Oktober 1966 aus der Regierung aus. Am 30. November 1966 trat Erhard zurück und machte den Weg frei für die Regierung von Kurt Georg Kiesinger.

Dr. Kiesinger wurde der Kanzler der Großen Koalition zwischen CDU und SPD. Die SPD war durch das »Godesberger Programm« zu einer Volkspartei geworden. Das führte ihr in den Wahlen der sechziger Jahre zahlreiche Stimmen aus dem bürgerlichen Lager zu. Der Architekt des neuen Programms, Fritz Erler, der am 22. Februar 1967 verstarb, hatte das noch erlebt.

Im Herbst 1966 waren die entscheidenden Kräfte der CDU zu der Überzeugung gekommen, daß die Partei nur an der Regierung bleiben könne, wenn sie zu einer Koalition mit der SPD bereit sei. Die SPD mit ihrem Vorsitzenden Willy Brandt akzeptierte das Angebot, in die Regierungsverantwortung einzutreten. Brandt wurde Außenminister.

Die Gründung der Großen Koalition irritierte sowohl die extreme Rechte als auch die extreme Linke. Darüber hinaus stieß sie auf die Kritik in den vorwiegend links orientierten Medien. Von der Jugend wurde sie als Verrat an der Demokratie angesehen. Tatsächlich eliminierte sie fast vollständig die Kraft der Opposition im Bundestag: Die Parteien der Regierungskoalition hatten 447 Stimmen im Parlament gegenüber 49 Mitgliedern der FDP.

Vor allem die Studenten sahen in der Regierungsbeteiligung der »rechten« SPD eine Politik, die von den Interessen der Arbeiterklasse wegführte und der bloßen Partizipation an der Macht diente. Darin lag eine der Wurzeln für die Protestwelle der Studentenbewegung und die daraus erwachsende Entwicklung des deutschen Terrorismus.

Mit der Regierungsverantwortung der SPD waren zehntausende junger Menschen, vorwiegend Studenten und Akademiker, in die Partei eingetreten. Die meisten von ihnen hatten sich in ihrer Universitätszeit mit dem Studium des Marxismus beschäftigt. Für sie war Politik und Regierungsbeteiligung nicht ein Prozeß des Machbaren, der notwendigerweise Kompromisse einschloß, sondern die Verfolgung absoluter Ziele. Für sie gab es zwei Möglichkeiten, den »Sozialismus« zu verwirklichen: Die Arbeitnehmer mußten den gleichen Einfluß auf die Wirtschaft haben wie die Arbeitgeber; die Institutionen für höhere Bildung mußten für jeden zugänglich werden.

Die Öffnung der Universitäten für eine Vielzahl von jungen Menschen ohne ausreichende Ausbildung führte zu sozialpolitischen Krisen. Im Jahre 1913 hatte das Deutsche Reich 67 Millionen Einwohner. Davon waren rund 80.000 Studenten. Im Jahre 1965 hatte die Bundesrepublik Deutschland 60 Millionen Einwohner. Davon waren 385.000 Studenten. Im Jahre 1970 war die Anzahl der Studenten auf 510.000 gestiegen. Heute haben wir 1,7 Millionen Studenten. Rund 36 Prozent der Neunzehn- bis Einundzwanzigjährigen haben sich für ein wissenschaftliches Studium eingeschrieben. Die Universitätserziehung hat ihren Charakter als Ausbildung von Eliten verloren.

Der Prozeß der Nivellierung in Bildung und Erziehung fand Niederschlag auch in der Rechtsprechung. Die Rechtsanwaltskammer in Bremen hatte im

Jahre 1977 einen Rechtsanwaltskollegen beschuldigt, durch die Führung eines Professorentitels gegen das anwaltliche Standesrecht und gegen § 3 des Gesetzes gegen den Unlauteren Wettbewerb verstoßen zu haben. Der Anwaltskollege war nichtbeamteter Lehrer an der Fachhochschule für Sozialpädagogik und Sozialökonomie. Das Oberlandesgericht Bremen wies die Klage durch Urteil vom 3. Oktober 1977 mit der Begründung ab, der Bundesgesetzgeber habe durch das Hochschulrahmengesetz vom 26. Januar 1976 der herausragenden Stellung des »Professors« als promoviertem und habilitiertem Universitäts- und Hochschullehrer ein Ende bereitet. Nach § 44 Absatz 1 dieses Gesetzes brauchten Professoren an Universitäten, Hochschulen und Fachhochschulen weder promoviert noch habilitiert zu sein. Damit entspräche eine Vielzahl von Professoren nicht mehr dem elitären Bild, das das Publikum früher mit der Bezeichnung »Professor« verbunden habe.

Aus dem Reservoir der Studenten, die sich vorwiegend mit Soziologie und Politologie beschäftigten, kamen die Demonstranten, die Ende der sechziger Jahre gegen die Notstandsgesetze protestierten. Die Führer dieser Bewegung bezeichneten sich als »Neue Linke« und setzten sich zusammen aus jungen Akademikern, Journalisten und Meinungsmachern in den Medien. Der Sozialistische Deutsche Studentenbund (SDS) war führend für diese Art von Opposition, die sich im Parlament auch durch die SPD nicht vertreten glaubte und sich deshalb »Außerparlamentarische Opposition« (APO) nannte.

Wortführer der APO war Rudi Dutschke, der eine neue Art von Marxismus vertrat. Er verwarf sowohl den staatlichen Sozialismus der Ostblockländer als degenerierte Form des wahren Sozialismus als auch die Soziale Marktwirtschaft als einen Versuch, den Kapitalismus zu restaurieren. Neben dem von Dutschke und seinen Gefolgsleuten formulierten Marxismus war die Studentenbewegung beeinflußt durch eine Verbindung der politischen und sozialen Ideen von Karl Marx mit der Psychologie von Sigmund Freud.

Die neue Generation empfand ihren Vätern gegenüber keinen Dank für das, was diese in langen mühevollen Jahren des Wiederaufbaus erreicht hatten. Sie konnten die wohlstandsorientierte Gegenwart nicht in Einklang bringen mit ihrem erweiterten Erwartungshorizont. Sie glaubten, daß der Staat

»strukturelle Gewalt« verkörpere, gegen die Gewaltanwendung berechtigt sei. Sie wollten keine »Leistungsgesellschaft« mehr, sondern eine »Lustgesellschaft«.

Mit Gründung der Großen Koalition wurde Herbert Wehner Minister für Gesamtdeutsche Fragen. Ich sollte sein Persönlicher Referent werden. Im Januar 1967 berichteten die »Zeit« und der »Spiegel«, daß ich am 1. März 1967 dieses Amt antreten würde. »Neues Deutschland«, die »Berliner Zeitung« und einige illegale Zeitungen der KPD in Westdeutschland ergingen sich in Kommentaren, daß Herbert Wehner mit meiner Ernennung eine Art Spionageministerium gegenüber der KPD/SED aufbauen wolle. Herbert Wehner zog seine Zusage zurück.

Im November 1967 war ich als sachverständiger Zeuge in einem Prozeß vor dem Oberlandesgericht in München geladen. In einer Verhandlungspause rief mich der Personalreferent des BfV an und fragte, ob ich bereit sei, für acht Monate nach Rom zum NATO-Defense-College zu gehen. Das Bundesministerium des Innern wolle damit erstmals dem BfV eine solche Chance geben. Präsident Schrübbers habe mich in Erwägung gezogen, weil er wisse, daß ich mich für Rom und römische Geschichte interessiere.

Im Januar 1967 zogen wir nach Rom. Wir mieteten eine Wohnung »Super Attico«, d.h. ganz oben auf dem Dach, im Quartiere Aurelio, mit einer 80 qm großen Terrasse und Blick auf den Petersdom. Dieses Viertel war rein italienisch und hatte den Vorzug, daß wir dadurch Italienisch lernen mußten.

Im NATO-Defense-College wurde ich Chairman des »Politischen Komitees«. General Achim Oster war Vizechef der Akademie.

Im Jahre 1968 gab es für Deutsche noch einige Schwierigkeiten mit den anderen Teilnehmern des Lehrgangs. Während einer Diskussion sagte Achim Oster: »Please give our German friend a chance to answer.« Ein britischer Kollege nahm das auf und sagte: »Not friend, but ally.«

Ich hatte nicht um Freundschaft gebeten und fühlte mich deshalb auch nicht verletzt, als der englische Offizier die Formulierung General Osters so brüsk zurückwies. Ich war damals und bin heute davon überzeugt, daß Verträge und Bündnisse nur so lange Bestand haben, wie die jeweiligen Partner sich Vorteile davon erhoffen. Die Demonstration einseitiger Zuneigung ist der erste Schritt zur Selbstaufgabe.

Ich lud die Mitglieder meines Komitees, etwa fünfzehn Herren, und ihre Frauen zum Abendessen ins Ristorante Romolo, in der Nähe der Porta Settimiana. Das Romolo war früher das Haus der Fornarina, der Freundin Raphaels. Wir hatten noch zwei Wochen bis Ostern, und die meisten von uns aßen Abbacchio, Lämmchen. Die Atmosphäre war laut und fröhlich, das Essen ausgezeichnet, der Frascati etwas dünn, so daß wir viel davon trinken konnten, und die Bedienung war von rücksichtsloser Brüderlichkeit. In den Frühsommerwochen kamen wir wieder, manchmal mit skandinavischen oder holländischen Freunden, häufig nur Maria und ich mit unserem Sohn Thomas, der nach dem Essen im Garten spielen durfte.

Als Maria und ich fünf Jahre später noch einmal in Rom waren, besuchten wir erneut das Romolo. Renato, unser Kellner, begrüßte uns mit offenen Armen und fragte zuerst nach Thomas: »Avvocato, come sta? Dov'e il bambino?«

Wenige Wochen nach unserem ersten Essen hatten die Atmosphäre der Stadt, das Ambiente der römischen Restaurants und unsere Wohnung das Ihre dazu beigetragen, daß aus zurückhaltender Beobachtung der Alliierten doch wache Zuneigung erwachsen konnte. Bis heute sind enge Freundschaften geblieben.

Nach Beendigung des Lehrgangs schlug der Kommandeur des NATO-Defense-Colleges dem Bundesministerium des Innern vor, mich für drei Jahre als Faculty Adviser nach Rom abzuordnen. Nach meiner Rückkehr bat ich Nollau um Freigabe. Er war damals Vizepräsident des BfV; Hubert Schrübbers war in Urlaub. Nollau lehnte ab. Ich sagte ihm, daß dies für einen Zivilisten, der nicht zum Auswärtigen Dienst gehöre, eine einmalige Chance sei, für längere Zeit ins Ausland zu kommen; außerdem sei Rom eine Art zweite Heimat für mich. Nollau erwiderte: »Sie haben jetzt lange genug wie die Made im Speck gelebt; es wird Zeit, daß Sie wieder arbeiten.« Ich gab darauf zu bedenken, daß ich aus dem BfV ausscheiden müsse, wenn er mir diese Chance versagen würde. Er lachte auf und sagte: »Sie nimmt doch keiner; wer einmal beim Verfassungsschutz war, der ist gebrandmarkt.«

Noch am gleichen Tage fuhr ich zu Herbert Wehner. Ich sagte ihm, daß ich das Bundesamt für Verfassungsschutz verlassen wolle; ich hätte drei Möglichkeiten für eine neue Stelle, eine davon sei die Position des Leiters des Landesamtes für Verfassungsschutz in Hamburg, die gerade freigeworden sei. Wehner sagte mir, er könne mir nur bei der Stelle in Hamburg helfen.

Drei Tage später lag die Anforderung im Bundesamt für Verfassungsschutz vor, meine Personalakten zu übersenden. Am 2. Januar 1969 übernahm ich das LfV Hamburg.

Verfassungsschutz in Hamburg

Der damalige Innensenator Heinz Ruhnau hatte mich im November 1968 gebeten, vor seiner Entscheidung, mich einzustellen, ein Gespräch mit dem Ersten Bürgermeister von Hamburg, Professor Dr. Herbert Weichmann, zu führen. Im Dezember 1968 besuchte ich Herbert Weichmann in der Hamburger Vertretung in Bonn. Er bat mich, ihm eine Schilderung der Lage auf dem Gebiet der inneren Sicherheit zu geben. Wir saßen in einem größeren Raum, der eine Mischung zwischen Empfangszimmer und Vorhalle war. Ich kam mir vor wie ein Priester, der dem Kardinal zu beichten hatte.

In meinen Ausführungen erwähnte ich auch die Tendenzen im »Sozialistischen Deutschen Studentenbund« (SDS), der sich an den meisten deutschen Universitäten in Volksfrontaktionen mit dem kommunistischen »MSB Spartakus« eingelassen hatte.

Einige Zeit vorher war es wegen einer Verfassungsschutzoperation gegen den SDS in Hessen zu einem Skandal gekommen. Der hessische Verfassungsschutz hatte versucht, im SDS einen geheimen Mitarbeiter zu werben. Dieser hatte sich aber nur zum Schein zur Mitarbeit bereit erklärt und war danach an die Öffentlichkeit gegangen. Der damalige Staatssekretär Wetzel im hessischen Innenministerium mußte seinen Abschied nehmen. Später stellte ihn Herbert Wehner als Staatssekretär im Innerdeutschen Ministerium ein.

Die Diskussionen über die Frage, ob der Verfassungsschutz auch geheime Mitarbeiter im SDS führen könne, veranlaßten mich, gegenüber Professor Weichmann mit entsprechender Zurückhaltung zu formulieren. Später sagte Weichmann zu Ruhnau: »Der Horchem scheint den SDS mit Samthandschuhen anfassen zu wollen. Du kannst ihn aber trotzdem haben.«

Als ich mir nach etwa drei Monaten einen ersten Überblick über die Zugangslage verschafft hatte, bat ich den damaligen Staatsrat Hans Birckholtz um eine Unterredung. Ich machte deutlich, daß in Hamburg seit einigen Jahren kaum noch neue Quellen geworben worden seien. Vor allem mangele es an Zugängen in der Neuen Linken. Es sei zu befürchten, daß der Hamburger Verfassungsschutz in wenigen Jahren völlig blind werde, wenn es nicht gelänge, geheime Mitarbeiter gerade in diesem Bereich zu werben. Unter Hinweis auf die hessischen Erfahrungen unterstrich ich, daß dies nicht ohne Risiko sei. Ich sagte wörtlich: »Wir brauchen unbedingt Quellen in der Neuen Linken. Ich kann nicht ausschließen, daß es nach fehlgeschlagenen Werbungsversuchen zu öffentlichen Diskussionen kommt. Ich kann Ihnen nur versprechen, daß wir keine handwerklichen Fehler machen werden.«

Staatsrat Birckholtz verschränkte seine Hände hinter dem Kopf und blickte zur Decke. Dann sah er mich an und sagte: »Werben Sie.« Ich bot an, auch Innensenator Ruhnau von dieser notwendigen nachrichtendienstlichen Offensive und den damit verbundenen Risiken zu unterrichten. Hans Birckholtz antwortete: »Tun Sie das nicht!« Er wollte dem Politiker den Rücken freihalten.

Die ersten Jahre in Hamburg umfaßten die Zeit, in der die Studentenproteste ihren Höhepunkt erreichten, in der es auch in Hamburg schick wurde, sich bei Begegnungen auf die Wange zu küssen, und in der linksliberale Politiker den Tatbestand des Landfriedensbruchs aufweichten und in seine jetzt noch gültige Fassung brachten. Die Skinheads wissen es zu danken.

Dieser Entwicklung waren Demonstrationen der Studenten vorausgegangen, die von den Gruppen, welche den Konflikt mit der Staatsgewalt suchten, zu Gewaltaktionen umfunktioniert worden waren. Die Hoffnungen der Reformer, daß sich durch eine Art von Entkriminalisierung die Gewalt zurückschrauben lassen würde, haben sich nicht erfüllt. Die Gewalttätigkeit hat von Jahr zu Jahr zugenommen und ist brutaler geworden. Gewaltakte werden aus der Menge heraus vorgetragen und sind abgedeckt durch einen Schleier passiv erscheinender Passanten. Das macht die Erkennung und Strafverfolgung der Täter fast unmöglich. Landfriedensbruch ist zu einem Vergehen ohne Risiko geworden. Die neue Gesetzgebung wurde ein Freibrief für Ausschreitungen.

Diese Anfänge fielen zusammen mit der Entstehen der Neuen Linken. Sie war ein neues Phänomen im Bereich des Extremismus und hatte vielfältige und unterschiedliche Erscheinungsformen.

Ich hatte meinen Mitarbeitern wiederholt gesagt: »Wir machen keine Politik; unsere Aufgabe ist es nur, Informationen zu sammeln, die von der Politik umgesetzt werden sollten. Historiker bewerten politische Geschehnisse im nachhinein und mit einem gewissen zeitlichen Abstand, wenn sich der Kaffeesatz schon am Boden der Tasse befindet und die Flüssigkeit durchsichtiger geworden ist. Journalisten, deren Schwerpunkt ohnehin in der Berichterstattung und nicht im Kommentar liegt, verbeißen sich häufig so sehr in die Fakten, daß ihre Fähigkeit zur Analyse geschmälert wird und die Möglichkeit zur Prognose wegfällt. Nur ein gut organisierter geheimer Nachrichtendienst für die innere Sicherheit kann politische Entwicklungen hautnah begleiten und danach längerfristige Voraussagen erarbeiten, die als Entscheidungshilfen für die Politik genutzt werden können. Es liegt bei der Politik, ob sie diese Analysen zu nutzen weiß und nutzen will.«

Uns kam es darauf an, rechtzeitig orientiert zu sein, welche Positionen zu politischen Problemen werden konnten, welche Gruppen sich auf Gewalthandlungen orientierten und welche neutralen Organisationen sich von einem bloßen Zielobjekt für Unterwanderung zu einer echten kommunistischen Kadergruppe entwickelten.

Diese Vorfeldermittlungen dienten nicht nur der Schadensbegrenzung, d.h. der rechtzeitigen Erkenntnis von Bedrohungspotentialen; sie sollten auch die Entscheidung erleichtern, welche Organisationen als Beobachtungsobjekt für uns zu gelten hatten.

Bei unseren begrenzten Ressourcen war es notwendig, schon vorher einschätzen zu können, in welchem Umfang wir geheime Mitarbeiter auf Dauer werben und führen mußten. Die entsprechenden Entscheidungen konnten wir nur treffen, wenn wir mit den Beobachtungen schon begonnen hatten, bevor eindeutig klar war, ob und wie weit sich Verfassungsfeindlichkeit schon entwickelt hatte. Zu den Mitteln der Beobachtung rechneten nicht nur die Auswertung von offen publizierten Druckerzeugnissen der Zielorganisation, sondern auch der Einsatz von geheimen Mitarbeitern.

Baltasar Gracián kam wieder zu Ehren. In zahlreichen Einzelgesprächen versuchte ich, unseren Werbern zu vermitteln, daß vor allem die gesetzliche

Grundlage stimmen müsse; die Frage der Moral sei zweitrangig. Es sei sicher ein moralisches Problem, ob sich jemand zur Mitarbeit aus Überzeugung bereitfinde oder ob jemand zur Mitarbeit gezwungen worden sei, weil der Werber einige Schwachstellen ausgenutzt habe. Für uns sei entscheidend, daß der »geheime Mitarbeiter aus Überzeugung« auf Dauer bessere und glaubwürdigere Informationen liefere als der V-Mann, den man unter Druck gesetzt habe und der durch Selbstzweifel immer wieder in Loyalitätskonflikte zurückfallen könne.

Der Werber übergibt den neuen geheimen Mitarbeiter nach einer begrenzten Zeit der Einarbeitung dem VM-Führer. In der Werbungsakte, die sowohl die Forschung als auch die Werbungsaktion, d.h. die Vorbereitung und den Prozeß der Überredung, enthält, findet sich auch eine Bewertung der Motive, die den neuen Mitarbeiter dazu bewogen haben, sich dem Verfassungsschutz zur Verfügung zu stellen. Der V-Mann-Führer muß wissen, daß sich die Motive seines neuen Mitarbeiters wandeln. Das Doppelspiel des VM führt notwendigerweise zu einem inneren Doppelleben. Um auf der einen Seite ehrlich sein zu können, muß der VM den Gegner täuschen. Es erfordert ein hohes Maß an Einfühlungsvermögen und an Führungskraft, den geheimen Mitarbeiter ständig so zu binden, daß er nicht entgleitet, sondern dem Dienst erhalten bleibt.

Ein guter V-Mann-Führer muß seinem geheimen Mitarbeiter ständig Motivationsschübe vermitteln. Die Sowjets haben das durch die Verleihung von Orden und durch die Einkleidung in die Uniform eines Obristen oder eines Generals versucht. Dieses war im Bereich der inneren Sicherheit kaum möglich. Wir mußten auf psychologische Injektionen zurückgreifen. Auch dabei kam Gracián zur Geltung, manchmal abgestützt und ergänzt durch die »Reflektionen und Maximen« von François de La Rochefoucauld.

Gracián und La Rochefoucauld hatten von Lucius Annaeus Seneca und von der Stoa gelernt. Gracián stammte aus Aragon. Er wurde 1601 geboren. Sein »Oráculo manual« erschien 1647. Die »Reflexions ou sentences et maximes morales« von François de La Rochefoucauld erschienen 1665. Der antike Philosoph Lucius Annaeus Seneca wurde sechseinhalb Jahrhunderte vor Gracián in Cordoba geboren.

Bei unseren nachrichtendienstlichen Geschäften verwendeten wir also sowohl antike als auch spanische und französische Anregungen. Für die Werbungen zitierte ich gerne die Maxime Nr. 78 aus dem Handorakel, die die Überschrift »Kunst im Unternehmen« trägt. Dort heißt es: »Die Dummheit fällt allemal mit der Türe ins Haus; denn alle Dummen sind verwegen.« Für Werbung und V-Mann-Führung gleichermaßen galt die Maxime Nr. 5 mit der Überschrift »Abhängigkeit begründen«. In diesem Abschnitt heißt es: »Den Götzen macht nicht der Vergolder, sondern der Anbeter. Wer klug ist, sieht lieber die Leute seiner bedürftig als ihm dankbar verbunden; sie am Seil der Hoffnung zu führen, ist Hofmann's Art, sich auf ihre Dankbarkeit verlassen, Bauern Art; denn letztere ist so vergeßlich als erstere von gutem Gedächtnis. Man erlangt mehr von der Abhängigkeit als von der verpflichtenden Höflichkeit: Wer seinen Durst gelöscht hat, kehrt gleich der Quelle den Rücken, und die ausgequetschte Apfelsine fällt von der goldenen Schüssel in den Kot.«

Die erste und bisher gültige Übersetzung des Handorakels stammt übrigens von Arthur Schopenhauer.

Unsere Methoden brachten Erfolge, die über den Durchschnitt der anderen Ämter hinausgingen. Wir waren sehr frühzeitig in der Lage, dem Hamburger Senat Entwicklungen aufzuzeigen, die in die Stabilisierung der KPD und in die Gründung des »Kommunistischen Bundes Westdeutschland« (KBW) sowie der »Gruppe Internationaler Marxisten« (GIM) mündeten. In einer Ausgabe der Zeitung »Arbeiterkampf« aus dem Jahre 1971 fand sich ein Artikel über den Hamburger Verfassungsschutz. Unter Hinweis auf unsere Bemühungen zur Ansprache und Anwerbung geheimer Mitarbeiter hieß es dort: »Der Verfassungsschutz kommt auf leisen Sohlen, aber festen Schrittes.«

In diesem Zusammenhang sagte mir der Präsident der Hamburger Universität, Dr. Peter Fischer-Appelt, anläßlich eines privaten Gespräches, er gehe davon aus, daß der Verfassungsschutz keine Operationen an den Hamburger Hochschulen durchführe. Ich erwiderte, daß ich keine derartige Zusicherung geben könne. Der Hochschulbereich sei kein rechtsfreier Raum. Die Politik verfassungsfeindlicher Organisationen mache an den Grenzen der Universität nicht halt. Wir würden — falls das notwendig sei — in die Universität hineinoperieren »auf dem Rücken« solcher Organisationen.

Die Rote Armee Fraktion

Die Neue Linke war Auslöser und Ergebnis der Protestbewegung. Erste seismische Störungen wurden schon Mitte der sechziger Jahre sichtbar. Maßgebend war die Protestbewegung in den USA, die sich gegen das amerikanische Engagement in Vietnam konzentrierte. Die Fernsehübertragungen von Massendemonstrationen der Studenten in den USA, die einen Höhepunkt 1964 in Berkeley erlebten, beschleunigten auch die Studentenbewegung in Frankreich, in Italien und in Deutschland. Schon vorher hatten enge wissenschaftliche Verbindungen bestanden zwischen den Universitäten der amerikanischen Ostküste, den kalifornischen Hochschulen und den deutschen Universitäten, vor allem mit Berlin. Die nichtorganisierte linke und liberale Intelligenzia begleitete die Protestbewegung. Mit einer Zeitverzögerung von etwa zwei Jahren trat der studentische Protest in Deutschland in die breite Öffentlichkeit. Kerngruppen formulierten ihn. Die Studenten erprobten und entwickelten die Protestformen.

Das Reservoir für die Demonstrationen bildeten die Bereiche der Hochschulen, die sich mit Politik, Soziologie und Psychologie beschäftigten, d.h. die Fakultäten, in denen Kritik an der Gesellschaft gelehrt wurde.

Die Große Koalition zwischen CDU und SPD im Jahre 1966 brachte einen neuen Schub. Für die Mehrzahl der jungen Menschen in der Bundesrepublik war das die Bestätigung, daß der neue deutsche Staat im Grunde genommen verrottet und sklerotisch sei und daß die »Herrschenden« ihre Macht mit autoritären Mitteln zu erhalten suchten.

Die Bewegung der studentischen Jugend, unterstützt von einem lautstarken Teil liberaler und linker Professoren, sammelte sich in der Kampagne gegen die Notstandsgesetze. In diese Phase gehören auch die Osteraktionen von 1968, die sich vorwiegend gegen den Springer-Verlag richteten. Gleichzeitig entwickelte sich eine Debatte über Gewalt. Eine Rechtfertigungstheorie unterschied zwischen Gewalt gegen Sachen und Gewalt gegen Personen. Gewalt gegen Sachen wurde gerechtfertigt als ein Mittel im Kampf von Minderheiten gegen Repression und gegen die Institutionen des Staates, die Repression vermitteln. Schon zu diesem Zeitpunkt war aber die dialektische

Qualität solcher Rechtfertigungstheorien deutlich. Sie schloß Gewalt gegen Personen für die Zukunft nicht aus.

Im August 1968 marschierten die Truppen des Warschauer Paktes in die Tschechoslowakei ein. Im Herbst 1968 scheiterte die Kampagne gegen die Notstandsgesetze. Die Protestbewegung der Studenten zerfiel in Basisgruppen, die sich der Schulung in der marxistischen Theorie zuwandten und der Diskussion über die gesellschaftliche Analyse der Bundesrepublik sowie der erstrebten revolutionären Organisation. Im Frühjahr 1971 trat die »Rote Armee Fraktion« (RAF) aus dieser Übergangsphase hervor. Sie war ausgerüstet mit dem »Konzept des bewaffneten Kampfes«.

Zahlreiche liberale und linke Intellektuelle erklärten dieses Konzept als notwendige Konsequenz aus der gescheiterten Protestbewegung, die angeblich vom »Establishment« mit Gewalt unterdrückt worden sei. Sie verkannten, daß die RAF in Theorie und Strategie den Schritt von der Demonstration zu Gewaltaktionen bereits vollzogen hatte.

Nach einer kurzen Phase von Logistik und Propaganda ging die RAF im Jahre 1972 zur offensiven Aktion über. Mit einer Serie von Bombenanschlägen — fünfzehn Sprengkörper explodierten an sechs Tatorten — eröffnete sie den bewaffneten Kampf. Vier amerikanische Soldaten wurden getötet. Am 19. Mai 1972 wurden 38 Personen bei der Detonation von zwei Bomben im Verlagshaus Springer in Hamburg zum Teil erheblich verletzt.

Diese Anschläge waren kein wahlloser Terror, sondern gezielte Aktionen, deren Charakter es anderen Organisationen und Gruppen der revolutionären Neuen Linken ermöglichen sollte, sich mit der RAF zu solidarisieren. Das RAF-Kommando, das für den Anschlag gegen den Springer-Verlag verantwortlich zeichnete, betonte deshalb, daß vor dem Anschlag eine Warnung an den Verlag gegeben worden sei, damit das Gebäude geräumt werden konnte. Den Anschlägen gegen die Polizei und gegen die amerikanischen Einrichtungen war keine Warnung vorausgegangen. Hier nahmen die Terroristen der RAF die Tötung von Menschen nicht nur in Kauf, sondern kalkulierten sie ein. Sie zählten zugleich auf die Solidarisierung anderer Fraktionen der revolutionären Bewegung.

Die Solidarisierung blieb aus. Das beruhte auch auf den Fehlern in der theoretischen Selbstdarstellung der RAF. Diese Mängel, die schon damals sichtbar waren, setzten sich fort. Die zunehmende Schwäche in den Versuchen, ihre Anschläge zu rechtfertigen, kompensierte die RAF später durch gesteigerte Brutalität.

Die Welle der Gewaltanschläge traf Polizei und Verfassungsschutz unvorbereitet. Die Polizei war in der Aufklärung politisch motivierter Straftaten nicht geübt. Sie hatte in diesem Feld keine Zugänge und war nicht befugt, längerfristige Operationen durchzuführen. Durch das Legalitätsprinzip war sie verpflichtet, die Strafverfolgung einzuleiten, sobald Delikt und Täter erkannt waren. Zu einer Analyse politischer Tendenzen, gleichgültig ob die Erkenntnisse aus der Interpretation von Straftatbeständen oder aus der Auswertung von Publikationen krimineller Vereinigungen gewonnen waren, war sie damals noch nicht in der Lage.

Den Verfassungsschutzbehörden erlaubte das Opportunitätsprinzip, Ermittlungen und Observationen auch dann noch fortzusetzen, wenn die Mitglieder der beobachteten Organisationen schon Strafvorschriften verletzt hatten. Die meisten Ämter gingen aber davon aus, daß ihre Verpflichtung zu Vorfeldermittlungen überholt worden sei durch die Verbrechen der Baader-Meinhof-Bande. Außerdem hätte die Polizei — so war die Überzeugung — an den Tatorten der Banküberfälle und Morde so viele Beweismittel vorgefunden, daß dadurch eine Aufklärung der Verbrechen auch ohne Unterstützung des Verfassungsschutzes möglich sein müsse.

In Hamburg hatten wir als erste Reaktion auf die Anfänge des Terrorismus die Observationsgruppe auf das Doppelte verstärkt. Das war schon in der logistischen Phase der RAF, ehe die Terroristen zu Bombenanschlägen übergegangen waren. Viele der neuen Mitarbeiter kamen aus der Polizei: Junge Männer und junge Frauen. Wir hatten einen Vertrag mit dem Polizeipräsidenten, wonach die jungen Polizisten nach einer drei- bis fünfjährigen Beschäftigung beim Verfassungsschutz wieder zur Polizei zurückkehren durften. Die meisten aber wollten —wie sich später herausstellte — bei -V- (so heißt der Verfassungsschutz in Hamburg) bleiben. Die sehr abwechslungsreichen, hohen Forderungen an Selbständigkeit und flexibles Denken und Handeln stellende Arbeit, verfehlte hier ihre Reize auf junge Menschen nicht.

Wir stellten auch einige ältere Damen ein. Bei Einzeleinsätzen hatten diese die größten Erfolge. Wer rechnet schon damit, daß eine grauhaarige Lady für den Verfassungsschutz beobachtet.

Nach dem Bombenanschlag der RAF auf das Springer-Haus in der Kaiser-Wilhelm-Straße in Hamburg kam eine Abordnung der Observanten zu mir und bat, daß man den Beamten der Observationsgruppe die Erlaubnis geben solle, Waffen zu tragen. Die meisten Kollegen hatten bei der Polizei eine Ausbildung mit Handfeuerwaffen gehabt. Trotzdem lehnte ich ab. Ich sagte: »Unsere Aufgabe ist es, Informationen zu sammeln und nicht, Verbrecher festzunehmen. Nachher erschießt ihr mir bei einer Observation noch den Milchmann.« Ich schlug den Observanten vor, statt dessen eine Ausbildung als Judoka anzufangen.

Vier Wochen waren notwendig, um diese Übungen als Dienstsport genehmigen zu lassen. Von da an trainierten die jüngeren Männer und Frauen der Observationsgruppe regelmäßig zweimal in der Woche von acht bis zehn Uhr morgens in einer Judoschule. Ich beteiligte mich an diesen Übungen intensiv.

Schon in Köln hatte ich mich mit Judo beschäftigt, und zwar bei Wolfgang Hofmann, dem Gewinner der Silbermedaille bei der Olympiade 1964 in Tokio. Wolfgang Hofmann hatte mich bis zum zweiten KYO-Grad gebracht; ich trug den blauen Gürtel. Das brachte mir gegenüber den jüngeren Kollegen einige Vorteile. Nach etwa einem Jahr aber war es für die Beamten der Observationsgruppe dann sehr motivierend, wenn sie den Chef, der mehr als zwanzig Jahre älter war als sie, mit einem O-Soto-Gari, der »großen Außensichel«, auf die Matte werfen konnten.

Von den Quellen, die wir in der Aufbauphase der organisierten Neuen Linken geworben hatten, erhielten wir erste Hinweise auf eine »Nachfolgeorganisation« der Baader-Meinhof-Bande. Andreas Baader, Horst Mahler, Ulrike Meinhof, Gudrun Ensslin und Jan-Carl Raspe waren schon verhaftet. Die Informationen lauteten, daß in der Erikastraße Nr. 119, einem Neubau, ein junges Paar eingezogen sei, dessen Identität nicht feststand, das aber zur Roten Armee Fraktion gehören sollte. Sofort wurden entsprechende Maßnahmen eingeleitet.

Eine Observation des Hauses Erikastraße Nr. 119 brachte gestochen scharfe Fotos, die nach einigen Tagen zur Identifizierung der beiden Terroristen reichten. Es handelte sich um Ilse Stachowiak, neunzehn Jahre, die bei der RAF unter dem Kosenamen »Teeny« lief, und um Helmut Pohl, heute Sprecher der RAF-Gefangenen.

Die Beobachtungen dauerten länger als ein halbes Jahr. Zunächst bestätigten sie das Vorhaben der RAF, neben den Aktionen des bewaffneten Kampfes eine Informations-Zentrale aufzubauen, über die die Verbindungen zwischen den Gefangenen und der Kommandoebene durch Rechtsanwälte stabilisiert werden sollte. Darüber hinaus war vorgesehen, die Info-Zentrale als Plattform für Propaganda und Rekrutierungsmaßnahmen der RAF zu nutzen.

Erstes Indiz für diesen Plan war ein Brief von Rechtsanwalt Hans-Christian Ströbele, später Bundestagsabgeordneter der Grünen, vom 16. Juni 1973, der drei Tage später in Berlin aufgefunden wurde. Ströbele hatte ihn offensichtlich nach einer Rundreise zu mehreren Häftlingen verfaßt und danach verloren. Der Brief berichtete von dem neuen Projekt der »Info-Zentrale«.

Die Observationen gestalteten sich von Anfang an sehr schwierig. Nach den dramatischen Aktionen der Gründungsmitglieder hatte die RAF ihre Konspiration verstärkt. Die neuen Leute hatten aus den Fehlern der Baader-Generation gelernt. Sie fuhren keine auffälligen Autos mehr und pflegten keinen aufwendigen Lebensstil. Sie kleideten sich korrekt, trugen die Haare kurz und fuhren mit der Bundesbahn zweiter Klasse. Beim Verlassen ihrer konspirativen Wohnungen sicherten sie sich systematisch ab. Sie befolgten die simple Grundregel von Ulrike Meinhof: »Daß sie uns nicht kriegen, ist Voraussetzung für den Erfolg des bewaffneten Kampfes.«

Schon vorher hatten wir aus dem ehemaligen Hamburger Freundeskreis von Ulrike Meinhof — einschließlich der Schicki-Micki-Leute mußten wir dazu etwa fünfhundert Personen rechnen — zunächst fünf, dann zwei Kontaktleute herausgefiltert. Diese beobachteten wir Tag und Nacht. Eine der Kontaktpersonen, die später wegen Unterstützung der RAF festgenommen wurde, führte uns zu Günter Wallraff.

Später beschatteten wir Margret Schiller, die im Februar 1973 wegen Unterstützung einer kriminellen Vereinigung verurteilt, danach jedoch wieder auf freien Fuß gesetzt worden war. Sie mußte sich einmal in der Woche auf einer Hamburger Polizeiwache melden. Sie traf sich häufig mit einem pummeligen Mädchen namens Christa Eckes, einer Anwaltsgehilfin. Die beiden hatten sich bei dem Prozeß gegen Margret Schiller kennengelernt. Später fiel Christa Eckes bei einer Hausbesetzung in der Hamburger Ekhofstraße auf. Dann kam uns ins Visier ein häufiger Begleiter von Christa Eckes, ein dunkelhaariger schlanker Mann namens Wolfgang Beer, damals 21 Jahre.

Wir observierten auf Distanz und nach dem Motto »Deckung geht vor Information«. Ein Observationstrupp war jeweils mit vier zivilen Fahrzeugen unterwegs, ausgerüstet mit Ferngläsern, Nachtsichtgeräten und Kleidern zum Wechseln. Zu dem Trupp gehörte ein Foto-Fachmann, der Spezialkameras in Aktentaschen und Ascheimern versteckte und mit Fernauslösern betätigte, wenn die Gesuchten ins Bild liefen. Um einen Verdächtigen bei einer Fußobservation eine Stunde zu halten, benötigten wir acht Leute, die sich in unregelmäßigem Turnus in der Nachfolge abzulösen hatten.

Die Observationen brachten uns zu weiteren konspirativen Wohnungen, nämlich zur Bartholomäusstraße 20 in Hamburg, zu zwei weiteren Objekten in einem Neubauviertel im Maifeld in Frankfurt und zu einer Wohnung in Amsterdam. In Frankfurt tauchte Margret Schiller auf; zwei weitere RAF-Leute wurden fotografiert und dann vom Erkennungsdienst als Wolfgang Beer aus Hamburg und Kai-Werner Allnach aus Frankfurt ausgemacht.

Probleme machte die Telefonüberwachung der Terroristen. Die RAF-Leute waren mit falschem Namen und mit perfekt gefälschten Ausweisen in ihre jeweiligen Wohnungen eingezogen. Wir hatten ihre Telefonnummern dennoch erfahren. Bald stellte sich heraus, daß sie Telefongespräche nur annahmen, aber nicht von den jeweiligen Telefonapparaten Gespräche führten. Wenn sie mit ihren Genossen in Hamburg oder in anderen Städten telefonieren wollten, besuchten sie Telefonzellen in der näheren Umgebung ihrer konspirativen Wohnung.

Wir versuchten, dem zunächst dadurch zu begegnen, daß wir eine Telefonüberwachung für diese Telefonzellen beantragten. Der Senator und die Kontrollkommission für Maßnahmen zur Überwachung des Brief- und Telefonverkehrs genehmigten unseren Antrag. Ein intelligenter Bundespost-Oberrat, der für die Schaltung der Telefonunterbrechung verantwortlich war, hatte aber das Gesetz studiert. Er teilte uns mit, daß eine Telefonüberwachung sich nur gegen einen oder einige identifizierbare Personen richten könne. Die Überwachung einer unbestimmten Anzahl von Personen sei nicht zulässig.

Auf eine Klärung durch den Gesetzgeber oder eine höchstrichterliche Entscheidung konnten wir nicht warten. Ich ordnete deshalb an, in den Telefongeräten der betreffenden Zellen eine Wanze anzubringen. Es handelte sich dabei um einen Sender, der die Gespräche drahtlos zu einem Fahrzeug übermittelte, das in der Nähe der Telefonzellen parkte.

Dieses hatte zwei Risikofaktoren: Auf der einen Seite konnte die drahtlose Übermittlung der Information zufällig durch einen Unbeteiligten mitgehört werden; auf der anderen Seite konnte jemand, der an dem Telefongerät herumspielte, die Wanze finden. Deshalb ordnete ich später an, einen Abhörmechanismus in dem jeweiligen Verteilerkasten in der Nähe der Telefonzelle anzubringen.

Das funktionierte. In einem Falle allerdings kam der dafür verantwortliche Mitarbeiter zu mir und sagte, daß die Bundespost neue Kabel verlegen würde, die zu einem unserer Verteilerkästen führen könnten. Ich sagte ihm: »Ziehen Sie sich Ihre Postuniform an, gehen Sie zu dem Verteilerkasten und bauen Sie das Ding wieder aus.« Und so geschah es.

Auf einer Tagung in Köln teilte ich Günter Nollau und den anderen Amtsleitern unsere Erfahrungen mit. Der Kollege aus Düsseldorf knurrte: »Hamburger Landrecht!«

Die Observationen — immer auf Distanz, aber dennoch mit einer hohen Ausbeute an scharfgestochenen Fotos — führten uns nicht nur nach Frankfurt und Amsterdam, sondern auch nach Zürich und in den Nahen Osten. Unsere Leute beobachteten Zusammenkünfte zwischen der Hamburger Gruppe der RAF und der PFLP von George Habbash. Später gab es Informationen, daß diese palästinensische Terrorgruppe auch Verbindungen zur baskischen ETA und zur nordirischen IRA hatte. Uns schien es allerdings damals so, daß die Palästinenser nach der starken Publicity, die die Baader-Meinhof-Leute hatten, offensichtlich die Zahl der deutschen Terroristen und ihren Rückhalt in der Bevölkerung überschätzten.

Mitte November 1973 kamen Helmut Pohl und Ilse Stachowiak von einem Ausflug nach Beirut in die Bundesrepublik zurück. Am Telefon hörten wir, daß die Gruppe über 15 Kilo Sprengstoff verfügte. Die RAF-Leute benutzten bei ihren Ferngesprächen einen Code. Den konnten wir aber bald knacken. Als sie danach wieder verreisten, diesmal nach Frankfurt und nach Amsterdam, durchsuchten wir die beiden konspirativen Wohnungen der Gruppe. Den Sprengstoff fanden wir nicht.

Am 1. Oktober 1973 war Hans-Ulrich Klose Chef der Innenbehörde in Hamburg geworden. Er hatte Heinz Ruhnau als Senator abgelöst. Ruhnau war über unsere Observationen und die Ergebnisse im Detail orientiert worden. Nach seiner Amtsübernahme setzte ich auch Hans-Ulrich Klose ins Bild. Ich teilte ihm mit, daß die Terroristen über eine oder mehrere Bomben verfügten; sie hätten von »15 Kilo Sprengstoff« gesprochen. Klose erschrak und sagte: »Dann müssen wir die Leute sofort verhaften lassen.« Ich widersprach: »Wir wissen nicht, wo der Sprengstoff ist. Wir kennen wahrscheinlich auch noch nicht alle Mitglieder der Gruppe. Wenn wir die bisher entdeckten Mitglieder der RAF jetzt festnehmen lassen, können noch nicht erkannte RAF-Leute die Bombe zur Explosion bringen. Geben Sie uns noch eine Chance zu weiterer Aufklärung.« Klose fragte, wie weit wir die Mitglieder der Gruppe abgedeckt hätten. Ich sagte, daß die erkannten RAF-Leute in Hamburg rund um die Uhr unter Kontrolle seien. Danach war er — wohl im Gegensatz zu manch anderem Innenminister in vergleichbarer Situation — damit einverstanden, daß wir unsere Observationen zunächst weiterführten.

Anfang Januar 1974 hieß es am Telefon: »Jetzt haben wir genug gebastelt, jetzt muß das Zeug endlich mal eingesetzt werden.« Uns war nicht klar, ob mit dem »Zeug« die Waffen, die wir in einer Wohnung gesehen hatten, gemeint waren oder der Sprengstoff. Unsere Observanten beobachteten Christa Eckes und wenige Tage später Helmut Pohl, als sie die Zweigstelle der »Spar- und Leihkasse« in der Holtenauer Straße in Kiel aufsuchten. Sie ließen sich mehrere Hundertmarkscheine in kleinere Banknoten wechseln. Wir stellten fest, daß sie kein Konto bei dieser Sparkasse unterhielten. Ein Bankraub schien bevorzustehen.

Das konnten wir nicht mehr laufen lassen. Am 29. Januar lud ich zu einer Lagebesprechung ins LfV ein. Teilnehmer waren der Leiter der Politischen Abteilung der Hamburger Kriminalpolizei, Otto Werner Müller, der Chef des neugebildeten »Mobilen Einsatzkommandos« (MEK), Kriminaloberrat Kruschka, und ein Vertreter der Staatsanwaltschaft. Ich trug unsere Erkenntnisse vor; ich wies auch darauf hin, daß wir die Tonbänder aus der nach dem Gesetz zu Artikel 10 GG genehmigten Telefonüberwachung als Beweismittel in das künftige Strafverfahren einführen würden.

Die Besprechung dauerte ungefähr drei Stunden. Danach waren sich die Beteiligten darin einig, daß die Beobachtungen nicht mehr fortgesetzt werden könnten. Man müsse jetzt dazu übergehen, die Mitglieder der Gruppe festzunehmen. Der Chef des MEK übernahm das Kommando.

Seine Leute waren als Judo- und Karatekämpfer und als Scharfschützen ausgebildet. Jetzt standen sie vor der ersten Bewährungsprobe. Ziel war, die RAF-Leute festzunehmen und ihnen keine Gelegenheit zu geben, von der Schußwaffe Gebrauch zu machen. Wir wollten keine Toten oder Verwundeten.

In der Nacht zum Montag, dem 4. Februar 1974, besetzten 400 Polizisten die Ausgänge und die Umgebung der Häuser in der Erikastraße und in der Bartholomäusstraße in Hamburg sowie der beiden Häuser in Frankfurt, in denen die Terroristen wohnten. In der Bartholomäusstraße 20 schlichen ein Dutzend Männer durch die Tiefgarage, fuhren mit dem Fahrstuhl in den 9. Stock und drangen dann lautlos zwei Etagen tiefer vor bis an die Tür der mittleren Wohnung. Die Männer trugen Turnschuhe, Jeans, Lederjacken und kugelsichere Westen. Ein Sprengexperte befestigte vorsichtig Plastiksprengstoff am Schloß und an den Scharnieren der Wohnungstür. Um 4.02 Uhr wurde der Sprengstoff drahtlos gezündet. Die Tür ging in Trümmer, die Splitter flogen durch den Wohnungsflur und zerschlugen die Glastür, die zum Schlafzimmer führte. Drei Polizeibeamte stürmten mit starken Handscheinwerfern und gezogener Pistole in die Wohnung. Sie fanden zwei

Männer und zwei Frauen, die — aus tiefem Schlaf gerissen — nackt auf einer Matratze lagen, die entsicherte Parabellum 9 mm neben sich. Helmut Pohl, Ilse Stachowiak, Christa Eckes und der sechsunddreißigjährige Heidelberger Rechtsanwalt Eberhard Becker wurden festgenommen und abgeführt.

Durch die Explosion des Sprengstoffes war der Telefonhörer im Wohnungsflur aus der Gabel gefallen. In unserer Zentrale im Johanniswall Nr. 4 sprang automatisch das Tonbandgerät der Telefonüberwachung an. Wir hörten Schreie, dann eine Männerstimme: »Hände hoch! Polizei! Sie sind festgenommen!« Dann wieder ein Schrei und eine Frauenstimme: »Ihr Scheißbullen.«

Ebenfalls um 4.00 Uhr morgens brachen die Polizisten der hessischen Spezialeinheit die Wohnungstüren der beiden Terroristenwohnungen in Frankfurt mit Brechstangen auf. Margret Schiller, Wolfgang Beer und Kai-Werner Allnach standen im gleißenden Licht der Scheinwerfer, wurden festgenommen und abgeführt.

Am gleichen Tag wurde das letzte Mitglied dieser RAF-Gruppe, nämlich Axel Achterrath, in Amsterdam verhaftet.

In den Hamburger Wohnungen fand die Polizei ein ganzes Arsenal von Revolvern, Maschinenpistolen, Handgranaten, Tretminen und Sprengstoff, dazu etwa 100 Blanko-Pässe und zahlreiche Stempel von verschiedenen Landratsämtern und Passbehörden. In einem besonderen Schrank waren gültige Passdokumente aus sieben verschiedenen Ländern untergebracht, darunter Papiere von einigen prominenten Mitbürgern, z.B. von Michele Susanne Ray, Journalistin in Paris, die Ulrike Meinhof vor ihrer Festnahme interviewt hatte, und von Raimund Böll, Bildhauer und Sohn des Literaturnobelpreisträgers Heinrich Böll.

Die Terroristen erhielten nach verhältnismäßig kurzer Prozeßdauer Freiheitsstrafen bis zu vier Jahren. Nur Christa Eckes wurde mit sieben Jahren Freiheitsentzug bestraft, weil man ihr die Beteiligung an einem Banküberfall in Hamburg-Fuhlsbüttel nachweisen konnte. Hauptanklagepunkt für die anderen Terroristen war die Mitgliedschaft in einer kriminellen Vereinigung, weil die Verhaftungsaktion durchgeführt werden konnte, ehe die Bande schwerwiegende Straftaten verübt hatte.

Drei Tage nach der Festnahme stellte sich heraus, daß Verfassungsschutz und Polizei nur einen Teil des bei der Gruppe vermuteten Sprengstoffes gefunden hatten. Am 7. Februar öffnete der Pförtner einem unserer Beamten, der noch bis 8.00 Uhr abends gearbeitet hatte, das Außenportal der Innenbehörde. Vor dem Tor stand eine größere Dameneinkaufstasche. Der Pförtner glaubte, eine Passantin hätte die Tasche irrtümlich stehengelassen. Er wollte sie in sein Büro mitnehmen und am nächsten Tag dem Fundbüro übergeben. Die Tasche war ungewöhnlich schwer. Das erregte sein Mißtrauen. Er verständigte die Polizeizentrale, die nach wenigen Minuten einen Experten schickte, der sich mit der Entschärfung von Bomben auskannte. In der Einkaufstasche befanden sich die zwölf Kilo Sprengstoff, die die Polizei bei der Durchsuchung der Wohnung Bartholomäusstraße nicht gefunden hatte. Der Zeitzünder war auf 21.05 Uhr eingestellt. Der Spezialist der Polizei konnte die Bombe zwei Minuten vor ihrer Explosion entschärfen.

Die Aushebung der Hamburger RAF-Gruppe führte auch zu Reaktionen aus dem Umfeld der Sympathisanten und Unterstützer. Ich stand damals noch im Telefonbuch. Ich glaubte, die »Spitze des Eisberges«, nämlich des Verfassungsschutzes, müsse sichtbar sein. Dann aber wurde meine Frau wochenlang, mehrfach am Tage, angerufen und als »Nazisau« beschimpft. Man drohte, unseren Sohn und mich umzubringen. Die Anrufer waren darüber orientiert, wo ich mich jeweils aufhielt, sei es in Bonn, in Bremen oder in Kiel. Man sagte meiner Frau: »Sie werden Ihren Mann lebend nicht mehr wiedersehen.« Zweimal schickte man einen Leichenwagen von einem Bestattungsunternehmen zu unserem Haus, um meine »sterblichen Überreste« abzuholen.

Wir beantragten eine Fangschaltung bei der Bundespost. Nach kurzer Zeit hatten wir dann — mehr durch Zufall als durch die Akribie der Postbeamten — einen der anonymen Anrufer gefaßt. Es handelte sich um den Sohn eines Landgerichtsdirektors, der mit der RAF sympathisierte.

Die Drohungen durch andere anonyme Anrufer gingen weiter. Nach einigen Tagen platzte Maria der Kragen. Ich hatte erwähnt, daß hinter der Kampagne möglicherweise Mitarbeiter eines Rechtsanwalts stünden, der sich bei der Verteidigung von RAF-Leuten hervorgetan hatte. Einige der Mitarbeiter gelangten später in der RAF zu einer gewissen Berühmtheit. Maria sagte deshalb zu einem der Anrufer: »Junger Mann, sagen Sie Ihren Genossen, daß ich ihren Chef erschießen werde, wenn meinem Mann oder unserem Sohn etwas passiert.« Dabei nannte sie den Namen des Anwalts. Danach hörten die Anrufe auf.

Noch im Jahre 1974 bekamen wir gesicherte Informationen, daß die RAF tatsächlich plante, mich zu töten. In einer konspirativen Wohnung, die in einem anderen Bundesland gelegen war, hatten Polizisten eine Liste mit Zielpersonen gefunden. Mein Name stand an zweiter Stelle. Die RAF hatte nicht nur Telefon und Adresse von Wohnung und Büro festgehalten, sondern auch notiert, wann ich — mehr oder weniger regelmäßig — Wohnung und Büro verließ bzw. betrat. Neben einem unscharfen Lichtbild, das ich nicht kannte und welches offensichtlich heimlich von RAF-Leuten aufgenommen worden war, stand mit Hand geschrieben »Sofortlösung«.

Auch auf anderen Listen, die in weiteren Schlupfwinkeln der RAF gefunden wurden, erschien wiederholt mein Name. In dieser Zeit hatte sich die Anzahl der Zielpersonen für RAF-Morde allerdings schon potenziert. Bei der Festnahme von sechs Kernmitgliedern der RAF im Juli 1984 zum Beispiel in Frankfurt und in Karlsruhe waren in der konspirativen Wohnung in der Bergerstraße in Frankfurt Listen mit rund 1.000 Namen gefunden worden. In einem der Schriftstücke stand eine detaillierte Beschreibung der Aufgaben der Abteilung »Europäische Politische Zusammenarbeit« (EPZ) des Auswärtigen Amtes. Leiter der Abteilung war damals ein Ministerialdirektor namens Pfeffer. In dem RAF-Papier war noch der Name seines Vorgängers, Poensgen, festgehalten. Neben dem Namen Poensgen fand sich eine Notiz mit der Handschrift der RAF-Terroristin Christa Eckes: »Nicht Poensgen, sondern Pfeffer.« Inzwischen war Dr. Gerold von Braunmühl Leiter der Abteilung EPZ geworden.

Aus der Tatsache, daß Frau Eckes hier auf Veränderungen in der Organisation hingewiesen hatte, hätten Bundeskriminalamt und Verfassungsschutz schließen müssen, daß auch der Nachfolger von Poensgen und Pfeffer, nämlich Dr. von Braunmühl, als neuer Funktionsträger gefährdet war. Weder das Auswärtige Amt noch Herr von Braunmühl wurden gewarnt. Dr. von Braunmühl war zum Zeitpunkt seiner Ermordung, am 10. Oktober 1986, ohne Personenschutz.

Als sich aus den RAF-Unterlagen, die man 1974 entdeckt hatte, meine unmittelbare Gefährdung ergab, schlug Staatsrat Frank Dahrendorf vor, daß ich mit meiner Familie in ein Hotel ziehen solle; danach müsse ich — etwa alle drei Tage — die Unterkunft wechseln. Ich wollte das nicht. Abgesehen von den damit verbundenen Unbequemlichkeiten schien mir das nach einer Flucht auszusehen. Diesen Triumph wollten wir den Terroristen nicht gönnen.

Die Behördenleitung ordnete an, daß ein Mannschaftswagen der Polizei, ausgerüstet mit Funk und Foto, vor unserem Haus plaziert wurde. Jeder Besucher mußte sich ausweisen. Manche wurden durchsucht. Fast alle mußten ihre Taschen öffnen. Das dauerte sechs Wochen. Bei einer späteren Gefährdungssituation, einige Monate später, ging das ganze Theater verschiedener Sicherheitsmaßnahmen wieder los.

Danach schrieb ich jedem der Mitmieter des Hauses einen persönlichen Brief und entschuldigte mich für die Belästigungen. Ich bat um Verständnis, daß den Terroristen keine Chancen zu einem Attentat eingeräumt werden sollten. Den Schreiben fügte ich eine Flasche Cognac für die Herren und eine Schachtel Pralinen für die Damen bei. In den meisten Fällen überbrachte ich die Sachen persönlich. Alle Mitbewohner sagten mir ihre Unterstützung zu und äußerten volles Verständnis für die Notwendigkeit, das Haus durch die Polizei zu schützen.

Einige Wochen, nachdem die letzte Überwachungs- und Schutzphase beendet war, meldete sich eine Delegation des Vorstandes der Volksfürsorge bei mir. Die Volksfürsorge war unser Vermieter. Die beiden Herren versuchten, eine gewisse Verlegenheit durch small talk über die schwierigen Aufgaben des Verfassungsschutzes zu verdecken. Dann kamen sie zur Sache. Sie fragten mich, ob ich nicht aus unserer Wohnung ausziehen wolle. Die Mieter unseres Hauses hätten Angst, daß sie durch Racheakte der RAF gefährdet und in Mitleidenschaft gezogen werden könnten. Es sei möglich, in ein villenartiges Haus am Stadtrand einzuziehen, das auch der Volksfürsorge gehöre. Die Miete dort sei nicht höher als das, was ich jetzt am Schwanenwik zu bezahlen habe.

Ich sagte den Herren, daß ihr Manöver an die Art und Weise erinnere, in der man im Mittelalter mit Schaustellern, Prostituierten und Juden umgegangen sei. Auch diese Minderheiten habe man vor der Stadtgrenze angesiedelt. Bisher hätte ich mich als verantwortlich gesehen, die Stadt und ihre Bürger vor Spionen und Terroristen zu schützen. Jetzt fehle nur noch, daß man mir einen gelben Stern ans Jackett und meiner Frau ein entsprechendes Emblem ans Kleid klebe, um uns als Außenseiter zu kennzeichnen. Falls die Volksfürsorge uns kündigen sollte, würde ich es auf einen Prozeß ankommen lassen. Das würde ich auch öffentlich machen, um zu zeigen, wie kapitalistisch orientierte Gewerkschaften in der Bundesrepublik mit den Leuten umgingen, die sie vor Verbrechen schützen wollten.

Zu einer Kündigung kam es nicht. Ein Vorstandsmitglied der Volksfürsorge sagte mir später, daß der Mitbewohner, der mich am nachhaltigsten seiner Loyalität versichert hatte, derjenige gewesen sei, der mich aus dem Haus heraus haben wollte.

Die Probleme, daß Unbeteiligte gefährdet waren und auch einfache Mitarbeiter Sorge um ihr Leben hatten, dauerten an. Nach der Entführung von Hanns-Martin Schleyer bat mich mein damaliger Fahrer, der gleichzeitig Leibwächter sein sollte und eine Pistole trug, um Versetzung in den Innendienst. Es war deutlich geworden, daß die Begleitpersonen etwa von Siegfried Buback und Hanns-Martin Schleyer nicht zu den Personen gehörten, die entführt werden sollten, sondern daß sie — dem Konzept der Terroristen folgend — außer Gefecht gesetzt, d.h. ermordet werden mußten. Zunächst hatte ich den Eindruck von Fahnenflucht, aber dann begriff ich die Besorgnisse eines Familienvaters.

Nach dem Wechsel in der Regierung von Willy Brandt zu Helmut Schmidt im Mai 1974 trat die Entwicklung des deutschen Terrorismus in eine neue Phase. Am 27. Februar 1975 entführte die »Bewegung 2. Juni« den Vorsitzenden der CDU von Berlin, Peter Lorenz. Die Bundesregierung gab der Forderung der Terroristen nach und setzte fünf Mitglieder der »Bewegung 2. Juni«, die in westdeutschen Gefängnissen und in Berlin inhaftiert waren, frei. Die

Terroristen wurden in den Südjemen ausgeflogen. Danach ließ die »Bewegung 2. Juni« den CDU-Politiker Lorenz frei. Die Terroristen kehrten nach kurzer Zeit nach Deutschland zurück und setzten ihren »bewaffneten Kampf« fort.

Für die RAF war der Erfolg der Lorenz-Entführung ein Beispiel. Am 24. April 1975 besetzten sechs ihrer Mitglieder die Deutsche Botschaft in Stockholm. Sie töteten sofort den Militärattaché von Mirbach und forderten die Freilassung von 26 Mitgliedern ihrer Organisation, die in der Bundesrepublik inhaftiert waren. Dazu drohten sie mit der Ermordung von weiteren Botschaftsangehörigen, falls man ihre Forderung nicht akzeptierte. Sie stellten eine Frist bis 21.00 Uhr.

Bundeskanzler Helmut Schmidt setzte im Kabinett seine Meinung durch, daß sich der Staat nicht als erpreßbar zeigen dürfe.

Als ich im Sommer 1987 als Sachverständiger bei einem Fernsehfilm mitwirkte, den die ARD aus Anlaß des zehnten Jahrestages der Schleyer-Entführung ins Programm aufnehmen wollte, fragte ich Helmut Schmidt, weshalb er bei der Lorenz-Entführung den Forderungen der Terroristen nachgegeben habe, bei der Besetzung der Deutschen Botschaft in Stockholm aber hart geblieben sei. Er erwiderte, daß er zum Zeitpunkt der Entführung von Peter Lorenz im Bundeswehr-Krankenhaus in Koblenz zur Behandlung nach einem Herzanfall gewesen sei. Als er später zur Kabinettssitzung, die sich mit der Entführung beschäftigte, hinzugestoßen sei, hätten die Kabinettskollegen schon entschieden gehabt, daß man der Forderung der Terroristen nachgeben müsse. Damals habe er sich aber zu schwach gefühlt, diese Entscheidung korrigieren zu können.

Bei der Besetzung der Deutschen Botschaft in Stockholm habe er schon vor Entscheidung des Kabinetts, den terroristischen Forderungen nicht nachzugeben, den schwedischen Ministerpräsidenten Olof Palme angerufen und ihm mitgeteilt, daß die Bundesregierung auf keinen Fall auf die Forderungen der RAF eingehen werde. Er — Olof Palme — habe aber freie Hand, durch eventuelle Verhandlungen Zeit für polizeiliche Operationen zu gewinnen.

Nach Ablauf des Ultimatums am 24. April 1975 um 21.00 Uhr erschossen die Besetzer den Wirtschaftsrat Hillegaart.

Das RAF-Kommando hatte inzwischen an drei Stellen im dritten Stockwerk der Botschaft größere Sprengsätze deponiert. Kurz vor Mitternacht explodierten diese Sprengladungen, offensichtlich durch einen Fehler im Zündmechanismus. Geiseln und Terroristen flohen ins Freie. Einige Geiseln waren schwer verletzt. Fünf der Täter wurden festgenommen. Einer der Terroristen war bei der Explosion ums Leben gekommen.

Die Aktion in Stockholm wurde von der RAF und von ihren Sympathisanten als Niederlage empfunden. Es dauerte zwei Jahre, bis die Rote Armee Fraktion zu neuen, größeren Aktionen übergehen konnte. Das Jahr 1977 wurde dann zum Höhepunkt terroristischer Aktivitäten in Deutschland.

Am 7. April 1977 wurden Generalbundesanwalt Siegfried Buback und seine beiden Begleiter erschossen. Am 30. Juli versuchte ein Kommando der RAF, den Vorstandssprecher der Dresdner Bank, Jürgen Ponto, zu entführen. Als er sich widersetzte, erschoß man ihn. Am 5. September entführte ein anderes Kommando der RAF den Präsidenten des Bundesverbandes der Deutschen Industrie, Hanns-Martin Schleyer. Die Terroristen erschossen seinen Fahrer und seine drei Begleiter.

Ich war am 3. September für eine Woche zum Klettern nach Südtirol in den Rosengarten gefahren. Schon am Montag, dem 5. September, stürzte ein Bergkamerad aus unserer Gruppe ab. Sein Seilgefährte konnte ihn zwar halten, er brach sich aber den linken Unterschenkel. Wir brachten ihn ins Tal und trugen Sorge, daß er in ein Krankenhaus kam. Ursprünglich hatten wir vor, zwei Tage später die Delago-Kante an den Vajolett-Türmen zu machen. Durch den Unfall und die Hektik der Vorbereitung auf die schwere Bergtour versäumten wir, Nachrichten zu hören. So erfuhr ich von der Schleyer-Entführung erst, als ich nach Hinterthal zurückkehrte. Ich fand einen Brief von Staatssekretär Manfred Schüler vor, der mich bat, am 13. September im Bundeskanzleramt zu sein. Aus den Gesprächen dort wurde sehr bald deutlich, daß Helmut Schmidt nicht daran dachte, den Forderungen der RAF nachzugeben.

Am 13. Oktober entführte ein Kommando von vier Palästinensern die Lufthansa-Maschine »Landshut« mit 91 Geiseln an Bord. Später ermordeten die Terroristen den Piloten. Nach Landungen auf verschiedenen Flugplätzen erreichte die Maschine Mogadischu in Somalia. Dort stürmte die GSG 9 das Flugzeug und befreite die Geiseln. Dabei wurden die drei männlichen Terroristen des Kommandos erschossen; das weibliche Mitglied überlebte schwer verletzt.

Als diese Aktion bekannt wurde, verübten die Führer der RAF, Andreas Baader, Gudrun Ensslin und Jan Carl Raspe, die im Gefängnis Stuttgart-Stammheim einsaßen, Selbstmord. Die Entführer von Hanns-Martin Schleyer ermordeten ihre Geisel.

In dieser Zeit wurde von konservativen Beobachtern häufig behauptet, die RAF sei ein Instrument der Destabilisierungspolitik der Sowjetunion gegenüber der Bundesrepublik. Sie werde vom KGB bezahlt und mit Waffen versorgt. Diese Vermutungen waren Spekulationen, die jeder Grundlage entbehrten. Sie wurden auch durch die Informationen, die nach der Wiedervereinigung anfielen, nicht bestätigt.

Die RAF operierte immer selbständig. Das wechselnde Bündnis mit der PFLP von Dr. Georg Habbash und die spätere Zusammenarbeit mit der französischen Action Directe und den italienischen Roten Brigaden haben ihre Unabhängigkeit nie beschränkt.

Die RAF hatte sicher ein ambivalentes Verhältnis zur UdSSR. Als das RAF-Mitglied Volker Speitel Anfang Oktober 1977 verhaftet wurde, sagte es aus, die »Bewegung 2. Juni« habe 1976 angeregt, »einen hohen sowjetischen Typen zu schnappen«, den sowjetischen Botschafter etwa, damals Falin. Der Druck, der durch eine solche Aktion auf die Bundesrepublik ausgeübt würde, sei so groß, daß man dadurch auch Helmut Schmidt in die Knie zwingen könne. Als Andreas Baader, Gudrun Ensslin und Jan Carl Raspe das im Gefängnis Stuttgart-Stammheim gehört hätten, seien sie fast ausgeflippt. Sie hätten erklärt, daß die Sowjetunion »trotz Entartungserscheinungen nie Gegner sein könne, sondern daß sie durch ihre historische Linie und ihre Unterstützung der Befreiungsbewegungen in der Dritten Welt eher Verbündeter« sei.

Die entschiedene Haltung von Helmut Schmidt und der Bundesregierung im Entführungsfall Schleyer hat die Position der RAF und anderer Terroristen geschwächt. Mit der Entscheidung im Fall Schleyer war klar, daß auch in Zukunft keine andere Bundesregierung einer erpresserischen Geiselnahme mehr nachgeben konnte und würde. Die RAF nahm seither auch keine Geiseln mehr. Bei den folgenden Aktionen hat sie ihre Opfer sofort erschossen oder in die Luft gesprengt.

SPD und die geheimen Nachrichtendienste

Die SPD hatte zum Verfassungsschutz schon in den fünfziger Jahren ein gespaltenes Verhältnis. Sie wollte die Information, aber nicht die Arbeit. Ihre Einstellung folgte dem Motto: »Man liebt den Verrat, aber nicht den Verräter.« Als Verräter sah sie dabei nicht den geheimen Mitarbeiter oder Agenten, sondern den Beamten der Verfassungsschutzbehörde. Diese Haltung verhärtete sich bis in die achtziger Jahre. Am Ende der Ära Schmidt und nach der sogenannten Wende wuchsen die Strömungen, die nicht nur die Arbeit des Verfassungsschutzes ablehnten, sondern auch seine Informationen.

Es gab natürlich Ausnahmen. Zu nennen wären Herbert Wehner, Helmut Schmidt und sein Staatssekretär Manfred Schüler, Horst Ehmke und Hans-Jochen Vogel.

Als es nach den Bundestagswahlen vom 28. September 1969 zu einer Koalition zwischen der SPD und der FDP gekommen war, bat mich Herbert Wehner, ihm eine Darstellung über die Organisationsstruktur, die Arbeitsweise und die Effektivität des Bundesnachrichtendienstes (BND) zu geben. Danach fragte er mich, ob ich bereit sei, Horst Ehmke zu einem ähnlichen Gespräch zur Verfügung zu stehen; dabei gehe es auch um personalpolitische Überlegungen. Ich stimmte der vorgeschlagenen Vorgehensweise ohne Vorbehalte zu.

Horst Ehmke hielt sich mit organisatorischen Fragen nicht auf. Er kam sofort zum Personalproblem und fragte unverblümt: »Nun — wen nehmen wir denn?« Ich erwiderte: »Das hängt davon ab, wen Sie loswerden wollen.« Ich ließ einen Versuchsballon hoch und fügte hinzu: »Es wäre vorstellbar, daß Sie an eine neue Nummer Eins denken.« Er hob die Hände: »Um Gottes willen — General Wessel müssen wir behalten. Sonst kriegen wir Krach mit der CDU. Es geht mir um drei Stellen. Zwei davon sind frei. Das ist die vom Vizepräsidenten und die des Leiters der Verwaltungsabteilung. Außerdem wollen wir einen neuen Leiter der Beschaffung.«

Ich hatte einige Erkundigungen eingeholt und empfahl drei Kandidaten für die Position des Vizepräsidenten, darunter Dieter Blötz, den ich aus Hamburg kannte. Ehmke wählte Blötz. Dieter Blötz sollte später an einer Liebesaffäre mit seiner Sekretärin scheitern. Für die Verwaltungsabteilung schlug ich Herbert Rieck vor, der die Hochschuladministration in Hamburg machte. Ehmke akzeptierte. Rieck hatte Erfolg beim BND. Für die Abteilung I schließlich nannte ich Dr. Richard Meier.

Horst Ehmke hatte die ganze Zeit in einem tiefen Sessel mehr gelegen als gesessen, ein Schreibbrett mit einem Papierblock auf den Knien, und sich die Namen, die ich ihm mit einigen Zusatzbemerkungen nannte, notiert. Mit dem linken Zeigefinger bohrte er in der Nase und schnippte die Popel ins Zimmer. Jetzt blickte er auf und fragte: »Ist der Meier wirklich so gut wie man sagt?« Ich antwortete: »Vielleicht noch besser. Er hat die Gabe guter Formulierungen. Wahrscheinlich wird er mit dem Personal Probleme haben.«

Das bestätigte sich. Als ich Richard Meier drei Monate nach seinem Wechsel in Pullach besuchte, sagte er mir voller Stolz, daß inzwischen keiner seiner Referenten und Unterabteilungsleiter mehr auf dem gleichen Posten säße, den er vorher gehabt habe. Außerdem habe er angeordnet, alle Journalisten, die für den BND als CM tätig gewesen seien, abzuschalten.

Als er 1975 Präsident des BfV geworden war, ging er ähnlich rigoros vor. Schon in der ersten Woche nach seiner Amtsübernahme übergab er zwei Leitenden Regierungsdirektoren ihre Entlassungsurkunden — eine arrogante Demonstration neu gewonnener Macht. Mir hatte er einmal vorgeworfen, meine Mitarbeiter wie ein Volkstribun zu führen.

Die Unterredung mit Horst Ehmke, in der die Weichen für die künftige Arbeit des BND gestellt wurden, dauerte 35 Minuten.

Die Schwierigkeiten, die der Verfassungsschutz mit der SPD hatte, lagen weniger bei der Führung der Partei. Probleme brachte die Basis. In den Jahren nach 1968 waren zahlreiche junge Akademiker Mitglied der Partei geworden, die von der Studentenrevolte geprägt waren. Sie bestimmten letztlich, wer als Delegierter an den Beratungen und Entscheidungen der Gremien der Partei teilnahm.

Als ich nach Hamburg kam, war die SPD dort die Partei der Mitte. Heinz Ruhnau, der Innensenator, hatte sich schon als Bezirkssekretär der IG Metall der Dienste des Verfassungsschutzes versichert, als es darum ging, Kandidaten für die Gewerkschaftsgremien dahingehend zu überprüfen, ob sie einen kommunistischen Hintergrund hatten. Er liebte den großen Auftritt und verstand sich auf Show-Effekte. Das zeigte sich, als er mit 36 Jahren Senator wurde und erstmals staatliche Funktionen übernahm.

Ich hatte schon im Sommer 1969 damit begonnen, die Chefs der deutschen und befreundeten alliierten Dienste nach Hamburg einzuladen, um durch eine Mischung zwischen intellektuellem Vortrag und Gastfreundschaft die Kooperation der Dienste zu festigen. Für den 11. Juni 1970 bat ich Zbigniew Brzezinski, sich uns als Referent zur Verfügung zu stellen. Er sollte über die sogenannte Konvergenztheorie sprechen, d.h. über die Möglichkeiten und Hindernisse für eine Annäherung zwischen der Sowjetunion und dem Westen.

Die Reisekosten, die anfielen, erwiesen sich für den Verfassungsschutz von Hamburg als zu hoch. Ich hatte deshalb mit dem Haus Rissen in Hamburg und mit Prof. Dr. Karl Carstens von der »Deutschen Gesellschaft für Auswärtige Politik« vereinbart, daß Brzezinski dort jeweils auch einen Vortrag halten solle. Dafür mußten sich die beiden anderen Partner an den Reisekosten und am Honorar beteiligen.

Die Veranstaltung fand in Hamburg — wie von da an üblich — im Anglo-German-Club statt. Vorher war ein Mittagessen bei uns zu Hause. Geladen waren — neben Brzezinski — Senator Heinz Ruhnau, Staatsrat Frank Dahrendorf und Dr. Günter Nollau, damals Präsident des Bundesamtes für Verfassungsschutz.

Die Maschine von Brzezinski verspätete sich. Er trat mit wehendem Mantel ein und sagte: »I need a shower and a phonecall to my wife; she has birthday today.« Ich sagte das den anderen Gästen. Brzezinski duschte und machte dann das Telefongespräch mit seiner Frau.

Währenddessen ging Ruhnau unruhig auf und ab; draußen auf der Wiese, im Alsterpark, wartete sein Hubschrauber. Er hatte ihn bestellt, nicht nur um rechtzeitig zu einem neuen Termin zu kommen, sondern wohl auch, um seine Bedeutung zu unterstreichen. Hubschrauber waren damals von Ruhnau bevorzugte Fortbewegungsmittel.

Als ich nach dem Essen Brzezinski zum Anglo-German-Club brachte, befragte er mich zu Senator Ruhnau: »Wer war der junge blonde Mann, der so interessant zu erzählen verstand?« Ich klärte ihn auf.

Ruhnau kokettierte zu dieser Zeit mit der Überlegung, als engagierter evangelischer Christ zur katholischen Kirche zu konvertieren, Möglicherweise war er von der im Vergleich zur protestantischen Kirche strengeren Ordnung angetan. Er wußte um meine römischen Erfahrungen und fragte, ob er eine Chance habe, eine Privataudienz beim Papst zu bekommen. Ich sagte, daß ich mich darum bemühen könne.

Nach einigen Gesprächen mit Mitarbeitern des »Sekretariats für die Einheit der Kirchen« und einem Brief an Kardinal Willebrands erhielt ich vom Vatikan die Mitteilung, daß dem Senator »eine Privataudienz beim Heiligen Vater« gewährt werde. Das Vorhaben scheiterte schließlich daran, daß Ruhnau unbedingt vom Hotel Cavalieri Hilton, auf dem Monte Mario, zum Petersplatz mit dem Hubschrauber einfliegen wollte, wogegen die zuständigen Behörden verständlicherweise etwas einzuwenden hatten.

Mit Ruhnaus Nachfolger, Hans-Ulrich Klose, der am 1. Oktober 1973 das Innenressort in Hamburg übernahm, hatte ich am Anfang Schwierigkeiten. Das hing mit einem Vortrag zusammen, den ich am 15. Juni auf einer NATO-Tagung in Oslo gehalten hatte. Thema war die Renaissance des Marxismus in Europa. Ich hatte unterstrichen, daß der kommunistische und neo-marxistische Einfluß besonders groß sei an den Universitäten. Zwar seien nur etwa 15 % der 670.000 Studenten in der Bundesrepublik politisch engagiert; man könne aber fast alle diese Aktivisten als Marxisten bezeichnen. Unter dem Befehl der kommunistischen Studentenorganisation hätten sie die Kontrolle über die nationalen studentischen Selbstverwaltungsorganisationen gewonnen und beherrschten beinahe alle Studentenparlamente der 67 Universitäten und Technischen Lehranstalten des Landes. An 28 Universitäten sei es den Studenten des linken Flügels gelungen, einen direkten Einfluß auf die Universitätspolitik zu gewinnen.

Ich hatte hinzugefügt, daß junge Marxisten auch in die Sozialdemokratische Partei eingedrungen seien. Vor dem letzten SPD-Bundesparteitag hätten die Jusos einen Aktionsplan verabschiedet, bei dessen Verwirklichung das Wirtschaftssystem Westdeutschlands radikal geändert und die atlantische Außenpolitik umgestürzt worden wären. Die Vorschläge der Jusos seien von Willy Brandt zwar abgeblockt worden, die Zahl der »Radikalen« im Präsidium der SPD, das damals 35 Mitglieder hatte, sei aber von zwei auf zehn gestiegen.

Durch eine Indiskretion gelangte der Text des Vortrages an die Presse. Anfang August kam die Rede in die Schlagzeilen. Es hieß: »Verfassungsschutz warnt vor dem Einfluß orthodoxer Kommunisten«, oder in anderer Formulierung: »Horchem sagt, SPD sei von Marxisten unterwandert.«

Als der Oslo-Text veröffentlicht wurde, war ich auf einer Klettertour. Abschluß der Bergwoche war die Badile-Nordkante, die berühmteste und wohl auch schönste Granitkante im Bergell. Sie wurde sehr spät, nämlich im Jahre 1923, zum ersten Male begangen. Lange Zeit galt sie als extrem schwer; tatsächlich überschreiten die Schwierigkeiten aber nie den IV. Grat. Haken und Karabiner braucht man nicht. Der Bergell-Granit ist eisenhart und so rauh, daß man »auf Reibung« gehen kann, d.h. ohne feste Griffe oder Tritte. Die Begehungszeit, d.h. vom Einstieg bis zum Gipfel, wird auf etwa sechs Stunden bemessen. Man klettert während dieser Zeit ständig unmittelbar an der Kante. Die dauernde Exponiertheit vermittelt immer wieder den Hochgenuß großer Gefahr, die durch Können und Technik begrenzt wird.

Ich kletterte mit einem Hauptmann der Gebirgsjäger, der zwanzig Jahre jünger war als ich und beim Gebirgsjägerregiment in Mittenwald diente. Kurz unterhalb des Gipfels hatte ich die Führung. Mein Stand war gut, und ich hatte mich sorgfältig gesichert. Als mein Freund hinter einer Biegung der Kante auf den Standplatz kam, schnaufte er ein wenig und sagte: »Mein Gott, das ist ja wie ein halberter Orgasmus.«

Durch die Steilrinne des »Canalone« kamen wir zum Rifugio Gianetti auf der italienischen Seite des Piz Badile. Dort sagte mir der Hüttenwirt, er hätte eine Nachricht für mich; ich solle sofort mein Büro in Hamburg anrufen. Die Verbindung, welche über Funk via Mailand ging, kam aber nicht zustande. Am nächsten Morgen kletterten wir über den Passo di Bondo zurück zur Sciora-Hütte. Von da stiegen wir ab nach Promontogno, unterhalb des Maloja-Passes. Erst dort konnte ich telefonieren.

Meine Sekretärin berichtete mir die Sachlage. Sie wies darauf hin, daß die Berichterstattung noch nicht abgeschlossen sei. Inzwischen hätten sich zwei Fronten gebildet: Die eine Seite unterstrich, daß meine Behauptung, die SPD sei von Marxisten unterwandert, zutreffen würde; die andere Seite attackierte mich und meinte, es sei nicht meines Amtes, darüber zu urteilen, ob und inwieweit marxistischer oder kommunistischer Einfluß in demokratischen Organisationen gewachsen sei.

Ich fuhr zunächst zurück nach Hinterthal im Pinzgau. Maria hatte einen Stoß von Zeitungsausschnitten gesammelt, die mir den Umfang der Diskussion deutlich machten. Am nächsten Tag flog ich von München aus zurück nach Hamburg.

Staatsrat Frank Dahrendorf beriet mich und gab mir einige Verhaltensregeln. Inzwischen wurde in der Presse schon diskutiert, ob der Senat mich entlassen werde. In der Bild-Zeitung vom 9. August hieß es: »Fliegt der Abwehr-Chef?«

Die Leute, die vorgegeben hatten, meine Freunde zu sein, waren inzwischen in volle Deckung gegangen. Es gab nur drei Ausnahmen. Ein Kollege von der CIA bot mir an, ich könne in die USA gehen; dort würden auch in der Privatindustrie Leute mit meinen Erfahrungen gesucht. Ein Schulfreund, der in Köln eine Anwaltspraxis hatte, bot mir eine Beteiligung an. Der dritte Freund, auf den ich mich weiterhin verlassen konnte, war Frank Dahrendorf.

Hans-Ulrich Klose war damals noch Vorsitzender der SPD-Fraktion in der Hamburger Bürgerschaft. Ich hatte mich schon vor meiner Bergwoche und ehe es zu den Presseveröffentlichungen über die Rede in Oslo gekommen war, mit ihm zu einem Mittagessen verabredet, und zwar zum 31. August. Zwei Tage vor dieser Besprechung rief er an und sagte das Essen ab. Sehr viel später erklärte mir dann Herr Klose, daß er sich damals nicht mit mir habe treffen können, weil eine solche Begegnung — wenn sie bekannt geworden wäre — zu Problemen mit den Jusos geführt hätte.

Die Spannungen blieben zunächst, als Klose mein Vorgesetzter geworden war. Anfang des Jahres 1974 hatte Manfred Bissinger, damals noch beim »Stern«, bei uns vorbeigeschaut. Er war auf dem Wege zu einer Pressekonferenz im Gästehaus des Senats, das in der Nähe unserer Wohnung lag. Ich hatte auf meinem Schreibtisch einen Aktenvermerk der Bundesanwaltschaft über einen Kassiber, der bei einem Gefangenen der RAF gefunden worden war. Bissinger blätterte interessiert in dem Vorgang. Die Akte war weder GEHEIM noch VS-Vertraulich. Er fragte mich, ob er den Vorgang mitnehmen und lesen könne. Ich erlaubte ihm das, fügte aber hinzu, daß ich ihn spätestens übermorgen wiederhaben müsse.

Ich bekam die Akte rechtzeitig zurück. Eine Woche später fand ich ihren Inhalt in einem Artikel im »Stern« wieder mit dem Aktenzeichen der Bundesanwaltschaft in der Kopfleiste.

Als ich am Tage der Veröffentlichung bei Senator Klose war, um ihm in anderer Sache vorzutragen, wies er mit dem Kopf auf diese Ausgabe des »Stern«, die vor ihm lag, und meinte: »Ich wüßte gerne, woher der ›Stern‹ den Vorgang hat.« Ich sagte: »Das kann ich Ihnen sagen; ich habe das Manfred Bissinger gegeben.«

Hans-Ulrich Klose stand auf und sagte sehr förmlich: »Herr Dr. Horchem, es tut mir leid, ich muß ein Disziplinarverfahren gegen Sie eröffnen.« Er gab mir keine Gelegenheit, mich zu äußern. Als Ermittlungsführer wurde ein gleichrangiger Kollege aus der Behörde für Inneres bestimmt. Ich war wie vom Donner gerührt.

Eine Woche später hatte ich ein Schreiben von Manfred Bissinger, in welchem dieser versicherte, daß er den Vermerk der Bundesanwaltschaft veröffentlicht habe, ohne von mir dazu autorisiert gewesen zu sein. Ein weiteres Schreiben kam vom damaligen Generalbundesanwalt Ludwig Martin. In diesem hieß es, daß die Veröffentlichung des Kassibers den Interessen der Strafverfolgung gegen die RAF und der Abwehr gegen den Terrorismus gedient habe. Damit brach das Disziplinarverfahren zusammen.

Zu einer gelösten und lockeren Haltung zwischen Senator Klose und mir kam es erst wieder, nachdem die Verhaftungsaktion gegen die Nachfolgegruppe der Baader-Meinhof-Bande Anfang Februar 1974 durchgeführt worden war. Noch in der Nacht der Festnahme besichtigten Hans-Ulrich Klose und ich die beiden Wohnungen. In der Bartholomäusstraße sahen wir uns die aufgesprengte Wohnungstür an. Ich sagte zu den Polizeibeamten, die dort noch Wache standen: »Das war gute Arbeit, Jungs.« Klose schlug mir auf die Schulter und sagte: »Na, na, das war gute Arbeit von Ihnen.«

Die Mehrheit der Hamburger Sozialdemokraten entwickelte eine grundsätzlich positive Einstellung zum Verfassungsschutz. Einige SPD-Politiker hatten mir Gespräche mit den Hamburger Gewerkschaftsführern vermittelt. Die Vorsitzenden des Hamburger DGB und der örtlichen Industriegewerkschaften trafen sich danach mehrfach im Jahr im Sitzungssaal des Verfassungsschutzamtes und wurden von mir über aktuelle Probleme der kommunistischen Infiltrationspraktiken gegenüber den Gewerkschaften unterrichtet. Aus diesen Vorträgen entwickelten sich Einzelgespräche.

Im Laufe des Jahres 1971 gewann ich den Eindruck, daß sich meine Gesprächspartner mit mir lieber in den Räumen des Verfassungsschutzes treffen wollten als in einem Restaurant in der Stadt. Das Amt war und ist in dem Gebäude untergebracht, in dem sich auch die Hamburger Behörde für Inneres befindet. Das ermöglichte es den Gewerkschaftern, ihre Besuche im Johanniswall 4 als Kontakt zur Innenbehörde darzustellen für den Fall, daß jemand sie sah, wenn sie das Gebäude betraten.

Ich fragte zwei Gewerkschaftsführer im Anschluß an derartige Gespräche, warum sie die Mühe auf sich nähmen, zu mir zu kommen; ich wäre auch bereit, sie in ihren Büros aufzusuchen oder mich mit ihnen in einer Gaststätte zu treffen. Beide erwiderten, daß die Gewerkschaftskollegen es nicht verstehen würden, wenn ihre Verbindungen zum Verfassungsschutz bekannt würden. Ich fragte daraufhin, ob es für sie einfacher wäre, sich etwa mit dem DKP-Chef Herbert Mies im Alsterpavillon zu treffen als mit mir. Beide sagten, Kontakte zur DKP würden in den Gewerkschaften akzeptiert, Verbindungen zum Verfassungsschutz nicht.

Trotzdem lebten wir in Hamburg, verglichen mit anderen von der SPD regierten Ämtern, lange Zeit wie auf einer Insel der Seligen. Der bremische

Verfassungsschutz z.B. hatte von Anfang an Probleme mit seiner politischen Führung. Heute ist der Verfassungsschutz in Bremen, in Niedersachsen, im Saarland und in Schleswig-Holstein praktisch kastriert. Von einer Funktionsfähigkeit im operativen Bereich kann man nicht mehr sprechen.

In Bremen verhärteten sich noch zu meiner Zeit die latenten Aversionen der Sozialdemokratie gegen den Verfassungsschutz bis zu einer Atmosphäre, in der man schon von einer Art Feindschaft von SPD-Funktionären gegenüber den Sicherheitsbehörden sprechen muß. Dadurch wuchsen auch für uns die Schwierigkeiten in der Zusammenarbeit.

Wir hatten in Hamburg einen Studenten angeworben, der vom sowjetischen Geheimdienst KGB als Perspektiv-Agent verpflichtet worden war und uns seine Mitarbeit angedient hatte. Meine Vorstellung war, daß wir hier einen künftigen sowjetischen Spitzenagenten auf Jahre hinaus begleiten konnten, ihn unter Umständen sogar mit Spielmaterial versorgen und dadurch über die Interessen des sowjetischen Geheimdienstes im Detail orientiert sein würden.

Etwa ein halbes Jahr nach Beginn unserer Kooperation verzog dieser Mann nach Bremen und wurde dort in das untere Management der Sozialdemokratischen Partei übernommen. In der Bremer SPD war vorgesehen, ihn bei den nächsten Wahlen zum Bundestag, die in zwei Jahren stattfinden sollten, als Kandidaten aufzustellen. Unser Mann wäre mit Sicherheit gewählt worden. Meine Mitarbeiter sagten mir, ich müsse jetzt unbedingt den Kollegen in Bremen über die geheimdienstliche Tätigkeit des künftigen Bundestagskandidaten orientieren; vielleicht wären wir sogar verpflichtet, den Mann an den Verfassungsschutz in Bremen abzugeben. Letzteres wollte ich auf keinen Fall.

Ich fuhr nach Bremen, um den Kollegen über unsere Langzeit-Operation zu unterrichten. Ich bat ihn aber, den Sachverhalt nicht weiterzugeben, auch seinen Senator nicht zu unterrichten. Dazu sah er sich nicht in der Lage. Dann drängte ich darauf, daß ich bei dem Gespräch mit dem Senator — es handelte sich um Helmut Fröhlich, der immer lautstark versicherte, wie sehr er den Verfassungsschutz unterstütze — dabei sein müsse.

Helmut Fröhlich hörte sich meinen Vortrag an, dachte kurz nach und meinte dann: »Den Mann müssen wir abschalten.« Ich widersprach nachdrücklich. Wir hätten hier die einmalige Chance, einen Perspektiv-Agenten des KGB lange Zeit zu führen. Wir brauchten später auch nicht an die Öffentlichkeit zu gehen. Das Material, welches wir erhalten würden, helfe uns auch, ohne daß wir eine Propagandaaktion starten müßten. Im übrigen sei gar nicht sicher, daß der Mann nach einer Abschaltung durch uns nicht dennoch weiter für das KGB arbeiten würde. Senator Fröhlich sagte: »Nun gut, ich werde das Bürgermeister Koschnick vortragen.«

Zwei Tage später hatte unser Senator in Hamburg ein Fernschreiben von seinem Kollegen in Bremen auf dem Tisch mit der Forderung, daß unser CM (bei der Spionageabwehr heißen die geheimen Mitarbeiter CM) abgeschaltet werden müsse.

Nach Bremen hinein spielte auch eine andere Operation des sowjetischen Geheimdienstes. Die Residentur des KGB im sowjetischen Generalkonsulat in Hamburg war zuständig für Schleswig-Holstein, Hamburg, Bremen und Niedersachsen. Chef dieser KGB-Abteilung war in den Jahren 1977 und 1978 German Wasilewich Kokorew. Die sowjetischen Diplomaten waren verpflichtet, der Senatskanzlei Mitteilung zu machen, wenn sie das Stadtgebiet von Hamburg verlassen wollten. Kokorew hielt sich im Prinzip an diese Regeln. In einigen Fällen stellten wir bei unregelmäßig wiederholten Observationen fest, daß er nicht mit seinem eigenen Wagen fuhr, sondern ein Kraftfahrzeug anmietete. In diesen Fällen hatte Kokorew es unterlassen, die Fahrten vorher der Senatskanzlei zu melden.

Wir folgten ihm verschiedene Male. Die Fahrten gingen nach Bremen. Dort traf er sich mehrfach in einer Gaststätte mit dem damaligen SPD-Bürgerschaftsabgeordneten Dr. Henning Scherf. Unsere Beamten hatten den Eindruck, daß es sich bei den Begegnungen um konspirative Treffs handelte. Wir unterrichteten unsere Bremer Kollegen von unseren Erkenntnissen.

Am 13. März 1978 veröffentlichte der in London erscheinende »Daily Telegraph« eine Geschichte über sowjetische Spionageaktivitäten weltweit. In dem Artikel wurde auch der Name Kokorew erwähnt und die Tatsache, daß sich der Resident des sowjetischen KGB aus Hamburg in Bremen mit einem

Funktionär der SPD auf konspirative Weise getroffen habe. Diese Behauptung war Gegenstand einer kleinen Anfrage in der bremischen Bürgerschaft am 15. März 1978. Henning Scherf, dessen Name vom »Daily Telegraph« nicht genannt worden war, hatte gegenüber einer deutschen Zeitung erklärt, daß es sich bei dem im »Daily Telegraph« genannten Funktionär der SPD möglicherweise um ihn handeln könne. Mit Kokorew aber habe er sich nie in Gaststätten, schon gar nicht heimlich, sondern immer nur im Haus der Bürgerschaft getroffen. Im übrigen habe er nicht gewußt, daß Kokorew ein Mann des KGB sei.

Zu Irritationen bei vielen Verfassungsschützern führte eine Entwicklung, die damit begann, daß Willy Brandt 1976 zum Präsidenten der »Sozialistischen Internationale« (SI) gewählt wurde. Im Jahre 1968 hatte die SI die sowjetische Invasion der Tschechoslowakei noch als »einen Akt nackter Aggression« angeprangert. Mit Willy Brandt an der Spitze erweckten die Resolutionen der Kongresse und die Verlautbarungen des Präsidiums immer mehr den Eindruck, als verfolge die SI in fast allen Fragen die gleichen politischen Ziele wie das Politbüro der KPdSU.

Willy Brandt hatte u.a. zwei Punkte in den Mittelpunkt seiner Einführungsrede gestellt: Erstens die Offensive für neue Beziehungen zwischen Nord und Süd, zweitens die Offensive für Menschenrechte.

Bei der Neuordnung der Beziehungen zwischen Nord und Süd wurde die Sowjetunion ausgespart. Von ihr wurde keine Entwicklungshilfe für die armen Länder in Schwarzafrika, in Lateinamerika oder in Südostasien erwartet, es sei denn, es hätte sich um Waffenlieferungen gehandelt.

Bei der Kampagne um die Menschenrechte wurde der Polizeistaat der DDR mit seinen 6.000 politischen Gefangenen zu einem weißen Fleck, der bei den Erklärungen der SI keine Erwähnung fand. Auch für Kuba wurden niemals »pluralistische Verhältnisse« eingefordert.

Willy Brandt vermied damals nicht nur jede Kritik an der sowjetischen Aufrüstung. Er verstand es sogar, die Invasion in Afghanistan in einem antiamerikanischen Licht erscheinen zu lassen. Auf der Konferenz der SI in Albufeira in Portugal im April 1983 sagte er: »Die sowjetische Intervention in

Konspirativer Treff (sogenannter Lauftreff) zweier Funktionäre der illegalen Kommunistischen Partei Deutschland im Jahre 1958.

Edith-Ede   28.4.
Betr.: Helmut   - 1 - geb.3o.7.-2-
Wie Euch bereits schon gemeldet, beendet der Gen. sein 3. Er wird
Ende 4 eintreffen . Ede hatte Gelegenheit mit ihm zu sprechen.
Seine 5 lautet wie folgt : Er war in leitenden 6 , besitzt ein bereits gut entwickeltes 7, das durch die 6 gefestigt wurde. In der
8 gehörte er zu den 9 Gen. St. ist selbstkritisch und förderte durch
seine lo wesentliche die Arbeit der 11 . Seine Aufträge rührte er
schnell und gewissenhaft durch. Besonderes Interesse zeigt er für 12
und auf fachlichem Gebiet für 13. Wobei seine Leistungen auf fachl.
Gebiet befriedigend und auf 14 überdurchschnittlich sind. Er ist ruhig
und sachlich. *Jan*

Edith-Ede   29.4.
Betr.: Helmut   Hamburg, Unser Schreiben v.28.4.
2= 1928, 3= Studium, 4 Mai, 5= Beurteilung, 6 = Funktionen tätig,
7= Klassenbewusstsein, 8= jurist.Fakultät, 9= ideolog.klarsten
lo= parteil.Entscheidungen, 11= Studiengruppe,12= Kaderarbeit
13= Völkerrecht, 14= gesellschaftswissenschaftlichem. Hier Mitglied gewesen und Beiträge bis einschl.Mai entrichtet. *Jan*

Verschlüsselte Beurtei-
lung eines KPD-Funk-
tionärs durch den
Sektor »Kader« des
»Arbeitsbüros« des
Zentralkomitees der
Sozialistischen Ein-
heitspartei Deutsch-
lands, 1957.

Anlaufstelle der illega-
len Kommunistischen
Partei in Ost-Berlin im
Jahre 1958.

Amtsleitertagung der Leiter der Verfassungsschutzämter in Sonnenberg/Harz im Mai 1969. Zachmann (Berlin), Kaesberger (Rheinland-Pfalz), Schütz (Nordrhein-Westfalen) und Präsident Schrübbers (Bundesamt für Verfassungsschutz).

Sitz des »Arbeitsbüros« (Westabteilung) des Zentralkomitees der Sozialistischen Einheitspartei Deutschlands in Ostberlin, Berlin N 54, Wilhelm-Pieck-Straße 49.

Besuch von Bundespräsident Dr. Gustav Heinemann im Landesamt für Verfassungsschutz Hamburg am 26. April 1973.

Hermann Schmitt-Vockenhausen und Valentin Koptelzew im Gespräch mit dem Autor im Mai 1976.

Frau Dr. Elsbeth Weichmann überreicht am 16. Februar 1984 Herrn Bundespräsident Professor Dr. Karl Carstens eine Gedenkschrift zum Tode von Herbert Weichmann.

Auf dem Gipfel des Hochseilers im
September 1978

Extremes Klettern am Großen Drusenturm
(August 1979)

Seilquergang an der Fleischbank-Ostwand im Oktober 1967

Am 29.10.73 von einer versteckten, über Funk...

...gesteuerten Kamera fotografiert: Ilse Stachowiak...

...und Helmut Pohl auf dem Weg zu ihrer Wohnung.

Eva Haule-Frimpong (Jg. 1954)

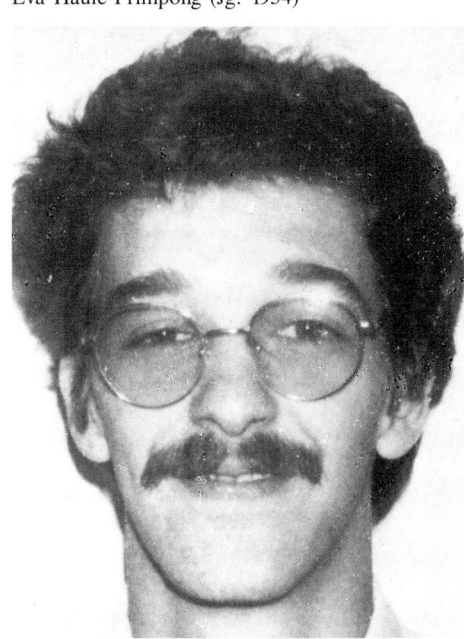

Henning Beer (Jg. 1958)

Inge Viett (Jg. 1944)

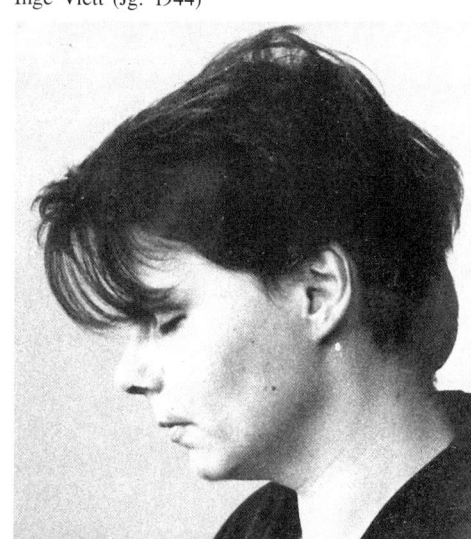

Luis Maria Retolaza,
Erster Innenminister der autonomen baskischen Regierung.

Der Autor mit Luis Maria Retolaza und Eli Galdos im Mai 1982.

Xabier Arzallus,
Vorsitzender der Partido Nacional Vasco.

inke Seite von oben nach unten:

va Haule-Frimpong (Jg. 1954), verhaftet am
8.1986 in Rüsselsheim, 1988 verurteilt zu
5 Jahren Freiheitsstrafe, gehört mit Helmut
ohl zum Führungszirkel der RAF.

enning Beer (Jg. 1958), Mitte 1981 Tren-
ung von der RAF, verhaftet am 18.6.1990 in
eubrandenburg, im Juli 1991 zu 6 1/2 Jahren
reiheitsstrafe verurteilt.

ge Viett (Jg. 1944), Mitglied der »Bewegung
Juni« bis 1979, Trennung von der RAF
83, verhaftet am 12.6.1990 in Magdeburg,
rurteilt im August 1992 zu 13 Jahren Frei-
eitsstrafe.

José Maria Ryan Estrada im Kreise seiner Familie.

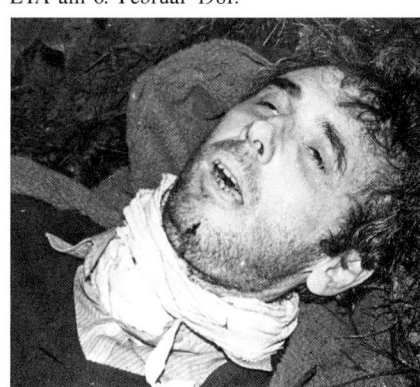

José Maria Ryan Estrada, ermordet von der ETA am 6. Februar 1981.

Interview mit dem palästinensischen Terroristen Adnan Jaber im Dezember 1982.

Interview mit einem Etarra im September 1982.

Afghanistan, die internationalem Recht widerspricht und für keinen von uns akzeptabel ist, gab einflußreichen Kreisen in den USA eine willkommene Gelegenheit, die Furcht vor der Sowjetunion in eine beschleunigte Aufrüstung und in die Kultivierung des kalten Krieges umzumünzen.«

Unter Brandts Präsidentschaft wurden der von Moskau gesteuerte ANC von Südafrika, die SWAPO von Namibia und die »Befreiungsbewegung« von Nicaragua routinemäßig zu den Sitzungen des Präsidiums und zu den Kongressen der SI geladen. Die Vertreter der Sandinistas wurden nach ihrem Sieg in Nicaragua wie Helden gefeiert.

Es ist durchaus möglich, daß Willy Brandt am Ende seines Lebensweges dieses Engagement als Irrweg gesehen hat. In seinem Grußwort an den Kongreß der SI im September 1992, an dem er nicht mehr teilnehmen konnte, heißt es:»Vergeßt nicht: wer Unrecht lange geschehen läßt, bahnt dem nächsten den Weg.«

Die Rechtsposition des Verfassungsschutzes brachte in zwei Fällen Schwierigkeiten für die SPD in Hamburg. Bei dem ersten Fall handelte es sich darum, ob der Verfassungsschutz einem Abgeordneten, der Verbindungen zu einem gegnerischen Nachrichtendienst unterhalten hatte und dennoch in die Parlamentarische Kommission zur Kontrolle des Verfassungsschutzes gewählt werden sollte, Zugang zu geheimen Vorgängen gewähren müsse. Im zweiten Fall ging es um den Entwurf für ein Verfassungsschutzgesetz, durch das dem LfV Hamburg grundsätzlich verboten werden sollte, Erkenntnisse an andere als an staatliche Stellen weiterzugeben.

Nach der Bürgerschaftswahl vom März 1974 kandidierte der Abgeordnete Gerhard Weber für die Funktion des Vorsitzenden der FDP-Fraktion. Damit wäre er automatisch in die parlamentarische Kommission zur Kontrolle der Überwachung des Brief- und Telefonverkehrs gekommen. In der Bürgerschaft war vereinbart worden, daß sich die Mitglieder dieser sogenannten G-10-Kommission denselben Sicherheitskriterien unterwerfen sollten wie die Beamten des Verfassungsschutzes.

Wir hatten über einen Zeitraum von zehn Jahren von mehreren Quellen aus der DKP und aus kommunistischen Tarnorganisationen Erkenntnisse erhalten, nach denen sich Gerhard Weber immer wieder an Volksfrontaktionen von Kommunisten beteiligt hatte. Er war Vorsitzender der sowjetischen Frontorganisation »Gesellschaft BRD-UdSSR« und Aktivist in dem von der DKP gesteuerten »Aktionskomitee gegen Berufsverbote«. Außerdem unterhielt er regelmäßige Kontakte zu Personen des sowjetischen Generalkonsulats, die uns als Offiziere des KGB bekannt waren.

Hans-Ulrich Klose war Innensenator in Hamburg, Hans-Dietrich Genscher noch Bundesinnenminister in Bonn. Beide warnten in internen Gesprächen davor, Gerhard Weber zum Vorsitzenden der FDP-Fraktion in der Hamburger Bürgerschaft zu wählen. In der Abstimmung erhielt Weber dann fünf Stimmen, sein Gegenkandidat Gerhard Moritz Meyer acht Stimmen aus der Fraktion.

Bis dahin war das Gerangel um den Fraktionsvorsitz und den Zugang zu Verfassungsschutzakten geheimgehalten worden. Als es dann in den Zeitungen stand, kam es zum Eklat. Sowohl Judos als auch Jusos warfen der SPD-Spitze vor, den Koalitionspartner am Gängelband zu führen. Angeheizt wurde die Diskussion durch eine Resolution des Landesausschusses der FDP, höchstes Beschlußorgan der Partei in Hamburg, in der Kommunisten als »kritische Demokraten« bezeichnet wurden.

Der Streit um die Begrenzungen des Zugangs zu Geheimvorgängen und die unterschiedlichen Auffassungen über die Beschäftigung von Extremisten im öffentlichen Dienst drohten, die Hamburger Koalition zu sprengen. Bundeskanzler Helmut Schmidt und Hans-Dietrich Genscher, inzwischen Bundesaußenminister, mußten als Vermittler eingreifen. Nach der Sommerpause 1974 reisten SPD-Bürgermeister Peter Schulz, Fraktionschef Ulrich Hartmann und Innensenator Klose sowie zweiter Bürgermeister Dieter Biallas, Landesvorsitzender Hermann-Ferdinand Arning und Fraktionsvorsitzender Gerhard Moritz Meyer von der FDP nach Bonn. Die Koalition wurde gerettet.

Das Verfassungsschutzgesetz für Hamburg stand 1977 an. Es wurde am 14. Februar 1978 verkündet. Eine der für uns entscheidenden Vorschriften war § 6. Danach darf das LfV »seine Erkenntnisse grundsätzlich nicht an andere als an staatliche Stellen weitergeben«. Wir hatten dagegen Bedenken, weil wir dadurch nicht mehr in der Lage waren, der Industrie, der Wirtschaft, den Gewerkschaften und den politischen Parteien in Hamburg die aktuellen Trends der Gefährdung durch extremistische Organisationen und der Bedrohung durch den Terrorismus aufzuzeigen. Gefährdungsanalysen für sicherheitsempfindliche Betriebe schienen nicht mehr möglich. Die Weitergabe von Informationen an die befreundeten Dienste war de jure verboten; bei CIA, beim britischen und beim französischen geheimen Nachrichtendienst handelte es sich zum Glück nicht um deutsche staatliche Stellen.

Die Bürgerschaft beschloß auf Vorschlag der Behörde für Inneres ein Hearing von Verfassungsrechtlern und Staatsrechtlern. Der linke Flügel der SPD-Fraktion und die Liberalen hatten zwei linkslastige Rechtsprofessoren als Gutachter benannt. Ich hatte die Professoren Klaus Stern und Ernst Friesenhahn vorgeschlagen, der eine renommierter Staatsrechtler, der andere der Nestor der deutschen Verfassungsjuristen. Die Mehrheit der Parlamentarier war aber schon so sehr auf den Text des Gesetzentwurfs fixiert, daß auch die überzeugenden Argumente unserer beiden Professoren nicht dazu führten, die Formulierung des § 6 aufzulockern. Im Hinblick auf die Zusammenarbeit mit den alliierten Diensten halfen wir uns mit einer Interpretation. Für uns waren diese Dienste auch »staatliche Stellen« — wenn keine deutschen, so doch Stellen der Staaten, die Bündnispartner der Bundesrepublik waren.

Nach einem Abendessen bei uns zu Hause hatte Professor Friesenhahn ins Gästebuch geschrieben: »In dubio pro libertate.« Ich erzählte später etwas aus dem Bereich des Terrorismus, auch über unsere aktuelle Bedrohungslage. Friesenhahn bat bei der Verabschiedung noch einmal um das Gästebuch. Er strich seine erste Eintragung durch und schrieb nun: »In dubio pro securitate.«

Die Negativeinstellung vieler SPD-Funktionäre zu ihrem Verfassungsschutz ist bis heute geblieben, vergleichbar der Distanz, die man früher zu leprösen Mitbürgern bewahrte. In den von der SPD regierten Bundesländern sind Kontakte zu linksradikalen Außenseiterorganisationen als Ausgangspunkt möglicher Koalitionen akzeptiert. Informationen des für die jeweilige Regierung tätigen »Hilfsinstruments Verfassungsschutz« werden nur zögernd angenommen.

Ein Beispiel aus der Zeit vor der Wiedervereinigung ist Berlin, wo sich Ende 1987 eine Diskussion über die Arbeit des Verfassungsschutzes entwickelte. Die Auseinandersetzung eskalierte schon bald zu einer Kampagne, die alle Anzeichen kommunistischer »aktiver Maßnahmen« trug. Wirkung zeigte sie allerdings erst, als auch demokratische Politiker auf die Plattform sprangen, die von der »Sozialistischen Einheitspartei Westberlin« (SEW) ausgebaut worden war.

Im November 1987 hatte die linksalternative »tageszeitung« (taz) gemeldet, daß die Alternative Liste (AL) vom Verfassungsschutz beobachtet werde. SPD-Sprecher Erich Pätzold erklärte darauf am 30. November im Innenausschuß des Berliner Abgeordnetenhauses, es bestünden Anhaltspunkte, daß auch SPD-Politiker in derartige Überwachungen eingeschlossen seien. Das Organ der SEW, »Die Wahrheit«, nutzte diese Bemerkung schon einen Tag später zu einem längeren Artikel und zu der Forderung, daß die »Bespitzelung von Demokraten« eingestellt werden müsse. Unter Demokraten verstand das Blatt dabei nicht nur die Politiker von SPD und AL, sondern auch die Mitglieder und Funktionäre der SEW. Die »taz« stieß nach und meldete unter der Überschrift »Halb Berlin wird überwacht«, daß nicht nur die AL, sondern auch die SPD und die SEW »mit nachrichtendienstlichen Mitteln ausgespäht« würden.

In einer Sondersitzung des Innenausschusses erklärte Innensenator Wilhelm A. Kewenig (CDU), daß nicht die SPD und die AL Zielobjekte der Operationen des Verfassungsschutzes seien, sondern die kommunistische SEW. Der Verfassungsschutz habe die Aufgabe, Infiltrationsbemühungen der Kommunisten in die demokratischen Parteien zu beobachten und darüber zu berichten. Dazu gehöre selbstverständlich auch die Sammlung von Erkenntnissen darüber, mit welchen demokratischen Politikern die SEW Verhandlungen über Volksfrontaktionen geführt und Absprachen versucht habe.

Die Klarstellungen des Innensenators, dem der Verfassungsschutz untersteht, halfen nicht. Die Urheber der Kampagne sahen in ihnen nur die Bestätigung, daß der Verfassungsschutz tatsächlich die demokratischen Parteien des linken Spektrums ausspähe. Erich Pätzold forderte einen Bericht über die Infiltrationsbemühungen der SEW. Im Hinblick auf die Möglichkeit, diese Analyse später einmal zu veröffentlichen, einigten sich die beteiligten Parlamentarier darauf, daß sich der Verfassungsschutz dabei nur auf allgemein zugängliches Quellenmaterial stützen solle. Nach Studium des Berichtes erklärte Pätzold, daß gegen eine Veröffentlichung nichts einzuwenden sei. Das führte zu unterschiedlichen Reaktionen.

Die Tatsache, daß zahlreiche Aktionsbündnisse zwischen SEW einerseits und SPD sowie AL andererseits nur durch Pressemeldungen belegt wurden, gab der SEW Gelegenheit, den Verfassungsschutz lächerlich zu machen. Ihr Organ »Die Wahrheit« schrieb, es sei ein Skandal, daß zum Beweis »angeblicher Infiltration dem steuerzahlenden Bürger Presseberichte präsentiert werden, die er auch jeden Morgen am Zeitungskiosk hätte kaufen können«. Die damit behauptete Unfähigkeit des Berliner Verfassungsschutzes veranlaßte den SPD-Landes- und Fraktionsvorsitzenden Walter Momper zu der Forderung, die Organisation müsse an Haupt und Gliedern reformiert, ihre Aufgaben eindeutiger festgelegt und eingegrenzt werden.

Auf der anderen Seite warfen die Sozialdemokraten der CDU vor, ein »Anti-SPD-Pamphlet« veröffentlicht zu haben. Hans Jochen Vogel, Bundesvorsitzender der Partei, erklärte, von einer Zusammenarbeit zwischen SPD und SEW zu sprechen, sei »absurd«. Er kennzeichnete es als einen schwerwiegenden Vorgang, »wenn ein Landesverband unserer Partei von einer staatlichen Behörde mit Wissen und Billigung des zuständigen Innensenators in derartiger Weise öffentlich diffamiert« werde.

Daraufhin sah sich auch der Berliner Regierende Bürgermeister Eberhard Diepgen (CDU) gezwungen, in die Diskussion einzugreifen. In einem Brief an den SPD-Fraktionsvorsitzenden Momper schrieb er, daß er eine »kritische Diskussion« über das Landesamt für Verfassungsschutz ausdrücklich begrüße. Zwar müsse man die »Erfahrungen der Berliner Geschichte« berücksichtigen und die Taktik des »Marsches durch die Institutionen« der Kommunisten. Im Hinblick auf Berlin sei aber festzuhalten, »daß verantwortliche Politiker und Vertreter von Verbänden in einer Stadt wie Berlin mit SEW-Mitgliedern zusammenkommen, diskutieren und auch arbeiten müssen, ohne damit sich selbst dem Verdacht verfassungsfeindlicher Aktivitäten auszusetzen«.

Diepgen verkannte offensichtlich, daß Ziel der Operationen des Verfassungsschutzes nicht demokratische Politiker sind, die mit Kommunisten sprechen, sondern die Aufklärung der Methoden kommunistischer Volksfrontpolitik. Er hatte — in einer Art »selbstinfizierter Desinformation« — die Argumente des Gegners übernommen und sich auf dessen Position begeben.

Für die Mitarbeiter des Berliner Verfassungsschutzes blieb erneut die Erfahrung, daß ihr Amt immer wieder als Prügelknabe im parteipolitischen Gezänk genutzt wurde und daß sie selbst als »Schnüffler« und «Spitzel» diffamiert wurden. Wieder einmal waren sie und ihr Amt Objekt eines kommunistischen Desinformationsmanövers. Nicht die Strategie und Taktik des Gegners und die Leichtgläubigkeit demokratischer Politiker wurden kritisiert, sondern diejenigen, die — entsprechend ihrem gesetzlichen Auftrag — darüber zu berichten hatten. Das erinnert an die Zeiten, in denen die Überbringer schlechter Nachrichten geköpft wurden.

Verfassungsschutz, Extremisten-
beschluß und Datenschutz

Die Schwächung unserer Position und die Zurückhaltung von Gewerkschaften und Sozialdemokratie, die Ende 1972/Anfang 1973 begann, hing sicherlich zusammen mit der Diskussion um den sogenannten Extremistenbeschluß.

Initiator der Überlegungen, die zu dieser Deklaration führten, war Heinz Ruhnau. Seine Verfassungsschützer hatten ihn über jede Phase der Entwicklung, die 1968 begonnen hatte, orientiert. Als der studentische Protest und die APO nach Verabschiedung der Notstandsgesetze im Bundestag zusammengebrochen waren, hatten zahlreiche Mitglieder und Funktionäre der DKP und der dogmatischen Neuen Linken Zugang zum öffentlichen Dienst gefunden, vor allem im Erziehungsbereich. Der Marsch der Neuen Linken durch die Institutionen hatte begonnen. Darüber hinaus waren mehrere schon als Lehrer beschäftigte Beamte in die sich etablierende NPD eingetreten.

Die Neue Linke führte sowohl die politische als auch die wissenschaftliche Analyse zu völlig neuen Überlegungen. Viele Beobachter erkannten die Umschichtungen und die daraus folgenden Konsequenzen erst, als es zu spät war, d.h. als aus Teilen der Neuen Linken der Terrorismus der RAF und der »Bewegung 2. Juni« gewachsen war.

Im Gegensatz zu der erlernbaren Weltanschauung des »wissenschaftlichen Sozialismus« über die Lehrbücher von Marx, Engels und Lenin, repräsentiert die Neue Linke kein Wissen, sondern ein radikales dialektisches Denken. Dieses Denken benutzt Begriffe und Inhalte des orthodoxen Marxismus-Leninismus und bewegt sich auch in den Kategorien des historischen Materialismus, aber es bietet keine zusammenhängende Lehre wissenschaftlichen oder pseudowissenschaftlichen Charakters. Das Selbstverständnis der Neuen Linken sträubt sich gegen eine solche Verfestigung des Denkens. Seine Anhänger lehnen eine disziplinierte Organisation im Grundsatz ab.

127

Hier zeigt sich, daß die Wurzeln der heutigen linksextremistischen Autonomen bis in die Anfangsjahre der Neuen Linken zurückreichen.

Hauptbewegungsmittel des Denkens der Neuen Linken sind Kritik und Emotion. Die Kritik an der Gesellschaft ging voraus; die daraus folgende Emotion verstärkte sich und wurde ein selbständiger Faktor innerhalb der diffusen Organisationen.

Wesentlich für die neuen Imaginationen von Revolution, Sozialismus und dem Ende aller Herrschaft war die Tatsache, daß sie nicht getragen wurden von Gezeichneten einer materiellen Notlage, sondern von jungen Mitgliedern einer Wohlstandsgesellschaft, die selbst noch nicht in den Prozeß von Produktion und Konsum einbezogen worden waren.

Die Neue Linke in der Bundesrepublik war mit ähnlichen Bewegungen in den USA und in anderen westeuropäischen Ländern verbunden durch die Empfindung einer gemeinsamen Grundströmung, nämlich die schnelle und irreversible Veränderung der geistigen und materiellen Welt durch den wissenschaftlich-technischen Fortschrittsprozeß.

Zbigniew Brzezinski stellte in seinem Buch »Between two ages« im Jahre 1970 dazu fest, »daß einige der jüngsten Revolten der sogenannten Neuen Linken von Leuten geführt worden sind, die in der zukünftigen technologisch-elektronischen Gesellschaft keine Rolle spielen werden. Ihre Reaktion ist der Ausdruck sowohl der bewußten als auch — was noch wichtiger ist — der unbewußten Erkenntnis, daß sie selbst historisch überflüssig werden.« Die französische Wochenzeitung »L'Express« bezeichnete die Studentenrevolte vom Mai 1968 in Paris als eine »Ehe zwischen Poesie und Dogmatismus«. Erst als die Rebellion zusammenbrach — mitverursacht durch die Weigerung der Kommunistischen Partei, sich an ihr zu beteiligen — äußerte sich das Magazin zu den Motiven der Studenten. »L'Express« meinte, daß die »Kinder von Marx und Coca Cola« weniger beunruhigt gewesen seien über Vietnam, als über den Beginn des Computerzeitalters.

Die Frage nach dem Sinn des Ganzen ließ bei den jungen Leuten die Frage nach dem Sinn ihrer Einordnung in das Ganze und damit nach dem Sinn ihrer Existenz wach werden. Diese Frage stellte sich nicht intellektuell, sondern häufig nur untergründig und rief damit einen unbestimmten Reflex von Lebensangst hervor. Die sittlich-kulturelle Entwicklung war gegenüber den materiellen Fähigkeiten des Menschen zurückgeblieben.

Das Denken und die Aktionen der Neuen Linken haben den modernen Säkularisierungsprozeß ungeheuer beschleunigt. Die Autorität von Meinungen, Dogmen und Institutionen wurde schnell in diesen Prozeß hineingezogen. Das Denken in radikalen und absoluten Kategorien breitete sich aus. Die deutsche, von Wilhelm von Humboldt geschaffene Universität wurde zerstört, nachdem ihre Idee im Massenbetrieb der Lehre und in einer Vielzahl spezieller Fächer und trotz »studium generale« bereits erstickt war. Sogar die katholische Kirche war in ihrer Eigenschaft als geschlossene Institution bedroht. Die evangelische Kirche vermochte ihr Selbstverständnis nicht mehr zu sichern. Der Prozeß zeigte sich in Zerfall und Zerstörung. Die Spannung zwischen den beiden Grundtendenzen der Epoche vertiefte sich. Auf der einen Seite baute man eine höchst differenzierte elektronische Industrie- und Freizeitwelt auf, die Disziplin erforderte; auf der anderen Seite wuchs der Wunsch nach Befriedigung individueller Bedürfnisse. Die Industriewelt — getragen sowohl vom Kapital als auch von den Arbeitern — überlebte.

Ideologische Ohnmacht ist jedoch nicht gleichzusetzen mit Folgenlosigkeit. Das weitgehend unfixierte Denken der Neuen Linken drang damals überall in die Gesellschaft ein. Es rief Wirkungen hervor, veränderte sich aber auch selbst. Revolutionäre Akteure nutzten die neue Ideologie, um Institutionen anzugreifen, die Gesetze und Freiheit verbürgten, mit dem Versuch, sie zu zerstören.

Die Generation der Achtundsechziger hat die Institutionen des Staates und der Industriewelt nicht zerstören können. Sie hat aber die Gesellschaft verändert. Den bis dahin wirksamen Zusammenhalt und die Unversehrbarkeit der Familie hat sie zerbrochen, irreparabel für die nächsten Jahrzehnte. Die Auflösung des Familienverbandes droht jetzt die Kohäsion der Gesellschaft in Frage zu stellen.

Bund, Länder und Kommunen standen dieser Offensive damals weitgehend ratlos gegenüber. Die Einstellungsbehörden mißachteten in wachsendem

Maße das geltende Beamtenrecht und stellten Bewerber ein, ohne zu überprüfen, ob sie sich — wie es in § 35 des Beamtenrechtsrahmengesetzes heißt — durch ihr »gesamtes Verhalten zu der freiheitlich demokratischen Grundordnung im Sinne des Grundgesetzes bekennen und für deren Erhaltung eintreten« würden. Diese Treuepflicht von Angehörigen des öffentlichen Dienstes gegenüber dem Staat ist einer der hergebrachten Grundsätze des Berufsbeamtentums, die nach ausdrücklicher Regelung in Artikel 33 Absatz 5 des Grundgesetzes für das Recht des öffentlichen Dienstes verbindlich sind.

Am 14. Oktober 1971 beauftragte die Ministerpräsidentenkonferenz in Kiel die Innenminister des Bundes und der Länder, eine schriftliche Stellungnahme zu den Sach- und Rechtsfragen der Verfassungstreue von Angehörigen des öffentlichen Dienstes vorzulegen. Die Innenminister des Bundes und der Länder beauftragten eine Arbeitsgruppe zum Entwurf praktikabler Vorschläge. Der Arbeitsgruppe gehörten an: zwei Herren aus dem BMI, darunter Dr. Siegfried Fröhlich, damals noch Ministerialdirektor, später Staatssekretär, je ein leitender Beamter aus dem Innenministerium von Nordrhein-Westfalen und von Schleswig-Holstein und ich. Wir erarbeiteten eine Beschlußvorlage, die auch eine — beispielhafte — Aufstellung von verfassungsfeindlichen Organisationen enthielt, darunter die DKP und einige Organisationen des orthodoxen Kommunismus, einige Organisationen der Neuen Linken, die NPD und einige Gruppen der extremen Rechten. In der Empfehlung hieß es u.a.: »Bewerber für den öffentlichen Dienst, die verfassungsfeindlichen Organisationen angehören oder Bestrebungen mit verfassungsfeindlichen Zielen unterstützen, dürfen nicht eingestellt werden.«

Siegfried Fröhlich und ich waren uns von Anfang an einig, daß eine Einzelfallüberprüfung zu viele Angriffsflächen bieten würde. Man durfte der kommunistischen Agitation nicht die Chance geben, jeden Kandidaten durch die Schilderung individueller Lebensabläufe in eine Märtyrerposition zu überhöhen. Die bloße Mitgliedschaft in einer verfassungsfeindlichen Organisation mußte ausreichen, den Bewerber vom öffentlichen Dienst auszuschließen. Die eidesstaatliche Versicherung, keiner der jeweils aufgelisteten verfassungsfeindlichen Organisationen anzugehören, sollte zur Vermutung der Verfassungstreue führen.

Wir waren mit unserer Ausarbeitung rechtzeitig fertig. Am 28. Januar 1972 beschlossen der Bundeskanzler und die Regierungschefs der Länder, daß Bewerber für den öffentlichen Dienst, die verfassungsfeindlich tätig waren oder zu einer Organisation gehörten, die verfassungsfeindliche Ziele verfolgte, nicht eingestellt werden sollten.

Dieser Beschluß setzte kein neues Recht. Er war ein Appell an die Behörden, die Beamtengesetze zu beachten. Er bekundete die Entschlossenheit der Regierungschefs, Feinde der Verfassung nicht zum öffentlichen Dienst zuzulassen.

In einem Punkt waren die Regierungschefs unserer Empfehlung allerdings nicht gefolgt. Sie hatten expressis verbis vermerkt, daß jeder Einzelfall für sich geprüft und entschieden werden müsse.

Dadurch entwickelte sich eine Vielzahl von Verwaltungsstreitverfahren, angestrengt von Bewerbern, denen man die Einstellung in den öffentlichen Dienst versagt hatte. Es kam zu einer Umkehrung der Beweislast. Nicht der Bewerber mußte nachweisen, daß Zweifel an seiner Verfassungstreue unbegründet waren. Der Staat mußte belegen, daß der Kandidat ein Verfassungsfeind war. Das setzte die DKP, die SED, die KPdSU und die von ihr geführten westeuropäischen kommunistischen Parteien in die Lage, eine Kampagne zu starten, die in dem Vorwurf gipfelte, in der Bundesrepublik würden »Berufsverbote« praktiziert. Das Wort »Berufsverbote« wurde — wie die deutschen Wörter »Kindergarten« und »Leitmotiv« — vorübergehend Teil des internationalen Sprachschatzes und zum Popanz und beliebten Thema der Medien.

Hauptangriffsobjekt waren nicht die Einstellungsbehörden, sondern die Ämter für Verfassungsschutz, weil diese die Informationen lieferten, anhand derer die Administration in die Prüfung der jeweiligen Einzelfälle eintrat. Dabei wurden einige Ungenauigkeiten, mangelnde Beweismöglichkeiten und auch Ungeschicklichkeiten des Verfassungsschutzes verallgemeinert, um das System der Überprüfung als Ganzes anzugreifen. Einige Gerichtsentscheidungen führten dazu, daß sich die Einstellungsvorgänge wieder auf den Zustand zurückentwickelten, den der Extremistenbeschluß verhindern wollte.

Das Ergebnis war, daß in vielen Fällen ein kommunistischer Bewerber gegenüber einem gleichqualifizierten Kollegen bessere Chancen zur Einstellung in den öffentlichen Dienst hatte, nur weil die Einstellungsbehörden den Eindruck vermeiden wollten, sie würden eine Ablehnung wegen bestimmter politischer Aktivitäten aussprechen. Die Verfassungsschutzbehörden hatten — ihrem Auftrag folgend — nur die Informationen zu liefern, die für die Einstellungsentscheidungen gebraucht wurden. An den Entscheidungen selbst waren sie nicht beteiligt. Trotzdem wurden sie mehr und mehr in die Kategorie von Hexenjägern eingeordnet. Darunter litt die operative Arbeit.

Damals begannen einige Politologen, die Beamten der Polizei als Sozialingenieure zu bezeichnen. Sie forderten, daß der Dienst der Polizei sich stärker als bisher auf sozialtherapeutische Maßnahmen orientieren müsse. Es war die Epoche, in der man begann, die Schuld des Täters durch das Suchen nach Fremdursachen zu relativieren. Für polizeiliche Prävention blieb nur wenig Raum. Der Staat begegnete dem Anspruchsdenken des Konsumenten mehr und mehr nur noch als Dienstleistungsbetrieb.

Der Verfassungsschutz geriet aufs Abstellgleis. Vom Angebot seiner Dienstleistungen machte man nur noch selektiv Gebrauch: An Informationen über rechtsextremistische Bestrebungen und über terroristische kriminelle Vereinigungen bestand Interesse; Spionage für die Sowjetunion und ihre Satelliten bewertete man nur noch als Kavaliersdelikt; Informationen über linksextremistische Gruppierungen waren nicht mehr gefragt.

Politik sollte in ihrer Essenz mit Diskretion gehandhabt werden. Zur Politik gehören auch ihre Hilfsinstrumente, die ihr Entscheidungsstützen geben sollen, z.B. der Verfassungsschutz. Anfang der siebziger Jahre verstärkten sich die Forderungen, gerade diesen Bereich transparent zu machen. Die Behörden des Verfassungsschutzes mußten dieser Tendenz Rechnung tragen.

Ich erinnere mich noch lebhaft an eine langdauernde Diskussion innerhalb der Verfassungsschutzbehörden Mitte der siebziger Jahre, ob bei dem »Nachrichtendienstlichen Informationssystem« (NADIS) die sogenannte »Verarbeitungsstufe 3«, d.h. die Textverarbeitung, eingeführt werden sollte oder nicht. Die Verfassungsschützer hatten in weiser Selbstbeschränkung auf Textzusätze verzichtet. Von Datenschutz war noch keine Rede. Der

Grund für die Beschränkung auf die unmittelbaren Personendaten und auf ein Aktenzeichen war, dem Sachbearbeiter vor Ort (z.B. Hamburg fragt im Computer an, der Vorgang liegt in Bayern) die Möglichkeit der Prüfung zu geben, bevor er Erkenntnisse weitergeben sollte. Fragen des Quellenschutzes können nur von der Verfassungsschutzbehörde geklärt werden, die die Information, um die es geht, gespeichert hat. Außerdem kann in der Regel nur der den Fall bearbeitende Beamte wissen, ob in der Zwischenzeit nicht entlastende Informationen eingegangen sind, die vielleicht noch nicht in NADIS eingespeichert wurden. Schließlich bleibt die Möglichkeit unterschiedlicher Bewertung für die Verwendung der vorliegenden Erkenntnisse; der speichernden Stelle muß vorbehalten bleiben, bei der anfragenden Stelle rückzufragen, wozu die erbetene Information benötigt wird.

Als Richard Meier am 15. September 1975 das Bundesamt übernahm, eskalierte die Diskussion. Auf einer der Tagungen der Amtsleiter, die alle sechs Wochen stattfanden, drängte das BfV, daß nicht nur die Aktenzeichen, sondern alle Informationen über die in NADIS festgehaltenen Personen im Computer gespeichert und für diejenigen, die Zugang zu NADIS hatten, verfügbar sein müßten.

Hamburg war dagegen. Ich argumentierte, daß dieses an George Orwell »1984« erinnern müsse. Eine derartige Erweiterung des Systems könne nicht verborgen bleiben. Die daraus folgende Diskussion würden wir in einer Zeit, in der nach mehr Transparenz und Kontrolle des Verfassungsschutzes gerufen werde, nicht durchstehen. Richard Meier meinte: »Jupp, Du bist zivilisationsfeindlich.«

Es blieb dennoch bei einer bloßen Hinweiskartei.

Als der Datenschutz zu einer Lieblingsbeschäftigung progressiver Politiker geworden war, erkannten auch die anderen Kollegen, daß wir uns ins Abseits gestellt hätten, wenn die Einzeldaten der von uns beobachteten Personen in den Computer aufgenommen worden wären.

Die Datenschutzbeauftragten sind nicht die Georgsritter der Persönlichkeitsrechte, die in glänzender Rüstung einen heldenhaften Kampf zur Rettung der Menschenwürde führen. Die Verfassungsschutzbehörden sind keine datengierigen Big-Brother-Institutionen, die Erkenntnisse über Mitbürger als Herrschaftswissen speichern, um Herrschaftspositionen besetzen zu können.

Es ist richtig, daß die geheimen Nachrichtendienste von Informationen leben. Die Sammlung von Erkenntnissen, Nachrichten und Unterlagen ist wesentlicher Teil ihres gesetzlichen Auftrags. Was die Weitergabe der Informationen angeht, so sind die Nachrichtendienste von ihrer eigenen Natur her die besten Datenschützer. Ganz abgesehen von der inzwischen in allen Verfassungsschutzgesetzen getroffenen Einschränkung der Erkenntnisweitergabe blockierte das eigene Selbstverständnis der Dienste schon seit jeher die unaufgeforderte Übermittlung von Nachrichten an andere Stellen, insbesondere in den Fällen, in denen es sich um personenbezogene Daten handelte. Im Bereich des sogenannten »Extremistenbeschlusses« sind die Verfassungsschutzbehörden stets nur auf Weisung tätig geworden und haben die betreffenden Erkenntnisse stets nur auf Anforderung weitergegeben. Die daraus resultierende Agitation gegen den Verfassungsschutz richtete sich deshalb in Wahrheit auch nicht gegen die Ämter, sondern gegen den Staat selbst und seine Sicherheitsbedürfnisse. Diese Agitation ist nach wie vor eine Art Hintergrundmusik auch für die Diskussion des Problems »Verfassungschutz und Datenschutz«.

Aufgabe des Datenschutzes ist es, durch den Schutz personenbezogener Daten vor Mißbrauch bei ihrer Speicherung, Übermittlung, Veränderung und Löschung der Beeinträchtigung schutzwürdiger Belange der Betroffenen entgegenzuwirken. So heißt es in allen Datenschutzgesetzen. Diese Gesetze schützen allerdings nur die personenbezogenen Daten, die von Behörden oder sonstigen öffentlichen Stellen in Dateien gespeichert, verändert, gelöscht oder aus Dateien übermittelt werden. Nicht umfaßt von diesem Datenschutz sind die computerisierten Archive etwa von Detektiv-Agenturen oder von Zeitungsverlagen wie beim »Spiegel« oder beim »Stern«. Bei Mißbrauch von Erkenntnissen aus solchen Dateien bleibt dem Betroffenen nur der mühsame zivile Rechtsweg, gegebenenfalls eine Strafanzeige bei den staatlichen Ermittlungsbehörden. Eine den staatlichen Datenschutzbeauftragten vergleichbare Funktion gibt es in diesem Bereich nicht. Die Möglichkeiten des Presserates beschränken sich auf schwache Abmahnungen, die gegenüber den Kontrollrechten der staatlichen Datenschützer kaum ins Gewicht fallen.

Dr. Gerhard Bucerius, der damals noch Anteile beim »Stern« hatte, erzählte mir Mitte der siebziger Jahre, daß der Verlag Gruner + Jahr über ein Archiv verfüge, das sowohl in seiner technisch-elektronischen Ausstattung als auch in der Quantität seiner Erkenntnisse jeden Vergleich mit den Dateien der Nachrichtendienste aushalte. Im Archiv des »Stern« seien 65 akademisch gebildete Mitarbeiter beschäftigt.

Im Jahre 1975 erhielten wir eine Information, nach der die IV. Internationale — die trotzkistischen Kommunisten, die ihr Hauptquartier in Brüssel hatten — eine Kampagne gegen den damaligen Bundeskanzler Schmidt vorbereitete. In der Agitation sollten auch Details aus dem Privatleben des Kanzlers verwandt werden. Die Trotzkisten wollten dazu an die Archivunterlagen des »Stern« herankommen. Um das zu verhindern, setzten wir uns mit der Geschäftsleitung in Verbindung. Dort wurde uns gesagt, im Grunde könne nicht verhindert werden, daß einige im Archiv beschäftigte Sympathisanten der IV. Internationale die »Personalakte Schmidt« kopieren und nach draußen geben würden. Die von uns vorgeschlagene Ausweichmöglichkeit, die Geschäftsleitung selbst möge die Akte an sich und damit praktisch »aus dem Verkehr« ziehen, wurde verworfen. Eine solche Maßnahme, so erklärte man, sei so ungewöhnlich, daß sie zu nachhaltigen Fragen und letztlich zu Unruhe im Betrieb führen müsse. Wir fanden dann einen anderen Weg, den Zugang der Trotzkisten zum »Stern«-Archiv zu blockieren.

Der Datenschutz beansprucht die Kontrolle aller personenbezogenen Daten, gleichgültig, ob diese im NADIS-Computer, in Handkarteien oder in Akten festgehalten sind. Der Verfassungsschutz will die Kontrolle auf Daten beschränkt wissen, die in Dateien gespeichert sind, d.h. auf Sammlungen von Daten, die nach bestimmten Merkmalen erfaßt und geordnet und nach anderen bestimmten Merkmalen umgeordnet und ausgewertet werden können; entsprechend dem Gesetzestext gehören Akten und Aktensammlungen nur dann zu Dateien, wenn sie durch automatisierte Verfahren umgeordnet und ausgewertet werden können. Der Datenschutz macht geltend, daß nur bei Kontrolle aller Daten ein wirksamer Datenschutz gewährleistet sei. Der Verfassungsschutz beruft sich auf den Wortlaut des Gesetzes und führt aus, daß durch die Datenschutzvorschriften nur der Dateienmißbrauch, nicht aber der Datenmißbrauch verhindert werden solle; Personendaten außerhalb von Dateien seien durch die allgemeinen Persönlichkeitsrechte geschützt.

In Konsequenz ihrer Ausgangsposition fordern die Datenschützer dann die Einsicht in alle Akten des Verfassungsschutzes, auf die durch ein Aktenzeichen im Zusammenhang mit einer in NADIS gespeicherten Person hingewiesen ist.

Wie erwähnt ist NADIS, im Gegensatz zu den meisten elektronischen Informationssystemen, nur eine Hinweisdatei, d.h. gespeichert werden nur Name, Geburtstag, Geburtsort und Wohnsitz von Personen sowie Aktenzeichen als Hinweis auf Fundstellen für Vorgänge, in denen Erkenntnisse über die betreffenden Personen festgehalten sind. Ein Außenstehender und selbst der Beamte des Verfassungsschutzes am Bildschirm kann aus dem, was auf dem Terminal des NADIS-Computers erscheint, keine Erkenntnisse über politisch-extremistische Aktivitäten oder nachrichtendienstliche Verhaltensweisen der betreffenden Personen entnehmen. Er weiß noch nicht einmal, ob das Aktenzeichen im Computer auf belastende oder entlastende Informationen hinweist.

Aus dieser Besonderheit der elektronischen Datenverarbeitung im Verfassungsschutz folgern die Datenschutzbeauftragten in der Regel, daß ihnen Einblick in den gesamten Inhalt der Akten gegeben werden müsse, auf die in NADIS hingewiesen ist. Die Verfassungsschützer halten dem entgegen, daß ein Akteneinsichtsrecht nur insoweit vorliege, als ein Zusammenhang mit dateigespeicherten Personendaten bestehe; nur die Akte und gegebenenfalls der Teil der Akte, der damit zusammenhänge, sei vorzulegen, u.U. nur ein Vorgang aus einer solchen Akte, der die Notwendigkeit der Speicherung belege.

Die mit Hilfe der Akteneinsicht wahrgenommenen Kontrollrechte der Datenschützer haben in Einzelfällen die Qualität der Eingriffsmöglichkeiten von Aufsichtsbehörden des Verfassungsschutzes erreicht. In einem Landesamt für Verfassungsschutz in Süddeutschland z.B. war eine Person gespeichert, die — nach Aktenlage — einen Aufruf der »Liga gegen den Imperialismus« unterschrieben hatte. Dies wurde ihr während eines Einstellungsgesprächs in der Behörde, bei der sie sich beworben hatte, vorgehalten. Statt dies dort richtigzustellen, wandte sie sich an den zuständigen Datenschutzbeauftragten mit der Behauptung, sie habe nicht gewußt, daß es sich bei der »Liga gegen den Imperialismus« um eine verfassungswidrige Organisation gehandelt habe und den Aufruf nur unterschrieben, weil er für den Frieden eingetreten sei. Der Datenschutzbeauftragte verlangte darauf die Löschung der Eintragung über diese Person in NADIS.

Nun betreibt der Verfassungsschutz in der Regel keine Motivforschung. Im Gegensatz zur Staatsanwaltschaft registriert er entlastende Momente nur dann, wenn sie ihm ohne weiteres zugänglich werden. Die Hinterfragung von Motiven für Verhaltensweisen, die Anlaß für eine Speicherung im NADIS waren, führt letztlich dazu, daß die Datenschutzbeauftragten eigentlich auch befugt sein müßten, die Frage zu prüfen, ob eine bestimmte Organisation zu Recht vom Verfassungsschutz als verfassungswidrig angesehen werde und damit als Beobachtungsobjekt zu gelten habe.

Diese Schlußfolgerung ist nicht so aberwitzig wie sie prima facie erscheinen mag. Professor Dr. Bull, jetzt Innenminister in Schleswig-Holstein, erklärte in einem Aufsatz, der in dem Band »Verfassungsschutz und Rechtsstaat« 1981 veröffentlicht wurde, die Observation einer Person durch den Verfassungsschutz sei rechtswidrig, wenn sie nur dazu diene festzustellen, ob der Betreffende Funktionär einer verfassungsfeindlichen Organisation sei.

Die Prüfung des Finanzgebarens der Verfassungsschutzämter, die den jeweiligen Rechnungshöfen obliegt, geht nicht so weit, daß die betreffenden Beamten die Berechtigung von Honorarzuweisungen an geheime Mitarbeiter der Ämter klären können, und zwar weder dem Grunde noch der Höhe nach. Sie prüfen nur, ob die Zahlungen tatsächlich erfolgt sind. Ebensowenig sind die Datenschutzbeauftragten dafür zuständig zu prüfen, ob die Beobachtung einer Person oder gar einer Organisation berechtigt ist oder nicht. Ihre Befugnis beschränkt sich auf die Frage, ob die Eintragung selbst und gegebenenfalls ob die Verwendung der Eintragung berechtigt war oder ist. Anderenfalls müßten die Datenschützer auch berechtigt sein, bei Einsichtnahme in staatliche Krankenunterlagen über die Richtigkeit von Diagnose und Therapie zu befinden. Sie hätten damit die Funktion von Ombudsmännern. Das aber haben sie gerade nicht.

Nun ist in diesem Zusammenhang darauf hingewiesen worden, daß aus rechtsstaatlichen Gründen nicht hingenommen werden könne, wenn Erkenntnisse, die vielfach unter Anwendung nachrichtendienstlicher Mittel beschafft worden seien, an andere staatliche Stellen allein unter der unbestimmten Voraussetzung der »Erforderlichkeit« weitergegeben würden. Das Bremische Verfassungsschutzgesetz enthalte demgegenüber spezielle Restriktionen, die beispielhaft seien und zur Übernahme empfohlen würden. Dem muß man erwidern, daß es hier nicht um Verfassungsschutzgesetze, sondern um Datenschutzgesetze geht. Nur in diesen ist von »Erforderlichkeit« die Rede. Im übrigen ist das Bremische Verfassungsschutzgesetz nichts anderes als der blankgeputzte Stern eines Sheriffs, der sich zur Ruhe gesetzt hat, ein Aushängeschild, hinter dem sich erzwungenes Nichtstun verbirgt.

Die Voreingenommenheit gegenüber der Anwendung nachrichtendienstlicher Mittel ist sicherlich einer der Gründe, weshalb Maßnahmen des Verfassungsschutzes mit der Briefwaage gewogen werden, während man den Eingriffsmöglichkeiten anderer staatlicher Stellen weitaus weniger kritisch gegenübersteht. Im Bereich der Amtshilfe hat das bis hin zu der Forderung geführt, dem Verfassungsschutz generell das Recht auf Weitergabe seiner Erkenntnisse abzusprechen — so als ob der Verfassungsschutz nur als Archiv zur Fertigung von Analysen zum eigenen Gebrauch errichtet worden sei.

Dies zeigt aber auch, daß die Diskussion zwischen Verfassungsschutz und Datenschutz weit mehr von politisch-klimatischen Gegebenheiten beeinfußt ist, als dies aus den unterschiedlichen Rechtspositionen zu erklären wäre. Auch bei einigen Politikern, die für die innere Sicherheit verantwortlich waren, fand der Verfassungsschutz wenig Unterstützung. Hans-Dietrich Genscher reagierte als Innenminister auf Pannen im Verfassungsschutz in der Regel mit einer öffentlichen Schelte. Im Innenverhältnis bügelte er das dann wieder glatt, indem er den Etat erhöhte und für mehr und besser dotierte Stellen sorgte. Gerhart Baum nutzte schon wenige Monate nach der Amtsübernahme seine neue Position, um sich als unerschrockener Streiter für eine liberale Demokratie zu profilieren. Er bestellte zwei Journalisten des »Stern« in seinen Urlaubsort in Oberitalien und übergab ihnen einen Bericht über das Bundeskriminalamt, den eine Kommission seines Hauses nach mehrmonatiger Untersuchung fertiggestellt hatte. Dieser Bericht enthielt Vorschläge, verschiedene Datenbänke, die im BKA angelegt waren, wieder aufzulösen. Der Chef des BKA, Dr. Horst Herold, kannte weder Bericht noch Vorschläge. Er fand sie eine Woche später abgedruckt im

»Stern«, und zwar unter dem Titel »Ein Mann räumt auf«. Besser hätte der Titel gepaßt »Ein Mann räumt ab«.

Diese Entwicklung schlug durch auf die Dienste. Tendenzen, sich abzusichern, nahmen zu. Unsicherheit griff um sich. Vor die Alternative zwischen Aktion und Protektion gestellt, entschieden sich immer mehr Mitarbeiter dafür, sich nicht verwundbar zu machen. Was konnte man auch anderes von einer Organisation erwarten, deren Chefs ein Drittel ihrer Arbeitszeit dafür aufwenden mußten zu rechtfertigen, weshalb sie und ihre Mitarbeiter ihre Pflicht taten.

Die Schutzlosigkeit des Verfassungsschutzes wurde exemplarisch nach einer Sendung, die das Magazin »Panorama« des Norddeutschen Rundfunks am 14. April 1975 verbreitete. In dem Beitrag wurde behauptet, Ulrich Schmücker, ein ehemaliges Mitglied der terroristischen »Bewegung 2. Juni«, der von seinen früheren Freunden im Berliner Grunewald ermordet worden war, sei ein V-Mann des Verfassungsschutzes gewesen und habe von dieser Behörde keine ausreichende Protektion erfahren.

Der »Stern« stieß nach in zwei Artikeln vom 2. November 1978 und vom 15. März 1979. Er erhob den Verdacht, daß der Zeuge Bodeux, der die Mörder von Ulrich Schmücker belastete, eben falls ein V-Mann des Verfassungsschutzes gewesen sei und daß deshalb »möglicherweise ein Kontaktmann des Verfassungsschutzes an der Ermordung eines Menschen mitgewirkt hätte«.

Den Gipfel brachte die »Panorama«-Sendung vom 19. Juni 1979. In ihr wurde in vorsichtigen Konjunktiven und belegt mit einer getürkten Liste von angeblichen Observanten behauptet, ein geheimer Mitarbeiter des Verfassungsschutzes (Bodeux) habe sich an dem Mord an Ulrich Schmücker beteiligt; die Vorbereitungen zum Mord seien dem Verfassungsschutz bekannt gewesen; eine Observationsgruppe sei in der Nähe gewesen und habe den Mord nicht verhindert.

Der Verfassungsschutz also als eine »Mörder GmbH«! Diesem Vorwurf von »Panorama« und »Stern« haben die verantwortlichen Politiker nicht widersprochen.

Verfassungsschutz und Presse

Als ich das LfV in Hamburg übernommen hatte, bemühte ich mich, den Verfassungsschutz aus dem Geheimdienstnebel herauszuführen und die Verbindungen zur Presse zu verbessern. Ich nahm alte Beziehungen wieder auf und versuchte, neue Kontakte zu knüpfen. Paul-Otto Vogel, Pressesprecher des Senats, half mir dabei.

Wir organisierten Zusammenkünfte von zwölf bis fünfzehn Journalisten bei uns in der Wohnung an der Außenalster. Einige Abteilungsleiter und Referenten des Amtes beteiligten sich. Maria kochte. Zum Essen wurde ein trockener Wein aus der Pfalz gereicht — Ruppertsberger Reiterpfad oder Forster Schnepfenflug.

Noch vor dem Essen gab ich ein Briefing. Ich berichtete über Tendenzen im Linksextremismus oder im Rechtsextremismus — je nachdem, welche Schwerpunkte sich gebildet hatten —, und ich erläuterte aktuelle Fälle gegnerischer Spionage. Später, etwa nach 1972, kamen Hintergrunderkenntnisse über den Terrorismus hinzu, der in der Berichterstattung der Medien einen immer größeren Stellenwert einnahm.

Die Wohnung war so groß, daß sich nach dem Essen kleine Gruppen bilden konnten, in denen man die Themen weiter diskutierte. Das Ganze dauerte in der Regel bis spät in die Nacht. Die Veranstaltungen wurden zu einer Übung, die sich etwa zweimal im Jahr wiederholte und das Verhältnis zur Presse etwas entspannten.

Während der Zusammenkünfte und bei zahlreichen Einzelgesprächen hatte ich den Medienleuten immer wieder gesagt, daß ich diese Kontakte nicht nur aus persönlicher Zuneigung oder aus Freude an Gästen pflegen würde, sondern auch, um die Reputation des Verfassungsschutzes zu stärken. Ich könne und wolle zwar nicht verhindern, daß ein Negativ-Artikel über unsere Institution gedruckt werde, wenn eine Panne im nachrichtendienstlichen Metier geschehen sei. Dankbar wäre ich allerdings, wenn man mir in solchen Fällen eine Vorwarnung — etwa drei Tage vor dem Erscheinen der Meldung — geben würde.

Hermann Zolling, der 1971 mit Heinz Höhne das BND-Buch »Pullach intern« geschrieben hatte, hielt die Verwirklichung solcher Vorstellungen für utopisch. Er sagte mir während eines dieser Pressegespräche: »Hören Sie: Ihre Frau hat für meine Kollegen und mich gekocht; der Wein, den Sie gegeben haben, ist ausgezeichnet; und morgen früh wird Ihre Frau auch noch das Klo, das wir benutzt haben, putzen müssen. Das alles aber nützt nichts. Unter Ihren Gästen gibt es mindestens drei Leute, wahrscheinlich sogar fünf, die Sie bei erster Gelegenheit in die Pfanne hauen werden, wenn das die Veröffentlichung eines Artikels über den Verfassungsschutz notwendig machen sollte.«

Die ersten Erfahrungen kamen allerdings nicht aus Fällen, in denen man sich direkt verschaukelt vorkommen mußte, sondern aus Unhöflichkeiten. Im Mittelpunkt stand Manfred Hentschel, »Spiegel«-Mann wie Hermann Zolling und Heinz Höhne.

Ich hatte am Samstag, dem 26. Februar 1977, einige Journalisten mit Kollegen von befreundeten Diensten in unserer Wohnung zusammengebracht. Nach dem Abendessen wurde die Atmosphäre gelöster. Nina Grunenberg von der »Zeit« nahm mich in einer Gesprächspause zur Seite und sagte, dies mehr feststellend als fragend: »Sie scheinen tatsächlich nicht zu wissen, daß übermorgen im ›Spiegel‹ ein langer Artikel über eine Abhöraktion des Bundesamtes für Verfassungsschutz stehen wird. Es handelt sich um einen Atomwissenschaftler namens Traube.«

Alle anderen waren offensichtlich orientiert. Nur meine Frau und ich wußten von nichts. Ich ging ins Schlafzimmer und rief Richard Meier an. Er bestätigte mir sowohl die Tatsache des Lauschangriffs als auch seine Kenntnis davon, daß darüber am Montag etwas im »Spiegel« stehen würde.

Zwei Tage später besuchte uns Manfred Hentschel erneut. Er hatte ein Veilchensträußchen in der Hand und bedankte sich zunächst für unsere Gastfreundschaft. Dann aber entschuldigte er sich für die »Ungeschicklichkeit«, mir nicht schon am Samstag ein Exemplar des »Spiegel« mit dem Fall »Traube« mitgebracht zu haben.

Buntere Erlebnisse aus der schillernden Welt des Magazin-Journalismus gab es mit dem »Stern«. Noch in der Zeit, als Heinz Ruhnau Senator war, hatten wir im Gästehaus des Senats ein Gespräch organisiert, an dem der Senator, sein Staatsrat Frank Dahrendorf, Henri Nannen als Repräsentant des »Stern«, Claus Jacobi vom »Spiegel« und Dr. Theo Sommer von der »Zeit« sowie ich teilnehmen sollten. Henri Nannen — die Bedeutung seiner Person damit unterstreichend — kam eine halbe Stunde zu spät. Er zog die Unterredung sofort an sich. Wir hatten keine Gelegenheit mehr, uns über die Arbeit des Verfassungsschutzes zu unterhalten. Statt dessen mußten wir zuhören, wie Henri Nannen mit einem Team des »Stern« im Kreml den Generalsekretär der KPdSU interviewt und er dabei ständig mit einer Arschbacke auf dem Schreibtisch von Leonid Breschnew gesessen hatte.

Im Jahre 1974 hatte John Barron ein Buch über das »KGB, The secret work of Soviet secret agents« veröffentlicht. Manfred Bissinger vom »Stern« hatte mich gefragt, ob ich dazu nicht eine Buchbesprechung mit detaillierten Erläuterungen machen könne. Ich tat das. Später meinte Bissinger, dieses würden sie so nicht publizieren; meine Ausführungen seien zu negativ für die Sowjets und zu positiv für John Barron. Das ändere selbstverständlich nichts an der Verpflichtung des »Stern«, mir ein Honorar zu zahlen. Ich wollte kein Honorar. Deshalb sagte ich Manfred Bissinger, er möge mir statt dessen eine Flasche »Mouton Rothschild« schenken. Acht Tage später kam eine Kiste mit drei Flaschen des Jahrgangs 1968 an, mit einer Gouache »Dessin inédit de Bona« auf dem Etikett. Seither sammele ich Mouton Rothschild.

Eine Flasche der Sendung gab ich weiter an John Barron. Die zweite behielt ich für mich. Die dritte tranken wir, d.h. meine Frau und ich, zusammen mit Manfred Bissinger und seiner damaligen Frau Ursula am 11. Februar 1975 bei uns zu Hause. Bissinger schrieb ins Gästebuch: »Der KGB hat uns wieder einmal zusammengebracht. Beim nächsten Mal ist's hoffentlich eine Expertise über den CIA (oder die Berufsverbote).«

Mit Heiner Bremer, damals Speerspitze der Liberalen im »Stern«, und Dr. Thomas Walde, der durch die Veröffentlichung der angeblichen Hitler-Tagebücher einen hohen Aufmerksamkeitsgrad erlangen sollte, traf ich mich alle vier bis sechs Wochen in Restaurants der Stadt. Auch ihnen hatte ich gesagt, sie sollten mir eine Vorwarnung geben, wenn der Verfassungsschutz in die Schlagzeilen zu kommen drohe. Am 10. März 1977 veröffentlichte der »Stern« einen Artikel mit dem Titel »Aus dem Alltag des Verfassungsschützers X«. Darin wurde geschildert, wie dieser anonyme Mitarbeiter des Hamburger Verfassungsschutzes mit einer Spezialzange Briefe aus den Postkästen von Personen herausfischte, die im Verdacht waren, für einen gegnerischen Nachrichtendienst zu arbeiten oder einer terroristischen Vereinigung anzugehören. Eine Vorwarnung hatte ich nicht bekommen. Heiner Bremer und Thomas Walde sagten mir später, daß sie während der Vorbereitungsphase und bei der Veröffentlichung des Artikels in Urlaub gewesen seien. Ich habe mir versagt, diese Behauptung nachzuprüfen.

In der gleichen Zeit hatten wir ein Telefongespräch aufgefangen, das an den Anschluß einer Unterstützergruppe der RAF gegangen war. Der Anrufer hatte sich — offensichtlich mit verstellter Stimme — als »Wennerström« ausgegeben. Das war der Name eines Obristen im schwedischen Verteidigungsministerium, der für das KGB gearbeitet hatte und einige Monate vorher verhaftet worden war. Unser »Wennerström« bot der Terroristengruppe Informationen aus den »Archiven des Verfassungsschutzes« an. Er schlug ein Treffen vor. Um das Interesse der Gegenseite an einer Begegnung zu fördern, übermittelte »Wennerström« einige Einzelinformationen. Diese Erkenntnisse konnten nur von einem Mitarbeiter des LfV Hamburg stammen, der über die Ermittlungen und Observationen im Bereich des Terrorismus Bescheid wußte.

Nach vorheriger Rücksprache übersandten wir das Tonband mit dem betreffenden Gesprächsinhalt an ein Institut der Technischen Hochschule Braunschweig, das sich mit Sprachvergleichen beschäftigte. Der Chef des Institutes hatte mir gesagt, man müsse ähnliche, am besten die gleichen Wörter von den Leuten aufnehmen, die man in Verdacht habe, das Gespräch geführt zu haben.

Einer unserer Mitarbeiter, der im Bereich der Terrorismusabwehr arbeitete, war ein intelligenter junger Mann, der zu Abenteuern neigte und immer Erfolg haben wollte. Ich versuchte, ihn durch unverfängliche Telefongespräche zu bewegen, die gleichen oder ähnliche Wörter zu gebrauchen, die bei den Gesprächen »Wennerströms« mit der RAF benutzt worden waren. Das hatte nur zum Teil Erfolg.

Als wir alle Tonbänder an das Braunschweiger Institut geschickt hatten, bekamen wir ein Gutachten. Darin hieß es, daß der betreffende junge Mann, den ich in Verdacht gehabt hatte, mit einer »an Sicherheit grenzenden Wahr-scheinlichkeit« als »Wennerström« mit der RAF gesprochen habe. Eine absolute Gewißheit sei nicht möglich.

Daraufhin veranlaßte ich, daß ein Ermittlungsverfahren eingeleitet wurde. Der Chef der Polizeidirektion Ost machte das persönlich. Unser Mitarbeiter leugnete. Daraufhin wurde ihm das Tonband »Wennerström« vorgespielt. Er hörte sich das an, blickte hoch, und sagte: »Die Stimme kenne ich doch; das ist der Kollege K.«

Der Polizeidirektor Ost besorgte sich einen Hausdurchsuchungsbefehl. In der Wohnung von K. fand man nicht nur die Unterlagen zum Fall »Wenner-ström«, sondern auch Papiere, die der Vorbereitung des Artikels »Aus dem Alltag des Verfassungsschützers X« gedient hatten, sowie einige Kopien des Artikels selbst. Ohne seine Vorgesetzten davon zu unterrichten, hatte sich unser Freund ein Instrument gebastelt, mit dem er aus den Briefkästen von Personen, die er der Mitarbeit für den Gegner verdächtigte, Briefe herausfi-schen konnte. Mit diesen Eigenerkenntnissen war er dann zum »Stern« gegangen. Die Unterlagen reichten aus, ihn zu überführen. Er war gestän-dig. Er wurde bestraft und versetzt.

In einem anderen Fall ging es darum, Negativ-Schlagzeilen aus der Vergan-genheit von Mitarbeitern zu vermeiden. Mein Kollege in Hannover hatte mir Ende 1976 mitgeteilt, daß in Niedersachsen ein Ermittlungsverfahren gegen einen Beamten des LfV Hamburg angelaufen sei. Es handelte sich um einen Amtmann, der bei uns in der Spionageabwehr tätig war und dort auch Erfolge errungen hatte.

Dieser Mann, Jahrgang 1925, kam im Mai 1945 nach schweren Rückzugsge-fechten auf dem Balkan mit seiner Einheit in einem kleinen Ort in Nieder-österreich an. Er war damals SS-Untersturmführer (vergleichsweise Leut-nant) und Zugführer. Ein SS-Soldat aus einem anderen Zug ging zu einer Bäuerin in diesem Ort und bat um Brot, Butter und Eier. Die Frau gab ihm das, ging aber danach zum Kompaniechef und beschwerte sich darüber, daß der SS-Mann diese Lebensmittel vom Hof »geholt« habe. Der Kompanie-führer gab das weiter an die Division. Der Divisionskommandeur schickte einen SS-Standartenführer und zwei weitere Stabsoffiziere. In einem Standgerichtsverfahren verurteilten sie den SS-Soldaten wegen Plünderung zum Tode. Dem SS-Untersturmführer und späteren Kollegen vom LfV Hamburg wurde befohlen, das Erschießungskommando zu leiten. Das war am 8. Mai 1945.

Der Kompaniechef schrieb den Eltern des erschossenen SS-Soldaten, daß ihr Sohn am letzten Tag des Krieges »für Führer und Vaterland« gefallen sei.

Im Jahre 1955 besuchten die Eltern das Dorf, auf dessen Friedhof ihr Sohn nach den Angaben seines Kompaniechefs begraben worden war. Die Bäuerin, die 1945 durch ihre Angaben die Hinrichtung des SS-Mannes herbeigeführt hatte, erzählte nun den Eltern, daß ihr Sohn nicht gefallen, sondern durch ein Erschießungskommando hingerichtet worden sei. Die Eltern wandten sich daraufhin an die Justiz.

Ich bat unseren Kollegen zu mir und erläuterte ihm den Stand des Ermittlungsverfahrens. Dabei wies ich darauf hin, daß dem Verfassungsschutz in Hamburg erhebliche Probleme entstehen könnten, wenn bekannt würde, daß gegen einen ehemaligen SS-Untersturmführer, jetzt Mitarbeiter des LfV Hamburg, ein solches Ermittlungsverfahren angelaufen sei. Das habe nichts mit Schuld oder Unschuld zu tun. Ich bat ihn um sein Einverständnis, sich versetzen zu lassen. Er erklärte: »Chef, ich liebe meinen Job, und ich kann mir nichts Besseres vorstellen. Wenn ich aber dem Haufen dadurch helfen kann, dann werde ich einer Versetzung nicht widersprechen.«

Motivationen für Einsätze, die häufig riskant waren und immer über die reine Dienstzeit hinausgingen, mußten auch auf breiterer Basis vermittelt werden. Dazu nutzten wir die regelmäßigen und vom Gesetz vorgesehenen Personalversammlungen. Sie fanden im Sitzungssaal des Polizeipräsidiums statt. Dorthin baten wir dann Repräsentanten aus Politik und Presse, darunter z.B. Hans Apel und Claus Jacobi, die uns ihre Sicht des politischen Geschehens erläuterten.

Die Zusammenarbeit im internationalen Bereich und die Fortdauer des Engagements der befreundeten Dienste bedurften ebenfalls der psychologischen Unterstützung. Einmal im Jahr veranstaltete das LfV Hamburg im Anglo-German-Club in Harvestehude eine »Re-union of the intelligence services«, zu der die Chefs und einige leitende Funktionäre der befreundeten Dienste geladen wurden. Die Zusammenkunft begann mit einem Vortrag eines renommierten Wissenschaftlers oder Politikers. Nach der Diskussion wurde ein Dinner gegeben. Danach fanden sich die Teilnehmer in kleineren Gruppen oder in Einzelgesprächen, um das Gehörte zu vertiefen oder um künftige gemeinsamen Aufgaben zu besprechen.

Nach der Veröffentlichung meiner Rede vor der NATO-Konferenz in Oslo 1973 und den Schwierigkeiten, die mir daraus erwachsen waren, nutzte ich die beiden nächsten Veranstaltungen im Anglo-German-Club als flankierende Maßnahmen für Manöver zur Frontbegradigung.

Zunächst bat ich Hans-Jochen Vogel, damals noch Justizminister der Bundesregierung, zu einem Beitrag über die Gesetze aus Anlaß der Terrorismusbekämpfung. Er vermied es, auf die Probleme einzugehen, die der SPD durch die Renaissance des Marxismus entstanden und die zum Teil Gegenstand meines Vortrages in Oslo gewesen waren. Seine Präsenz in Hamburg half mir.

Zur nächsten Veranstaltung hatte ich Peter von Oertzen eingeladen, damals Kultusminister in Niedersachsen und Prototyp der linken Intellektuellen in der Partei. Er beschäftigte sich vor allem mit einer Äußerung über Karl Marx, die ich bei meinem Vortrag in Norwegen gemacht hatte. Ich hatte gesagt, der Stil, den Karl Marx im »Kapital« verwandt hatte, sei so schwülstig, daß man das Buch spätestens nach Seite 150 zur Seite legen müsse und nicht mehr weiterlesen könne. Peter von Oertzen widersprach dem entschieden und meinte, eine solche Auffassung sei nur durch Unkenntnis und Voreingenommenheit zu erklären.

Später, beim Abendessen — er war mein Tischnachbar —, sagte er, seine älteste Tochter sei der gleichen Meinung wie ich; im übrigen habe auch er das »Kapital« von Karl Marx nicht ganz gelesen.

Das Bemühen, bei der schreibenden Zunft um Verständnis für unsere Arbeit zu werben, führte manchmal zu seltsamen Begegnungen. John Barron, Autor des Schlüsselwerkes über das KGB, hatte mit einem neuen Buch »Murder of a gentle land« einen Flop gehabt. Er hatte mit Anthony Paul mehr als 1.000 Leute interviewt, die aus Kambodscha nach Thailand geflohen waren und ihnen über den Völkermord berichtet hatten, den die Roten Khmer an ihren eigenen Landsleuten verübten, um den »wahren Kommunismus« einzuführen. Diese Geschichte war damals gegen den Trend. Niemand wollte wissen, daß der Marxismus sein Ende im Stalinismus hatte und daß der Kommunismus als Konsequenz seiner Verwirklichung immer Säuberungen bis hin zum Genozid haben mußte. Erst als die Vietnamesen einige Jahre später in Kambodscha einfielen, publizierte die sowjetische Propagandamaschine die Verbrechen der Roten Khmer weltweit und verstand es damit, die Invasion zu rechtfertigen.

John Barron hielt Mitte April 1978 vor dem Storting in Oslo einen Vortrag über die Operationen des KGB. Er rief mich an und teilte mit, daß er auf dem Rückweg in Hamburg vorbeikommen würde. Ich hielt es für eine gute Idee, ihm zu Ehren ein Abendessen mit Freunden aus den Medien und der Politik bei uns zu Hause zu geben.

Am Nachmittag vor dieser Veranstaltung rief mich Haug von Kuenheim an und sagte, David Cornwall sei in Hamburg und schlage vor, daß wir uns zu einem Abendessen in der Stadt treffen sollten. Ich sagte ihm, daß wir an dem Abend selbst Gäste hätten. Ich würde aber herzlich bitten, daß er und David sich an unserem Abendessen beteiligen sollten. Damals wußte ich nicht, daß David Cornwall in einer Rezension unter seinem nom de plume »John le Carré« John Barrons Buch über das KGB total verrissen hatte.

Als Haug von Kuenheim und John le Carré im Schwanenwik 33 ankamen, wurde die Atmosphäre frostig. Elsbeth Weichmann versuchte aufzulockern. Schließlich gelang es Patricia Barron, der Frau von John, zu vermitteln. Der Wein tat ein übriges. Es wurde ein schöner Abend.

Nur Herbert Weichmann meinte später, daß er John Barron mit seinem texanischen Akzent nicht verstanden habe, obwohl er — Weichmann — jahrelang in den USA gewesen sei. Demgegenüber sei der lange Engländer (das war John le Carré) eine wahre Erholung gewesen.

Ein einschneidendes Beispiel für seltsame Bündnisse zwischen Politik und Presse blieb mir nicht erspart. Im Sommer 1978 wurde Wolfgang Beer aus der Strafhaft entlassen. Er war Mitglied der RAF-Gruppe gewesen, die am

4. Februar 1974 in Hamburg, Frankfurt und Amsterdam festgenommen worden war. Bis dahin hatte eine »Antifa-Gruppe« in Hamburg, die sich mit der Propaganda gegen die sogenannte Isolationsfolter von RAF-Gefangenen beschäftigt hatte, mehr oder weniger vor sich hingelebt. Der Bruder von Wolfgang Beer, Henning, war Mitglied der Organisation. Wolfgang Beer, nach seiner Rückkehr aus dem Gefängnis wie ein Held gefeiert, übernahm sofort die Führung. Er wechselte von der Planung zur Aktion.

Die Genossen trafen sich regelmäßig in einem kleinen Restaurant in der Hamburger Innenstadt, das etwa acht bis zehn Tische hatte. Mit der Erlaubnis des Inhabers brachten wir an jedem der Tische ein verstecktes Mikrofon an. Das Aufnahmegerät mit den Tonbändern stand in der Küche. Wenn die RAF-Leute das Restaurant betraten, rief die Kellnerin: »Sieben Bier für Tisch Nr. 5.« Dann schaltete der Gastwirt in der Küche das entsprechende Tonband an.

In der siebten Woche der Lauschoperation kam es zu einer Panne. Plötzlich waren die Stimmen der Leute von Tisch Nr. 5 im Lautsprecher des Aufnahmegerätes zu hören. In aller Hast stülpte die Kellnerin Sofakissen über den Apparat, um die Stimmen der Gäste zu dämpfen.

Durch diese Lauschoperation erhielten wir ungewöhnlich detaillierte Informationen sowohl über die Struktur der RAF als auch über die Kommunikationsmöglichkeiten zwischen den einzelnen RAF-Gruppen. Wir gaben die Erkenntnisse an die jeweils interessierten Landesämter und das Bundesamt für Verfassungsschutz weiter. Am Rande einer Konferenz sprach mich Richard Meier, damals Präsident des BfV, an und fragte: »Ihr müßt ja einen phantastischen Zugang in der RAF haben, um so viele Einzelerkenntnisse aus der Organisation gewinnen zu können.« Ich sagte ihm: »Das ist keine Quelle; die Informationen stammen aus einer Lauschoperation.« Das war im Oktober 1978.

Bis dahin waren wir der Überzeugung gewesen, daß Einzelheiten über die fachliche Zusammenarbeit zwischen den Ämtern für Verfassungsschutz innerhalb dieses Kreises bleiben würden und nicht an die Politik — jedenfalls nicht ohne Vorwarnung — gegeben werden sollten. Richard Meier aber hatte nichts Eiligeres zu tun, als nach Bonn zu fahren und seinem Dienstvorgesetzten, Bundesinnenminister Gerhart Baum, von den Hamburger Aktivitäten zu berichten.

Anfang November hörten wir über unsere Mikrofone, daß das Hamburger »Komitee gegen Isolations-Folter« einen Überfall auf das dpa-Büro in Frankfurt am Main plante. Die Mitglieder der Gruppe wollten eine Meldung über den Gesundheitszustand der verurteilten und inhaftierten Terroristen Karl-Heinz Dellwo und Werner Hoppe über den Ticker jagen. Eine Festnahme schon jetzt, nach dieser Planung, hätte nichts gebracht. Vorbereitungshandlungen, die den Tatbestand des Versuchs erfüllt hätten, gab es noch nicht. Wir unterrichteten deshalb die Polizei in Frankfurt am Main und ließen den Überfall geschehen.

Am 6. November, um 11.00 Uhr abends, stürmten die Mitglieder der Gruppe das Büro, schlugen einen Redakteur nieder und drängten die anderen Mitarbeiter in eine Ecke. Als sie die Telefonleitungen gekappt hatten und bevor sie noch ihre Botschaft absetzen konnten, war ein Überfallkommando der Polizei da und verhaftete die zehn Mitglieder dieser Hamburger Terrorgruppe.

Anfang Dezember 1978 rief mich Manfred Hentschel an und fragte, ob der Hamburger Verfassungsschutz hinter der Festnahmeaktion in Frankfurt gestanden habe. Ich verneinte das. Er meinte, wir sollten uns trotzdem über die Angelegenheit unterhalten. Ich sagte, daß ich es für besser halten würde, wenn er sich an die Polizei in Frankfurt oder an die Kollegen vom Verfassungsschutz in Wiesbaden wenden würde.

Etwa zwei Stunden nach diesem Gespräch rief mich der Chefredakteur vom »Spiegel«, Erich Böhme, an, um mich zu einem Mittagessen einzuladen. Er meinte, wir hätten uns lange nicht gesehen; es sei an der Zeit, noch einmal einige Gedanken auszutauschen. Wir verabredeten uns für den 12. Dezember um 13.00 Uhr.

Als ich das Besprechungszimmer in dem vereinbarten Nobelrestaurant betrat, fand ich neben Erich Böhme auch Manfred Hentschel vor. Die Unterhaltung drehte sich von Anfang an nur um die Festnahme der Hamburger Gruppe in Frankfurt am Main. Die beiden »Spiegel«-Redakteure behaupteten, sie hätten gesicherte Informationen, daß hinter diesem Erfolg der Hamburger Verfassungsschutz stehe. Ich lehnte jede Erörterung des Falles ab.

Nach dem Essen sagte Manfred Hentschel, es blieben nur zwei Möglichkeiten: Entweder hätten wir eine Quelle in der Gruppe gehabt oder wir hätten von dem Vorhaben durch eine Lauschoperation erfahren. Der »Spiegel« werde in jedem Falle über das Ereignis schreiben. Ich sagte, daß es mir gleich sei, was der »Spiegel« schreiben werde. Dann verabschiedete ich mich.

Im Büro veranlaßte ich sofort, daß die Mikrofone aus den Tischen in unserem Restaurant ausgebaut wurden. Der Gastwirt hatte dafür kein Verständnis.

Am 25. Dezember 1978 erschien im »Spiegel« ein vierseitiger Artikel mit der Überschrift »Wanzen — nach Hamburger Art«. Darin wurde behauptet, daß das LfV Hamburg über Jahre illegale Lauschoperationen in Fällen der Spionageabwehr und der Bekämpfung des Terrorismus durchgeführt hätte.

Ich war über die Weihnachtstage und zur Jahreswende nach Hinterthal in Urlaub gefahren. Mein Vertreter, Christian Lochte, wurde am Tag nach Weihnachten zu Bürgermeister Hans-Ulrich Klose zitiert. Das ganze Küchenkabinett war versammelt: Staatsrat Werner Hackmann, Pressesprecher Manfred Bissinger und Redenschreiber und politischer Berater Helmut Bilstein. Der Bürgermeister war außer sich. Er sagte, hier handele es sich um einen so eklatanten Eingriff in die Privatsphäre, daß das Amt die politische Führung darüber hätte unterrichten müssen, gleichgültig, ob die Aktion als berechtigt angesehen werden könne oder nicht. Christian Lochte erwiderte, die Politik sei informiert worden. Er zeigte einen Aktenvermerk, den ich nach einer Unterredung im Senatsgehege Anfang September 1978 gemacht hatte. Darin hieß es, daß Innensenator Werner Staack und Bürgermeister Hans-Ulrich Klose über die genannte Lauschoperation unterrichtet worden seien. Werner Hackmann bestätigte das; er habe an der von mir festgehaltenen Besprechung auch teilgenommen.

In der Ausgabe des »Spiegel« vom 8. Januar 1979 erschien dann eine Stellungnahme des Chefs der Pressestelle des Hamburger Senats, Manfred Bissinger. Sie war als Leserzuschrift abgefaßt. Darin hieß es, in Hamburg gebe es keinen »Fall Traube«. Der Verfassungsschutz bediene sich bei der Wahrnehmung seiner Aufgaben — insbesondere in der Spionageabwehr und in der Terrorismusbekämpfung — ausschließlich legaler Mittel.

In der Ausgabe vom 22. Januar 1979 stieß der »Spiegel« nach. Er schrieb, ich hätte Anfang Oktober 1978 dem damaligen Präsidenten des BfV, Dr. Richard Meier, von einem Lauschangriff auf eine Wohnung mutmaßlicher Terroristen in Hamburg Mitteilung gemacht. »Meier, dem das Vorgehen der Hamburger nicht ganz geheuer schien, informierte seinen Dienstvorgesetzten, den Bonner Innenminister Gerhart Baum.«

Einige Einzelheiten in dem Artikel, wie etwa der Hinweis auf die Wohnung, gegen die angeblich Lauschoperationen durchgeführt worden waren, konnten nur von Leuten stammen, die über wesentliche Details der Arbeit des Hamburger Verfassungsschutzes orientiert waren. Dazu gehörten Präsident Richard Meier und einige Mitarbeiter der Abteilung zur Abwehr des Terrorismus in Köln. Die Mitarbeiter des Hamburger Verfassungsschutzes waren der Überzeugung, daß die Informationen für die Artikel des »Spiegel« aus dem Bundesministerium des Innern stammten und daß Gerhart Baum sie verraten habe.

Die Beziehungen des Verfassungsschutzes in Hamburg zum »Spiegel« kühlten sich danach merklich ab. Erst als der »Spiegel« am 17. September 1979 über eine Fernsehdokumentation des kanadischen Journalisten Herbert Krosney berichtete, in der die Verwicklung der Sowjetunion in internationale Terroroperationen dargestellt wurde, rief ich Erich Böhme wieder an. Ich sagte ihm, daß ich diesen Bericht bemerkenswert fände und meine Anerkennung dazu aussprechen wolle. Das Ganze sei allerdings nur ein Teil der dazu verfügbaren Erkenntnisse.

Erich Böhme meinte, wenn ich mehr Einzelheiten wisse, solle ich doch einen Namensartikel dazu für den »Spiegel« schreiben. Ich tat das. Nach etwa vierzehn Tagen erhielt ich das Manuskript zurück. In dem Begleitbrief hieß es, die Ausführungen paßten nicht in den politischen und redaktionellen Rahmen des »Spiegel«. In einem Telefongespräch, das diesem Brief folgte, sagte mir Böhme, es sei mir unbenommen, den Artikel irgendwo anders zu veröffentlichen. Das Honorar werde mir selbstverständlich überwiesen. Ich erwiderte, daß ich kein Honorar für einen Artikel erwarten könne, der nicht erschienen sei. Wenige Tage später fand ich auf meinem Konto eine Gutschrift über 2.000,-- DM, die vom »Spiegel« eingegangen waren. Ich leitete den Betrag weiter an Niko Hübner und teilte das Erich Böhme mit.

Niko Hübner ist der Sohn eines früheren wissenschaftlichen Mitarbeiters an der ehemaligen Parteihochschule der SED in Ostberlin. Seine Mutter war leitende Redakteurin des Berliner Rundfunks. Mit sechzehn Jahren war Niko Hübner aus der FDJ ausgetreten. Am 15. Februar 1977 stellte er einen Antrag auf Übersiedlung in die Bundesrepublik. Als er unter Berufung auf den entmilitarisierten Status von Berlin den Dienst in der Volksarmee verweigerte, wurde er am 14. März 1978 verhaftet und am 7. Juli 1978 vom Stadtgericht Berlin zu fünf Jahren Zuchthaus verurteilt. Im Oktober 1979 wurde er anläßlich der Amnestie zum 30. Jahrestag der DDR aus dem Zuchthaus Bützow-Dreibergen entlassen und in die Bundesrepublik abgeschoben.

PLO und Mossad

Ende der sechziger Jahre hatten sich in der Bundesrepublik zwei Palästinenserorganisationen gegründet, die »General-Union Palästinensischer Arbeiter« (GUPA) und die »General-Union Palästinensischer Studenten« (GUPS). Sie wurden von Yassir Arafat bezahlt. Der »Sozialistische Deutsche Studentenbund« (SDS) und die Jungsozialisten unterstützten die Palästinenser und arbeiteten mit ihnen zusammen. Es gab Unterschiede im Schulterschluß der Kooperatien, je nachdem in welchem Bundesland die Palästinenser operierten.

Israel hatte die ideelle Unterstützung, die ihm nach der Staatsgründung weltweit zugebilligt worden war, verloren. Von den Sozialisten war dieser Sympathiebonus ohnehin immer nur widerwillig gewährt worden. Die deutschen Linken begannen schon sehr früh, in dialektischer Manier zwischen Juden einerseits und zionistischer Politik andererseits zu unterscheiden. Im Sechstage-Krieg hatte der »David« Israel plötzlich Stärke gezeigt und Ägypten, Jordanien und Syrien besiegt. Danach war Israel von den Linken flugs in die Schublade der Imperialisten eingeordnet worden, die man mit allen Mitteln bekämpfte.

Der PLO hatte die »Sozialistische Internationale« (SI) einen Beobachterstatus zugebilligt. Ihr Repräsentant Issam Sartawi nahm im April 1983 an dem Kongreß der SI in Albufeira in Portugal teil. Dort wurde er von einem Killerkommando der Terrororganisation Abu Nidals ermordet.

Israel und sein Geheimdienst Mossad haben in Deutschland keine mit Gewalt verbundenen Operationen durchgeführt. Die PLO hatte schon Ende 1969 ihren Ruf als Befreiungsbewegung durch weltweite Flugzeugentführungen und Terroranschläge »stabilisiert«. Das von ihr verkaufte Image einer revolutionären Organisation, ihre sozialistische Phraseologie und der von einigen ihrer Unterorganisationen vorgetragene Marxismus-Leninismus paßten in das Weltbild der damaligen Studenten. Diskussionen nach Vorträgen, die ich vor SDS und Jusos hielt, entwickelten sich zu Deklamationen einzelner geschulter Zuhörer. Angebliche Einsätze der israelischen Armee gegen palästinensische Zivilisten wurden zu Kriegsverbrechen erklärt.

Meine Versuche, die Notwendigkeit für Frieden durch eine Auflistung der Terroranschläge der PLO zu unterstreichen, gingen unter in Gebrüll.

Dieses Klima blieb auch dann noch bestehen, als der »Schwarze September«, eine Untergruppe der PLO, bei den Olympischen Spielen in München im August 1972 ein Massaker unter israelischen Sportlern veranstaltete. Gefördert durch die palästinensische und sowjetische Propaganda setzte sich eine einseitige Betrachtungsweise durch. Einige Politiker — darunter auch Freunde von Israel — bekamen offensichtlich schon eine Gänsehaut, wenn sie nur den Namen Mossad hörten. Helmut Schmidt fragte mich Mitte der achtziger Jahre, ob ich es für möglich halten würde, daß die Aktion eines Selbstmordkommandos gegen das Hauptquartier der amerikanischen Marineinfanterie in Beirut am 23. Oktober 1983 nicht von Schiiten, sondern im Auftrage des Mossad durchgeführt worden sei. Damals waren 241 amerikanische Soldaten umgekommen und mehr als 50 verletzt worden. Helmut Schmidt meinte, durch den Anschlag sei die amerikanische Unterstützung Israels für weitere Jahre gesichert worden.

Der israelische Geheimdienst ist gut. Er kann auf zahlreiche Erfolge zurückblicken. Einige dieser Erfolge wurden bekannt. Deshalb werden die Israelis von manchen Politikern überschätzt, im Positiven wie im Negativen. Auch der Mossad kann nur mit Wasser kochen. Operationen, die Völkerrechtsvorschriften berühren können oder strafrechtlich relevant sind, bedürfen grundsätzlich der Genehmigung des Ministerpräsidenten.

Wir brauchten die Unterstützung des Mossad für unsere Operationen. Beginnend mit 1970 hatten wir einige Quellen in der »General-Union Palästinensischer Studenten« geworben. Die Landesämter Berlin und Hamburg waren die einzigen Verfassungsschutzbehörden, die sich schon damals mit Operationen im Bereich der Palästinenser beschäftigten. Uns war es allerdings nur gelungen, bis in die Peripherie vorzudringen. Zugänge zu Mitgliedern von GUPS und GUPA, die Kontakte zu Terrororganisationen hatten, blieben uns versagt. Wir hatten auch Schwierigkeiten dadurch, daß niemand von unseren Werbern und Agentenführern Arabisch sprach.

Am 6. Februar 1972 stürmte ein Mordkommando der PLO ein Asylantenwohnheim für Palästinenser in Brühl bei Köln und erschoß mehrere Bewohner. Einer der Toten sollte angeblich mit einem westlichen geheimen Nachrichtendienst zusammengearbeitet haben. Das konnte nie geklärt werden. Die Täter wurden nicht gefaßt.

Nach dem Attentat fuhr ich nach Paris, um den Europa-Residenten des Mossad, damals Shlomo Cohen, zu besuchen. Maria begleitete mich. Ich bat den Kollegen, mir einen arabischkundigen Mitarbeiter zur Unterstützung von Werbungen im Bereich der Palästinenser zur Verfügung zu stellen. Das geschah. Der neue Mitarbeiter war ein Israeli, in Kairo geboren, der das Idiom des Koran mit der sanften Zunge Ägyptens sprach. Die Erfolge bei den Anwerbungen von Palästinensern nahmen zu. Es gelang uns, in die Führungsetagen von GUPA und GUPS vorzudringen. Dennoch blieb das Gefühl, von den Israelis abhängig zu sein.

Ich fragte im Amt nach Freiwilligen, die bereit waren, sich der Prozedur eines Intensivkurses in der Berlitz-School für Arabisch zu unterziehen. Drei junge Leute meldeten sich. Nur einer hielt durch. Nach Abschluß eines zweiten Lehrgangs schickte ich ihn für drei Monate in ein arabisches Dorf in Israel, damit er den praktischen Gebrauch der Sprache lernen und sich mit arabischen Lebensgewohnheiten vertraut machen konnte.

Der für Werbungen von Palästinensern vorgesehene Mitarbeiter war damals Ende zwanzig, hatte blonde Haare und blaue Augen. Wenn er sich bei Anbahnungs- und Werbungsgesprächen in fließendem Arabisch äußerte, waren seine Diskussionspartner so geschockt, daß sie auf das Angebot zur Mitarbeit für den Verfassungsschutz weitaus eher eingingen, als wenn der Werber sich ihnen in Deutsch oder in Englisch genähert hätte.

Die Langzeitführung von Agenten in arabischsprechenden Organisationen erforderte immer wieder, die Gespräche mit den V-Leuten — die »Abfertigung der Quellen«, wie es im Fachjargon des Verfassungsschutzes heißt — von zwei Beamten führen zu lassen. Palästinenser, Libanesen, Syrer und Leute aus Libyen neigen dazu, ihren VM-Führern das zu erzählen, was diese zu hören wünschen. Sie wollen ihren deutschen Freunden gefällig sein. Das Ergebnis sind geschönte Informationen oder Falschmeldungen. Bei einer späteren Hinterfragung der Meldung oder beim Versuch, die Information zu verifizieren, leugnen die Freunde aus dem Mittleren Osten oder aus Nordafrika dann häufig, daß man überhaupt über das angesprochene Thema geredet habe. Diskussionen über die Höhe des Honorars waren üblich.

Mitarbeiter und Funktionäre von GUPA, GUPS und PLO, die mit uns zusammenarbeiteten, waren besonders gefährdet. Sie mußten damit rechnen, hingerichtet zu werden, wenn ihre Mitarbeit für den Verfassungsschutz bekannt wurde. Dies war unseren VM-Führern bekannt. Die Beamten der Beschaffung, der zuständige Referatsleiter und der Abteilungsleiter wurden in den regelmäßigen Dienstbesprechungen von mir wiederholt auf diese Gefahr hingewiesen. Treffs mit Palästinensern wurden durch die Observationsgruppe abgesichert.

Als das BfV im Jahre 1971 damit begann, eine Organisationseinheit zur Beobachtung extremistischer Ausländer aufzubauen, griff es auf unsere Erfahrungen zurück. Immer wieder erhielten wir von Lorenz Bessel-Lorck, der mit dem Aufbau der neuen Abteilung beauftragt war, Anfragen zu den Entwicklungen palästinensischer Organisationen. Die Informationswünsche enthielten mehr und mehr Empfehlungen, wie und über was wir unsere einzelnen Quellen befragen sollten. Bei allem guten Willen, dem Kollegen in Köln zu helfen, mußten wir bei einigen Aufklärungsersuchen passen. Weitere Recherchen, die in mehreren Fällen von unseren Quellen durchgeführt werden sollten, hätten ihre Sicherheit gefährdet und unter Umständen mühsame Vorarbeiten zunichte gemacht.

Als der Kölner Kollege realisierte, daß ich die Sicherheit unserer geheimen Mitarbeiter in jedem Falle für wichtiger hielt als die Informationsbedürfnisse des Bundesamtes, richtete er seine Anfragen an mir vorbei direkt an den zuständigen Abteilungsleiter. Im Falle unseres VM »Ralph« traf Lorenz Bessel-Lorck mit unserem Abteilungsleiter eine Sondervereinbarung. »Ralph« hatte seinen Wohnsitz in Hamburg und verfügte über überregionale Zugänge. Er war von uns geworben worden. Nun sollte er durch das LfV und das BfV gemeinsam geführt werden. Sowohl der VM-Führer des BfV als auch der VM-Führer des LfV sollten den V-Mann honorieren. Als besonders großzügige Geste gegenüber dem Bundesamt hatte unser Abteilungsleiter darüber hinaus erlaubt, daß das Bundesamt für Verfassungsschutz befugt sein sollte, die Quelle einmal im Monat allein in Hamburg zu kontaktieren.

Ich verzichtete darauf, ein förmliches Disziplinarverfahren zu eröffnen, sagte dem Abteilungsleiter aber, daß er nach einer weiteren Panne dieser Art damit rechnen müsse, versetzt zu werden.

Nach dem Anschlag des Killerkommandos der PLO auf das Wohnheim der Palästinenser in Brühl (6. Februar 1972) häuften sich die Anfragen des Bundesamtes in Hamburg. Das BfV versuchte, sich in die Fahndung nach den Attentätern einzuschalten. Gesucht wurde die deutsche Freundin eines Palästinensers, der — zumindest in der Vorbereitung — an dem Anschlag beteiligt gewesen sein sollte. In der Nacht zum 12. Februar 1972, einem Samstag, rief Lorenz Bessel-Lorck unseren Abteilungsleiter an und bat ihn, unsere Quelle »Alexander« nach dem Aufenthaltsort der jungen Deutschen zu befragen. »Alexander« wohnte in einem Studentenwohnheim. Er hatte mit seinem V-Mann-Führer vereinbart, daß dieser ihn niemals dort aufsuchen dürfe; seine Sicherheit wäre sonst gefährdet. Unser Abteilungsleiter sagte das dem Kölner Kollegen und wies darauf hin, daß ein Kontakt mit »Alexander« erst am 14. Februar möglich sei. So lange wollte Bessel-Lorck nicht warten. Er empfahl seinem Hamburger Kollegen, die Quelle unter einer Legende von der Polizei aus dem Studentenwohnheim herauszuholen und vernehmen zu lassen. Unser Mann willigte ein. VM »Alexander« wurde, der Aufmerksamkeit seiner Kommilitonen gewiß, im Studentenwohnheim festgenommen und weggebracht. Er kannte den Aufenthaltsort der Freundin des Palästinensers nicht.

Ich mußte unseren Abteilungsleiter danach aus dem Verfassungsschutz versetzen lassen. Seine Klage gegen die Versetzungsverfügung wurde am 14. September 1972 abgewiesen. Nachfolger wurde Christian Lochte.

Im Mai 1972 ergab sich die Chance, einen Mitarbeiter von Al Rasd — das ist der Geheimdienst der PLO — zu werben. Der Mann wohnte im Libanon und hatte eine Freundin in Hamburg. Er kam etwa alle drei Monate in die Stadt. Zur Vorbereitung der Anbahnung bedurften wir der Unterstützung von Mossad. Ich bat Shlomo Cohen um eine Besprechung in Hamburg. Wir trafen uns zum Mittagessen im Restaurant Ritscher an der Elbe. Es war Anfang Juni und verhältnismäßig warm. Den Aperitif nahmen wir deshalb im Garten des Restaurants. Dabei fragte Shlomo Cohen Maria und mich, ob er sich für zehn Minuten entschuldigen dürfe; er wolle einmal kurz runter zur Elbe gehen. Ich bot an, ihn zu begleiten. Er lehnte ab.

Nach einer Viertelstunde kehrte er zurück. Er war sichtlich bewegt. Während unseres Besuches in Paris und bis dahin im Restaurant hatten wir Englisch gesprochen. Jetzt redete Shlomo Cohen plötzlich Deutsch. Er sagte, er sei etwa 500 Meter von der Stelle, an der das Restaurant stand, geboren worden. Die Deutschen hätten alle Mitglieder seiner Familie, bis auf ihn und seinen Bruder, umgebracht. Er habe geschworen, nie mehr nach Hamburg zurückzukehren. Im Interesse der bevorstehenden Operation habe er diesen Vorsatz zurückstellen müssen.

Da blieb nicht viel zu sagen. Ich verzichtete auf die üblichen Floskeln, die darauf hinausliefen, eine Kollektivschuld am Holocaust zu verneinen, eine gemeinsame Haftung aber zu bejahen.

Nach dem Mittagessen fuhren wir zu unserer Wohnung am Schwanenwik. Shlomo Cohen sah ein Schachspiel auf dem Tisch in meinem Arbeitszimmer. Er fragte, ob wir eine Partie spielen könnten. Wir tranken dazu einen guten trockenen Weißwein. Das Ganze dauerte etwa fünfundvierzig Minuten. Ich gewann.

Danach kam Shlomo immer wieder nach Hamburg, um mit mir Schach zu spielen. Vor seinen häufigen Geschäftsreisen nach Oslo, Stockholm und Helsinki rief er bei mir an, um zu fragen, ob wir Zeit für eine Partie hätten. Er unterbrach dann seinen Flug in Hamburg, kam mit dem Taxi zu uns, und wir machten ein oder zwei Spiele. Die geschäftlichen Dinge behandelten wir am Rande. Nach dem ersten Schachspiel habe ich nie mehr eine Partie gegen Shlomo Cohen gewinnen können.

Shlomo Cohen war einer der alten Helden aus den ersten Zeiten des jüdischen Geheimdienstes. Er war der Neffe des letzten Oberrabbiners von Altona. Im Jahre 1938 verließ er Deutschland. Zuerst hielt er sich in Palästina, dann in Frankreich auf. Als die deutschen Armeen in Frankreich einmarschierten, ging Shlomo in die nichtbesetzte Zone von Vichy-Frankreich, und zwar nach Marseille. Dort kam er zum erstenmal mit nachrichtendienstlichen Praktiken in Verbindung.

Er war ein genialer Nachahmer von handgeschriebenen Texten und Signaturen. Er brauchte eine Unterschrift nur anzuschauen, um sie dann flüssig und mit lockerem Handgelenk so nachzuschreiben, daß man die Kopie vom Original nicht unterscheiden konnte. Ich habe mich davon später selbst überzeugen können.

Als Achtzehn- oder Zwanzigjähriger fälschte er mit Perfektion Pässe und Ausweispapiere für Juden, die aus dem unbesetzten Frankreich nach Palästina auswandern mußten. Unter dem Namen Abravanel wurde er als Maler bekannt. Nach Gründung des Staates Israel ging er als Jacques Duclos und als französischer Staatsbürger nach Kairo. Er freundete sich mit zahlreichen Journalisten, Politikern und Offizieren des Generalstabs an. Die Informationen, die er durch diese Kontakte beschaffte, waren für Mossad von unschätzbarem Wert. Noch heute hängen Bilder des Malers Jacques Duclos in der ägyptischen Nationalgalerie.

Shlomo Cohen war 1,89 Meter groß und hager. Er hatte blaugraue Augen. Als ich ihn kennenlernte, glich sein Schädel dem Haupt der Büste von Trajan, die im Capitolinischen Museum in Rom zu sehen ist. Ich fragte ihn einmal, welche Sprache er mehr beherrsche, Deutsch oder Hewritt. Er sagte, die Sprache, die er am besten spreche, sei Spanisch. Er hatte mehrere Jahre für Mossad in Argentinien gearbeitet und dort diese Sprache praktisch verinnerlicht.

Wir wurden Freunde, wenn wir auch nie Du zueinander sagten. Shlomo Cohen starb 1981 an einem Lungenkarzinom. Er hatte fünfzehn Jahre vorher das Rauchen aufgegeben.

Sein Nachfolger in Paris wurde Dr. David Kimche, in England geboren und mit einem fleckenlosen Oxford-Englisch gesegnet. Über die operative Zusammenarbeit hinaus gab mir David regelmäßig Briefings über die jeweilige Situation im Nahen Osten. Seine Analysen zeichneten sich aus durch Perfektion und Kürze. Sie waren immer in sich schlüssig. Ich mußte Zweifel daran haben, daß diese Bewertungen — gleichgültig, ob durch das Filter des BfV in Köln oder des Auswärtigen Amtes in Bonn — im Kanzleramt ankamen. Deshalb brachte ich David Kimche mit Dr. Manfred Schüler zusammen, der als Staatssekretär von Helmut Schmidt den Apparat des Kanzleramtes geräuschlos und wirkungsvoll steuerte, selbst immer im Hintergrund.

David Kimche und Manfred Schüler saßen sich dann am Besuchertisch gegenüber. David berichtete und Manfred Schüler machte sich Notizen in einer DIN-A-5-Kladde. Helmut Schmidt hatte Gelegenheit, sich häufiger als sonst einen unmittelbaren Überblick über die Krisenregion des Mittleren Ostens zu verschaffen, gesehen allerdings mit den Augen der Israelis. Die regelmäßigen Briefings von Mossad für Dr. Manfred Schüler wurden von den Nachfolgern David Kimches beibehalten.

Dr. Kimche stieg auf zum Vizechef von Mossad. Weil er Nummer Eins nicht werden konnte, ging er als Generaldirektor, d.h. als Vertreter des Ministers, zum Auswärtigen Amt.

Als Kimche noch Vertreter von General Yitzhak Choffie war, besuchte Klaus Kinkel als neuernannter Präsident des BND den israelischen Geheimdienst. Dr. Kinkel wurde die Ehre zuteil, von Ministerpräsident Menachim Begin empfangen zu werden. David begleitete ihn. Begin hatte bei seiner Amtsübernahme erklärt, daß in seinem Büro nie Deutsch gesprochen werden dürfe. Klaus Kinkel wußte das nicht. Er begrüßte den Ministerpräsidenten in Deutsch und erläuterte, daß er des Englischen nicht genügend mächtig sei, um sich in dieser Sprache zu unterhalten; er wisse aber, daß der Ministerpräsident Deutsch verstehe. Begin sagte in Englisch: »Meine persönlichen Erfahrungen verbieten es, daß hier Deutsch gesprochen wird.« Klaus Kinkel erwiderte, daß man dann das Gespräch beenden müsse; er sei wirklich nicht in der Lage, die Unterhaltung in Englisch zu führen.

Begin erhob sich. Kälter konnte das Klima nicht mehr werden. Die beiden Besucher standen ebenfalls auf. Dann ergänzte Klaus Kinkel: »Vielleicht können wir einen Kompromiß finden, Herr Ministerpräsident. Sie sprechen Englisch, und ich antworte in Deutsch. Notfalls kann mir Dr. Kimche helfen zu verstehen, was Sie sagen.« Begin stimmte diesem Vorschlag erstaunlicherweise sofort zu.

Das war der Dickschädel von der Schwäbischen Alb, durch den der Karrieremann Kinkel manchmal behindert wurde, welcher aber nie dessen Habitus als Klassenprimus, der seine Mitschüler nicht abschreiben lassen will, verdecken konnte.

Als Bürgermeister Klose im Jahre 1979 Prag besuchen wollte, sollte ich ihm Hintergrunderkenntnisse über Husak und Strougal vermitteln. Ich sagte ihm, daß wir im Hamburger Verfassungsschutz solche Informationen nicht hätten. Ich könne allerdings beim BND anfragen. Er sagte: »Tun Sie das.«

Klaus Kinkel war auch sofort bereit, uns ein Personagramm der beiden tschechoslowakischen Politiker zu beschaffen. Er fragte nur, wohin er die Erkenntnisse übermitteln solle. Ich empfahl, ein Telex an die Nummer des LfV zu schicken. Er sagte: »Wie komme ich denn dazu; Sie wollen sich wohl mit meinen Federn schmücken.« Ich sagte ihm darauf, daß meine Sekretärin ihm die Telex-Nummer von Bürgermeister Klose durchgeben werde.

Am 24. Juni 1976 mußte ich einen Vortrag an der Führungsakademie der Bundeswehr halten. Als ich das Gebäude an der Manteuffelstraße verließ, warteten an meinem Wagen Shlomo Cohen und ein operativer Mitarbeiter des Europa-Residenten von Mossad. Beide waren von Tel Aviv eingeflogen und wollten mich dringend sprechen. Noch auf der Fahrt zum Büro erklärten sie, daß ein Schiff unter panamesischer Flagge im Hafen von Hamburg festgemacht habe. An Bord des Schiffes befänden sich zwei Container, deren Inhalt falsch deklariert sei. In den Konnossementen seien Maschinen angegeben; in den Maschinen habe man aber hochexplosiven Sprengstoff untergebracht, der für eine großangelegte Sabotageoperation gegen ein »feindliches Land« dienen solle. Der deutsche Zoll habe die beiden Container beschlagnahmt. Eine nähere Untersuchung der Container werde nicht nur die Operation gefährden, sondern möglicherweise auch die deutsch-israelischen Beziehungen belasten. Die Einzelheiten über die geplante Operation und ihren Zielort, die mir die beiden Kollegen dann im Büro erläuterten, ließen mir die Haare zu Berge stehen.

Wir hatten Donnerstag. Als ich den Sachverhalt erfaßt hatte, war es 11.00 Uhr vormittags. Mir blieb nur wenig Zeit, etwas zu unternehmen. An dem darauffolgenden Montag mußte ich nach Österreich, um mir dort mittwochs einen Leistenbruch operieren zu lassen. Die Sicherheitsexperten hatten geraten, dazu nicht in Hamburg oder auch nur in Deutschland zu bleiben. Hier könne man mich nicht ausreichend genug schützen.

Wir starteten eine fieberhafte Telefonaktion, die der Absicherung von zwei Einzelgesprächen dienen sollte, nämlich mit dem Generalstaatsanwalt und dem Chef der Zollbehörde. Am späten Vormittag des Sonnabends, am 26. Juni, war es dann soweit. Die Beschlagnahme wurde aufgehoben, und das Schiff kam von der Kette. Ich war froh, als die explosive Fracht elbabwärts dampfte und ich nach Österreich fahren konnte.

Nach der Operation brachte mich der Chirurg, Dr. Hans Pagella, ins Krankenzimmer. Auf dem Besuchertisch stand ein riesiger Strauß gelbgefleckter Lilien. Absender war das Büro des Ministerpräsidenten von Israel.

Vom 4. bis 6. Juli 1979 veranstaltete das Yonathan-Institut in Jerusalem eine Konferenz über Terrorismus. Thema war u.a. die »Staatliche Unterstützung des Internationalen Terrorismus«. Das Institut war gegründet worden zur Erforschung von Abwehrmaßnahmen und in Erinnerung an Yonathan Netanyahu, der im Juli 1976 die »Operation Entebbe« geleitet hatte. Damals war eine Air-France-Maschine nach Uganda entführt und dort eine Woche festgehalten worden. Eine Kommando-Einheit der israelischen Armee hatte die hundert Geiseln in einer handstreichartigen Operation in Entebbe befreit, die Terroristen erschossen und die Geiseln zurück nach Israel gebracht. Oberstleutnant Yonathan Netanyahu war dabei gefallen. Die Konferenz fand an seinem dritten Todestag statt.

Ich erhielt die Einladung am 20. Juni 1979. Schon vorher hatte ich zugesagt, an einem Seminar des Centers for Strategic Studies der Universität Tel Aviv teilzunehmen, das vom 15. bis zum 20. Juli stattfinden sollte. Jürgen Frenzel, damals Staatsrat bei der Behörde für Inneres, wollte mich nicht zu zwei verschiedenen Veranstaltungen nach Israel reisen lassen. Der frühere israelische Botschafter in Bonn, Asher Ben Nathan, intervenierte. Ich konnte nach Jerusalem fahren. An der Konferenz nahmen 45 sogenannte Spezialisten aus neun verschiedenen Ländern teil, darunter George Bush als ehemaliger Direktor der CIA, der frühere britische Innenminister Merlyn Rees, der ehemalige Generalsekretär der NATO, Manlio Brosio, und Edward Teller, der Mann, der die Wasserstoffbombe entwickelte.

George Bush sprach über staatlich gestützten Terrorismus. Er sagte, daß die Sowjetunion mit der Ausbildung von internationalen Terroristen aufhören müsse, wenn sie Entspannung mit dem Westen wolle. Er trug dies eher beiläufig und so konziliant vor, daß ihm von den tausend Zuhörern nur spärlicher Beifall zuteil wurde. Ich sollte zu dem gleichen Thema sprechen. Vorher waren die beiden britischen Journalisten Brian Crozier und Robert Moss mit ihren Referaten eingesetzt. Sie deckten im Grunde genommen das gesamte Spektrum ab. Mir blieb deshalb nicht viel zu sagen. Die Zeit war auch schon fortgeschritten. Nun hatte ich am Vorabend einen Besuch bei israelischen Freunden gemacht, die aus Hamburg stammten. Die Gastgeberin war in den jüdischen Schriften sehr bewandert. Ich fragte sie, ob es im Deuteronomium etwas zum Terrorismus geben würde, das man zitieren könne. Sie meinte, bei Moses sei natürlich alles möglich, aber besser eigne sich der Talmud. Dann zitierte sie einen Spruch, der auf mein Referat ausgezeichnet zu passen schien. Ich beendete deshalb meine kurze Ansprache mit dem Talmud. Ich zitierte: »Habá Lehorgechá — Hashkém Lehorgó.« Das heißt: »Wenn jemand kommt, um Dich zu töten, dann stehe noch vor dem Morgengrauen auf und bring' ihn um.«

Als ich das gesagt hatte, brach ein Beifallssturm aus, der mich fast erschreckte. Die Zuhörer sprangen auf, einige kletterten auf die Stühle und schrien laut Bravo. Ich hatte den Israelis aus der Seele gesprochen.

Die Verbindungen nach Israel blieben auch nach meinem Ausscheiden aus dem Verfassungsschutz bestehen. Als die israelische Armee am 6. Juni 1982 in den Süd-Libanon einmarschierte, fanden der Geheimdienst der Armee und Mossad in den Hauptquartieren der PLO Tausende von Dokumenten, die auf eine enge Zusammenarbeit mit der Sowjetunion hinwiesen. Es handelte sich um Korrespondenzen, die der Vorbereitung von Generalstabslehrgängen für PLO-Offiziere an sowjetischen Militärakademien dienten, und um Zeugnisse, die den erfolgreichen Abschluß dieser Lehrgänge den PLO-Funktionären bestätigten. Andere Schreiben befaßten sich mit der Lieferung sowjetischen Rüstungsmaterials bis hin zu modernsten russischen Panzern für die Kampfeinheiten Yassir Arafats. Einige Dokumente belegten, daß sowjetische Sabotagespezialisten und Waffenexperten auch Terroristen aus der PLO und ihren Untergruppen im »Nationalen Befreiungskampf« ausgebildet hatten.

Als israelische und amerikanische Zeitungen über die Urkundenfunde berichtet hatten, brach für einige linke Beobachter des Terrorismus eine

Welt zusammen. Andere bewerteten die Veröffenlichungen der Israelis als Desinformationskampagne. In den europäischen Medien fand sich kaum eine Resonanz über die nun erstmals durch Urkunden beweisbare, von maßgebenden amerikanischen, britischen und deutschen Experten wiederholt behauptete »Soviet Connection«.

Paul Mautner vom Bayerischen Rundfunk wollte dazu eine Dokumentation für die ARD-Sendung »Brennpunkt« bringen. Ich sollte ihn beraten. Ziel war, die sowjetische Unterstützung des Internationalen Terrorismus nicht nur durch Dokumente zu belegen, sondern mit Interviews von Palästinensern, die selbst in der Sowjetunion für Terroroperationen ausgebildet worden waren.

Zur Vorbereitung der Dreharbeiten flog ich im September 1982 nach Tel Aviv. Ich wollte mich der Unterstützung der israelischen Behörden versichern und erkunden, mit welchen PLO-Funktionären, die nach der Invasion im Süd-Libanon gefangengenommen worden waren, wir sprechen konnten.

Das Büro des Ministerpräsidenten stellte mir einen Wagen mit Fahrer zur Verfügung. Der Kollege hatte mir gesagt, der Fahrer sei erst vor einigen Monaten aus der Türkei nach Israel gekommen. Er spreche nur Türkisch und etwas Hewritt, kein Englisch. Ich brauche ihm aber nur zu sagen, wohin ich wolle. Er werde das verstehen. Jerusalem heiße auch in Türkisch Jerusalem, und Bethlehem heiße auch in Türkisch Bethlehem.

Ich wollte zunächst einen Freund in Akko besuchen. Ich sagte dem Fahrer das in Englisch. Er verstand den Namen der Stadt und fuhr los. Der Mangel an Kommunikation störte mich. Ich fluchte in Spanisch und sagte dann in derselben Sprache: »Es ist eine Schande, daß wir uns nicht unterhalten können.« Wir fuhren inzwischen etwa 160 km/h. Der Fahrer drehte sich um und schrie: »Aber Senor! Wir können miteinander sprechen. Spanisch ist meine Muttersprache.«

Wir kamen ohne Unfall in Akko an. Es stellte sich heraus, daß die Vorfahren von Gideon — so hieß der Fahrer — im Jahre 1492 aus Spanien vertrieben worden waren und sich nach Jahrzehnten mühsamer Wanderung in Izmir (Gideon sagte »Smyrna«) angesiedelt hatten. Gideons Familie gehörte zu den 350.000 Sephardim, die über Jahrhunderte ihre hohe jüdisch-kastilische Tradition bewahren konnten, die in ihren Synagogen noch heute in Portugiesisch oder Spanisch predigen und die so bedeutende Leute hervorgebracht haben wie Spinoza und Disraeli.

Das Büro des Ministerpräsidenten hatte uns freigestellt, im Süden des Libanon in allen Gefangenenlagern nach PLO-Funktionären zu forschen, die in der Sowjetunion ausgebildet worden waren. Drei Vernehmungsspezialisten der israelischen Armee, die Arabisch konnten, begleiteten uns. Wir fanden unter den Leuten, die uns vorgeführt wurden, nur Offiziere der Kampfeinheiten der PLO, die eine militärische Ausbildung in der Sowjetunion hinter sich hatten. Funktionäre und Kämpfer aus Terrororganisationen waren nicht darunter. Auch der letzte Versuch im Gefangenenlager Ansa im Süden des Libanon schlug fehl.

Unsere israelischen Gesprächspartner begriffen kaum, daß wir die sowjetische Unterstützung des Internationalen Terrorismus durch eindeutige Aussagen nachweisen mußten. Sie verkannten die Empfindsamkeiten der westdeutschen Intellektuellen, von denen viele auch 1982 noch glaubten, daß die Leiden der Menschheit durch den Kommunismus geheilt werden könnten. Ich wandte mich noch einmal an Mossad und wies darauf hin, daß wir keine Interviews mit Kriegsgefangenen aus dem Libanon-Feldzug 1982 brauchen könnten. Gefragt seien Gespräche mit Guerillakämpfern, die in Israel oder in anderen Ländern festgenommen, in Israel verurteilt worden seien und hier in Strafhaft säßen. So kamen wir an das Spezialgefängnis Nafja, mitten in der Wüste des Negev.

In diesem Zuchthaus saßen 90 Mörder. Viele von ihnen hatten mehrere Menschen getötet. Die meisten waren zu lebenslanger Strafhaft verurteilt. Die Mindeststrafe der Gefangenen in Nafja betrug zwanzig Jahre.

Das Gefängnis war ein Flachbau, der im Quadrat angeordnet war und in der Mitte einen etwa 900 qm großen Hof frei ließ. Dieses Atrium war nach oben durch Maschendraht abgedeckt. Auf den Dächern des Flachbaues patrouillierten israelische Gefängniswärter mit entsicherten UZI-Maschinenpistolen. Zwischen dem Gefängniskomplex und dem Negev war ein etwa zehn Meter breiter Streifen umgepflügt und mit Sand bestreut. Dann folgte eine fünf Meter hohe Konstruktion von Maschendraht und Stacheldraht. In dem Areal zwischen Gefängnis und der Drahtkonstruktion liefen zehn bis zwölf Bluthunde.

Die Zellen der Gefangenen waren für zwölf Insassen vorgesehen. Darin befanden sich im Schnitt zehn Sträflinge. Die Zellen waren so gepflegt und sauber wie die Schlafräume in einer preußischen Kadettenanstalt. Jeder Gefängnisraum hatte eine separate Toilette mit Wasserspülung und eine Duschzelle.

Ich hatte mir aus der Liste der 90 Mörder, die mir vorgelegt worden war, drei Gesprächspartner herausgesucht. Zwei Palästinenser waren in der Sowjetunion in der Theorie des Marxismus-Leninismus ausgebildet worden. So jedenfalls ergab sich das aus den Unterlagen. Der Dritte war Adnan Jaber, der am frühen Abend des 2. Mai 1980 mit einem Kommando der PLO einen Mordanschlag gegen eine Gruppe von jüdischen Thora-Studenten verübt hatte, die nach Beendigung des Gottesdienstes aus der Synagoge in Hebron kamen. Die anderen Mitglieder des Kommandos waren von der israelischen Armee erschossen worden, als sie nach dem Anschlag versuchten, sich nach Jordanien abzusetzen. Der Chef des Kommandos, Adnan Jaber, konnte festgenommen werden.

Wir machten die Interviews außerhalb des Betonblockes der Strafanstalt, und zwar vor einem der Häuschen, die den Gefängniswärtern zur Verfügung standen. Dort hatten wir mehr Licht und keine Zuchthausatmosphäre. Unsere Gesprächspartner wurden in Handschellen herangeführt und mit Fußketten, die mit handbreiten Scharnieren an die Knöchel geschlossen waren. Als sie sich hingesetzt hatten, nahm man ihnen die Handschellen ab.

Die beiden PLO-Offiziere, die in der Sowjetunion angeblich nur einen Lehrgang in Marxismus-Leninismus mitgemacht hatten, argumentierten wie geschulte Politrucks. Die Russen, die ihre Lehrer gewesen waren, hätten keine Waffen getragen; man habe sie und andere PLO-Funktionäre, die in dem Ausbildungslager gewesen waren, weder an Waffen trainiert noch sie in der Handhabung von Sprengstoffen unterwiesen. Die beiden behaupteten, nur gegen israelische Soldaten gekämpft zu haben und nie in Europa eingesetzt worden zu sein. Aus den Akten, die wir gesehen hatten, ergaben sich andere Lebensläufe. Die beiden Palästinenser wollten die Sowjetunion offensichtlich von dem Vorwurf freihalten, den internationalen Terrorismus unterstützt und zum Teil organisiert zu haben. Einer der beiden bat mich am Ende der Unterredung, eine Freundin von ihm in Mannheim zu grüßen.

Adnan Jaber war 1940 im heutigen Israel geboren, das damals noch Palästina hieß. Nach dem ersten israelischen Krieg floh seine Familie in den Libanon. In den siebziger Jahren, verhältnismäßig spät, kam er mit der PLO in Verbindung. Das war die Zeit, in der die PLO die maßgebene Macht im Lande war. Ihre Vormachtstellung zerfiel erst, als die Israelis nach ihrem Einmarsch die Infrastruktur der Palästinenser zerschlugen, die Ausbildungslager für Terroristen aus Europa und der Dritten Welt zerstörten und die Führungskader aus dem Libanon vertrieben.

Die erste Ausbildung erhielt Adnan Jaber noch im Libanon. Dann ging er nach Syrien. Im Jahre 1979 wurde er mit zwanzig anderen Kämpfern der PLO und ihrer Untergruppen — darunter die Organisationen von Achmed Jibril und Abu Nidal — zu einem Speziallehrgang in die Sowjetunion abgeordnet. Eine sowjetische Militärmaschine brachte die palästinensischen Kämpfer nach Moskau. Von dort wurden sie in eine Militärakademie transportiert, die etwa 100 bis 150 km westlich von Moskau lag. Die Offiziere, welche die Palästinenser ausbildeten, trugen Uniformen der sowjetischen Armee. Ihnen standen Dolmetscher zur Seite, die perfekt Arabisch sprachen.

Die Sowjets unterwiesen die Palästinenser im Gebrauch von Handfeuerwaffen, in der Herstellung von Bomben, im Kartenlesen sowie in Nahkampftechniken und in Guerillataktik. Den Abschluß bildete ein kleines Manöver, in dem gezeigt werden sollte, daß die Lehrgangsteilnehmer Straßenkampf gelernt hatten und ihn beherrschten. In der Ausbildung, die insgesamt drei Monate dauerte, waren vier Stunden pro Woche für Marxismus-Leninismus vorgesehen. Unser Mann hatte das allerdings nicht aufgenommen. Er war gläubiger Muslim.

Nach seiner Rückkehr nach Syrien teilte man Adnan Jaber vier weitere Kämpfer der PLO zu. Mit diesen ging er nach Jordanien, überquerte heimlich die Grenze nach Israel und wartete am 2. Mai 1980 vor der Synagoge in Hebron, bis die Thoraschüler das Bethaus verließen. Dann holten die

Palästinenser ihre Kalaschnikows unter dem Umhang hervor und begannen zu schießen.

So erzählte es uns Adnan Jaber. Er sagte, daß alles das, was er sei, von der PLO komme. Er sei Hauptmann der Armee von Yassir Arafat geworden und stolz darauf. Ohne die PLO sei er nichts. Er verdanke Yassir Arafat alles. Und wenn Yassir Arafat ihm befehle zu töten, dann werde er töten.

Ich fragte ihn, ob er dann auch Frauen und Kinder töten würde, wie z.B. die junge Frau, die neben uns sitze. Wir hatten eine israelische Dolmetscherin dabei, die uns im Notfall helfen sollte, bei nicht englischsprechenden Palästinensern zu vermitteln. Er schaute das junge Mädchen an und sagte: »Nein bei Allah, eine so hübsche junge Frau würde ich doch nie töten.« Er zögerte und fügte hinzu: »Ich habe immer nur gegen israelische Soldaten gekämpft und niemals Zivilisten getötet.« Ich sagte ihm, daß bei dem Anschlag vor der Synagoge in Hebron auch Frauen und Kinder umgekommen seien. Dabei könne man wohl kaum von einem Kampf gegen israelische Soldaten sprechen. Er senkte seinen Kopf und kniff die Lippen zusammen. Dann schaute er mir in die Augen und wiederholte: »Ich habe nur gegen israelische Soldaten gekämpft.«

Diese Haltung erinnerte an meine Erfahrungen mit dem Wahrheitsgehalt der ersten Informationen, die wir von unseren palästinensischen Quellen bekommen hatten. T. E. Lawrence, der die Araber im Ersten Weltkrieg zum Aufstand gegen die Türken führte, hat die »Stammesangehörigen in den arabisch sprechenden Teilen Asiens« in seinem Buch »Die sieben Säulen der Weisheit« als ein »Volk des Schwarz und Weiß« beschrieben. Er sagte: »Ihr Denken fühlt sich nur wohl im Extremen. Sie bewegen sich am liebsten in Superlativen. Manchmal schien Unvereinbares ihren Geist erfaßt zu haben, das sie dann in verknüpfter Folge vorbrachten; aber sie suchten nie einen Ausgleich, führten die Logik mehrerer einander widersprechender Behauptungen bis zum unstimmigen Ende durch, ohne die Ungereimtheit gewahr zu werden.« Aber auch das, was Lawrence an anderer Stelle über die Araber schreibt, müßte von der Politik künftig berücksichtigt werden: »Sie waren ein Volk des ewigen Aufbruchs, für die das Abstrakte die stärkste Triebfeder war, der Anstoß zu unbegrenzter Kühnheit und Mannigfaltigkeit, und denen das Ende nichts bedeutete.«

Die Bemerkung Adnan Jabers war aber auch wie ein Schlaglicht, das die derzeitige Position Israels erhellt. Der Staat Israel steht seit seiner Gründung im Krieg. Er ist von 400 Millionen Feinden umgeben. Deren Politik zielt nicht auf Grenzkorrekturen, sondern auf die Vernichtung des Staates und seiner jüdischen Bürger. Völkermord ist Teil des Programms.

Dieser Bedrohung kann man nur gewachsen bleiben, wenn man sich in der mehrere tausend Jahre währenden Tradition sieht, von Gott oder von der Geschichte hervorgehoben zu sein. Anders zu sein erträgt sich aber nur, wenn man überzeugt ist, besser zu sein. Die Versuchung zum Hochmut, die aus dem Wissen kommt, auserwählt zu sein, wird begrenzt durch den Gehorsam gegenüber dem Gesetz.

Noch wird die feindliche Umwelt mit der Ratio der aschkenasischen und sephardischen Juden bewertet. Insoweit bleibt die Politik Israels kalkulierbar. Aber der Einfluß der Einwanderer und Heimgeholten aus Äthiopien und aus dem Jemen wächst. Wie sieht die Zukunft aus?

Am Katharinenkloster über der Kapelle mit den Totenschädeln reflektieren die Felsen des Sinai das Licht des Mittags wie die Klinge eines Damaszenerschwertes. Und über dem Tal, in dem das Volk Israel lagerte, als Moses das Gesetz holte, flimmert die Hitze der Wüste.

Terrorismus in Spanien

Das Jahr 1977 wurde zum Höhepunkt aller RAF-Operationen. Eine Bande von Terroristen, deren aktiver Kern niemals mehr als 25 Mitglieder umfaßte, forderte den Staat in die Schranken und drohte, seine Handlungsfähigkeit zu beschneiden. Die Auflistung der Aktionen aus diesem Jahr liest sich wie ein Kalendarium des Schreckens.

Am 5. Januar schossen Mitglieder der RAF am Grenzübergang Basel/Lörrach auf einen schweizerischen Zollbeamten, der sie kontrollieren wollte, und verletzten ihn schwer. Am 7. April ermordete ein Kommando der RAF Generalbundesanwalt Siegfried Buback und seine Begleiter Wurster und Göbel in Karlsruhe. Am 3. Mai wurden die RAF-Mitglieder Verena Becker und Günter Sonnenberg in Singen festgenommen; sie versuchten, sich den Weg freizuschießen und verletzten zwei Polizeibeamte schwer. Am 30. Juli wollte ein Kommando der RAF den Vorstandssprecher der Dresdner Bank, Jürgen Ponto, aus seinem Haus in Oberursel/Taunus entführen; als sich Jürgen Ponto widersetzte, wurde er erschossen. Am 25. August installierten zwei RAF-Mitglieder in einer Wohnung gegenüber dem Gebäude der Bundesanwaltschaft in Karlsruhe einen Flächenschußapparat; wenn dieses Gerät gezündet worden wäre, hätten zahlreiche Mitarbeiter der Bundesanwaltschaft den Tod gefunden. Am 5. September entführte das RAF-Kommando »Siegfried Hausner« Hanns-Martin Schleyer und ermordete seinen Fahrer und die drei Begleitbeamten.(Siegfried Hausner war nach der Besetzung der deutschen Botschaft in Stockholm durch ein RAF-Kommando am 24. April 1975 schwer verletzt worden und einen Monat später in der Krankenstation des Gefängnisses Stuttgart-Stammheim verstorben.) Am 19. September versuchte ein RAF-Mitglied, sich seiner Festnahme in Den Haag durch Schußwaffengebrauch zu entziehen; ein niederländischer Polizeibeamter wurde dabei schwer verletzt. Am 22. September erschoß Knud Folkerts in Utrecht einen niederländischen Polizisten, der ihn verhaften wollte. Am 13. Oktober entführte ein Palästinenser-Kommando die Lufthansa-Maschine »Landshut« in Mallorca mit 91 Geiseln an Bord zur Unterstützung der Operation des RAF-Kommandos »Siegfried Hausner«; der Pilot Jürgen Schumann wurde erschossen. Am 19. Oktober ermordeten Mitglieder des Kommandos »Siegfried Hausner« Hanns-Martin Schleyer. Am 10. November versuchten die RAF-Mitglieder Christoph Wackernagel und Gert Schneider, sich ihrer Festnahme in Amsterdam durch Schußwaffengebrauch zu entziehen; sie verletzten zwei niederländische Polizeibeamte schwer.

Die Ermittlungen zu dieser Serie von Terroranschlägen richteten sich gegen neunzehn Terroristen, davon zehn Frauen.

Zu diesem Zeitpunkt hatten sich in Spanien eruptionsartig terroristische Gewaltakte entwickelt, die bald alles in den Schatten stellen sollten, was sich bis dahin in Deutschland ereignet hatte. Die ETA (Euzkadi Ta Azkatasuna — Baskisches Vaterland und Freiheit) konnte auf eine lange Tradition ihres »Freiheitskampfes« zurückblicken. Neben ihr hatten sich zwei marxistisch-leninistische Terrororganisationen gebildet, nämlich die FRAP und die GRAPO.

Die FRAP (Frente Revolucionaria Antifascista Patriotica — Revolutionäre Antifaschistische Patriotische Front) war eine Geheimorganisation der maoistischen Partei PCE/ML, die sich 1973 gegründet und die man nach dem Tode von Francisco Franco im Jahre 1975 nicht verboten hatte. Ihre Mitglieder rekrutierten sich vorwiegend aus Studenten und Lehrern. Sie verachteten die neue spanische Opposition, einschließlich der orthodoxen Kommunisten, als »bourgeois«. Im Frühjahr 1975 startete die FRAP eine Mordserie. Sie erschoß mehrere Verkehrspolizisten aus dem Hinterhalt. In den meisten Fällen ermordete sie die Beamten vor der eigenen Haustür, wenn sie von ihrem Dienst nach Hause kamen. Diese Morde unterschieden sich deutlich von den offenen Feuergefechten, die sich die ETA damals noch mit der Polizei lieferte. Der FRAP fehlte eine ausreichende politische Basis. Sie ist heute ohne Bedeutung.

Die GRAPO (Grupo Revolucionario Antifascista del Primero Octubre — Revolutionäre Antifaschistische Gruppe des Ersten Oktober) ist eine Geheimorganisation der nichtverbotenen politischen Partei PCE (R). Der letzte Buchstabe steht für reconstituido, d.h. wiederhergestellt. Die GRAPO machte sich einen Namen, als sie am 1. Oktober 1974 an vier verschiedenen Stellen von Madrid je einen Polizeibeamten ermordete. Sie hat etwa 200 Mitglieder und ist vorwiegend im Raum Madrid und in Südspanien aktiv. In den Jahren 1975 bis 1976 ermordeten Mitglieder der GRAPO elf Polizeibeamte und zwei Bankbeamte. Sie raubten Waffen aus Armeedepots und führten zahlreiche Sprengstoffanschläge gegen Regierungsgebäude durch. Im September 1976 entführten sie den Präsidenten des Staatsrates, Antonio Maria de Oriol, im Januar 1977 den Generalleutnant Emilio Villaescusa. Am 12. Februar 1977 gelang es der Polizei, die beiden Geiseln unverletzt zu befreien und die Geiselnehmer zu verhaften.

Am Tag seiner Entführung hatte General Villaescusa seine Wohnung — wie üblich — um 8.30 Uhr verlassen. Ein Nachbar beobachtete, wie zwei junge Männer den General an den Armen packten und in eine hellblaue SEAT-Limousine drängten, die vor dem Hause geparkt war. Der Fahrer hatte offensichtlich mit laufendem Motor gewartet. Der Wagen brauste mit hoher Geschwindigkeit davon. Der Nachbar konnte sich noch erinnern, daß das PKW-Kennzeichen aus Huelva war und mit den Zahlen eins und acht begann.

Die Policia Nacional setzte 750 Beamte ein, um einen Wagen mit diesen Merkmalen auf den Straßen und Parkplätzen in Madrid zu finden. Nach zehn Tagen hatte sie Erfolg. Zwölf Beamte wurden eingesetzt, das verdächtige Fahrzeug rund um die Uhr zu beobachten. Am dritten Tag näherte sich ein junger Mann mit Bart dem PKW und schloß ihn auf. Die wartenden Polizisten sprangen aus ihrer Deckung, überwältigten den Mann und führten ihn ab. Nach einer dreistündigen »intensiven Vernehmung« gestand er, daß der Präsident des Staatsrates und General Villaescusa in der leeren Wohnung eines Appartementblocks in einem Barrio im Nordosten von Madrid festgehalten würden. Noch am gleichen Nachmittag schlich sich ein Kommando der Spezialeinheit der Polizei, die später unter dem Namen »Geo« bekannt werden sollte, zu der genannten Wohnungstür, zerschoß das Schloß und befreite die beiden Geiseln, die in einem leeren Wohnzimmer auf Stühlen festgezurrt waren. Die beiden Bewacher hatten keine Gelegenheit zur Gegenwehr.

Der Verfassungsschutz und die Polizei von Hamburg waren vierzehn Tage später zu einem Informationsaustausch in Madrid angesagt. Christian Lochte, dessen Abteilung auch für die Gewinnung von Informationen über den Internationalen Terrorismus zuständig war, und Otto-Werner Müller, Leiter der Staatsschutzpolizei, begleiteten mich. Die Kollegen der spanischen Polizei und der Securidad unterrichteten uns in allen Einzelheiten über den Ablauf der Operation. Ich fragte, weshalb sich der junge Mann, der bei der SEAT-Limousine festgenommen worden sei, so schnell zu einem Geständnis bereitgefunden habe. Die beiden Vernehmungsspezialisten schauten uns an und sagten: »Nun — wir haben ihn geschlagen!«

An derartige lateinische Verhörmethoden erinnerte ich mich wieder, als Ingrid Barabass, die von der französischen Polizei in Paris als RAF-Mitglied festgenommen worden war, im Jahre 1986 an die Bundesrepublik ausgeliefert wurde. Sie war dankbar, in den Händen der Beamten des Bundeskriminalamtes zu sein. Auch die französischen Kollegen hatten versucht, sie mit Gewalt zu Aussagen zu zwingen.

Die ersten Berührungen mit der ETA hatte ich Mitte der siebziger Jahre. Im August 1974 waren Maria und ich nach San Sebastian gefahren, um an der Semana Grande teilzunehmen, die damals noch verbunden war mit acht aufeinanderfolgenden großen Corridas. Ein befreundeter Bauunternehmer aus Sabadell und dessen Ehefrau, die ebenfalls in San Sebastian in Urlaub waren, hatten uns zu einem Abendessen in ein Dorf nordöstlich von San Sebastian eingeladen. Am Nachmittag desselben Tages war ein Polizist von einem Etarra erschossen worden. Wir wußten das nicht. Als wir nach San Sebastian zurückfahren wollten, kamen wir in eine Kontrolle der Guardia Civil. Wir hatten unsere Pässe vorzuzeigen. Unser Freund mußte seine Fahrzeugpapiere vorweisen. Sein Personalausweis und die Personalpapiere seiner Frau wurden sorgfältig kontrolliert. Ich wunderte mich, daß er diese eingehende Prüfung klaglos über sich ergehen ließ, seine Hände ständig sichtbar auf dem Lenkrad. Als wir die Kontrolle passiert hatten, fragte ich ihn. Er sagte: »Das war die Guardia Civil. Ich habe gefragt, weshalb die Kontrollen waren. Ein Mann der ETA hat einen Polizeibeamten erschossen. Das ist gefährlich. Die Guardias schießen jetzt, und dann erst fragen sie.«

Im Juni 1976 waren wir wieder im Baskenland. Wir wollten an der Fiesta in Pamplona teilnehmen. San Fermin ist am 7. Juli. Die zehn Tage davor wollten wir noch an der Concha d'Oro in San Sebastian baden, an einem Strand, der auch heute noch jeden Morgen mit Kehrmaschinen gereinigt wird. Wir wohnten wie immer im Hotel Avenida. Am Freitag, dem 27. Juni, hörten wir, daß an dem darauffolgenden Sonntag in Azpeitia, einem Dorf etwa 30 Kilometer östlich von San Sebastian, eine große Corrida stattfinden sollte. Als besondere Attraktion war »El Viti« angesagt, damals einer der zehn größten Matadore der klassischen Schule von Salamanca. Vorverkauf gab es nicht. Deshalb fuhren wir sehr frühzeitig nach Azpeitia. Als wir uns der Arena näherten, war der Vorplatz besetzt von etwa 600 jungen Leuten im Alter von sechzehn bis zweiundzwanzig Jahren, die alle einen grünen Parka trugen. Die meisten hatten sich auf den rechten Ärmel ihrer Jacke die baskische Nationalflagge aufgenäht, die Ikurrina. Auf der linken Brusttasche sah man zudem das aufgeklebte Foto eines jungen Mannes, der »Pertur« hieß.

In San Sebastian konnte ich klären, daß »Pertur« der Kriegsname des Chefs von ETA-politico-militar, Eduardo Moreno Bergerache, war. »Pertur« war wenige Wochen vorher verschwunden, angeblich entführt worden. Die militanten Basken waren davon überzeugt, daß die Guardia Civil »Pertur« ermordet hatte. Erst im Sommer 1978 fanden sich Beweise dafür, daß die Tötung von »Pertur« tatsächlich das Ende eines Fraktionskampfes innerhalb der ETA war. Der Mörder war Miguel Angel Apalategui, genannt »Apala«, Chef der ETA-militar.

Für die jungen Leute vor der Arena in Azpeitia im Juni 1976 galt »Pertur« noch als Opfer des »Staatsterrorismus« von Madrid. Es war unheimlich, daß keine Transparente entfaltet und keine Parolen gerufen wurden. Diskussionen gab es nicht. Alle waren einer Meinung. Aus der Menge kam von Zeit zu Zeit ein dumpfes Grollen, ähnlich dem Knurren eines Raubtieres vor dem Angriffssprung.

Die Arena wurde bewacht von fünfzehn Beamten der Guardia Civil, die ihre Maschinenpistolen entsichert im Anschlag hielten. Die Basken wußten das. Sie wußten auch, daß die Guardias schießen würden ohne Rücksicht auf ihr eigenes Leben.

Ich fragte einige junge Leute, ob sie Autonomie wollten und wie weit die Autonomie gehen sollte. Ein junger Mann mit der Figur eines Pelota-Spielers lachte und sagte: »Autonomie? Wir wollen die Unabhängigkeit!«

Der Stierkampf hatte soviel Klasse, daß Spannungen abgebaut wurden. Die 600 Gefolgsleute der ETA sammelten sich nach der Corrida zu einer

Demonstration, die zum Marktplatz von Azpeitia führte. Einer der jungen Männer drückte einen Aufkleber mit der Ikurrina auf unsere Windschutzscheibe. Als wir später den Demonstrationszug passierten, brachen immer wieder Beifallsstürme aus der Menge auf. Man hielt uns für ETA-Sympathisanten.

Im Hotel zurück, wurden wir von der Hausherrin beschimpft. Sie sagte, in einer Zeit, in der die ETA immer mehr Leute umbringe, könne man die baskische Nationalflagge nicht an der Windschutzscheibe seines Autos haben. Das sei eine Provokation. Maria Pilar — so hieß die Dame — stammte aus einer alten baskischen Familie. Sie hatte in den vierziger Jahren einen spanischen General geheiratet, der in Sevilla geboren war. In den Augen ihrer Landsleute war das ein »Moro«. Inzwischen lebte das Ehepaar getrennt. Sie war Eigentümerin des Hotels Avenida und verwaltete es mit Nonchalance und Geschick. Ihre beiden Kinder, ein Sohn namens Pablo und eine Tochter mit dem Namen Christina, waren im diplomatischen Dienst. Die Tochter ist heute Chefin des Protokolls im Auswärtigen Amt. Sie sagte mir einmal, daß sie sich in Madrid, wenn sie mit ihrem kleinen SEAT-Automobil und mit dem Kfz-Kennzeichen von San Sebastian fahre, als Baskin fühle und sich immer wieder über die Arroganz der politischen Oligarchie im Zentrum des Staates ärgern müsse. Wenn sie aber in San Sebastian sei, so habe sie kein Verständnis für die Gewaltaktionen einiger junger Leute, die vorgäben, das Baskenland zu repräsentieren, in Wirklichkeit aber zu einer verschwindenden Minderheit gehörten. Diese »verschwindende Minderheit« gewinnt bei Regionalwahlen aber immer wieder mehr als zwanzig Prozent der Stimmen.

Im November 1976 baten mich die Kollegen in Madrid zu einem Informationsaustausch. Ich konnte Anfang Dezember fahren. Das war die Zeit des Umbruchs nach Franco. Arrias Navarro hatte das Amt des Ministerpräsidenten inne. Er war belastet durch seine Vergangenheit als Innenminister unter Francisco Franco. Die konservativen Traditionalisten versuchten, einen Teil ihrer Politik in die neue Zeit hinüberzuretten. Sie hatten es verstanden, die Zweitpositionen in fast allen Ministerien mit jungen Technokraten zu besetzen, die ihre ersten administrativen Erfahrungen noch unter Franco gemacht hatten. Die meisten von ihnen waren Absolventen europäischer oder amerikanischer Hochschulen. Einer hieß Sanchez de Leon. Er war Vertreter des Innenministers. Er brachte mich mit dem Chef einer neuen sozialistischen Partei zusammen, die sich »Partido Socialista Obrero Espanol« nannte. Sein Name war Manuel Murillo Carrasco.

Sanchez de Leon wußte, daß ich Sozialdemokrat war. Sein Drängen auf Gespräche mit Manuel Murillo machte mich mißtrauisch. Es sah so aus, als ob die Traditionalisten und Christdemokraten hier die Neugründung einer Sozialistischen Arbeiterpartei begünstigen würden mit dem Ziel, dadurch ihren Machtanspruch nicht zu gefährden. Ich sprach mehrfach mit Manuel Murillo. Diese Diskussionen verstärkten meinen Verdacht. Ich beobachtete den ersten Parteikongreß. Bei ihm zeigte sich dann deutlich, daß es sich bei dem Unternehmen um nichts anderes handelte, als um eine Art von Kunstrasen, der von den Leuten bewässert wurde, die später Adolfo Suarez zur Macht bringen sollten.

In Bonn fragte ich Hans Matthöfer, damals Bundesfinanzminister, wie das Projekt der Sozialistischen Arbeiterpartei zu beurteilen sei. Er sagte, die SPD unterstütze nicht die Partei von Manuel Murillo Carrasco, sondern nur die PSOE von Felipe Gonzalez.

Am 19. Oktober 1977 war Hanns-Martin Schleyer ermordet worden. Spaniens Politiker und Polizisten waren beeindruckt von der entschiedenen Haltung der Bundesregierung, die den Forderungen der deutschen Terroristen nicht nachgegeben hatte. Offensichtlich konnte auch eine demokratische Regierung Stärke zeigen. Noch während der Entführung von Hanns-Martin Schleyer hatte ich dem spanischen Innenministerium eine Liste der Gesetze zur Abwehr des Terrorismus übermittelt, die unser Parlament beschlossen hatte, und die dazugehörigen Gesetzestexte. Innenminister war Martin Villa.

Durch das 11. Strafrechtsänderungsgesetz aus dem Jahre 1971 waren die Entführung von Luftfahrzeugen oder Attentate auf Flugzeuge mit Freiheitsstrafen nicht unter fünf Jahren belegt worden. Der Tatbestand einer erpresserischen Entführung wurde auf den Schutz Erwachsener erweitert. Durch das 12. Strafrechtsänderungsgesetz, ebenfalls aus dem Jahre 1971, erfolgte die Einführung des Tatbestandes gegen Geiselnahme. Die verfassungsfeindliche Befürwortung schwerer Gewalttaten und die Anleitung dazu wurden ebenfalls unter Strafe gestellt. Damit wurde ein wichtiger Bereich im Vorfeld zur Abwehr der eigentlichen Gewaltanwendung abgedeckt.

Durch das Gesetz zur Ergänzung des 1. Gesetzes zur Reform des Strafver-
fahrensrechts eröffnete sich im Jahre 1974 die Möglichkeit, Rechtsanwälte
von der Strafverteidigung auszuschließen, wenn sie dringend verdächtig
waren, an der Tat des Beschuldigten beteiligt zu sein oder den Verkehr mit
ihrem inhaftierten Mandanten zu Straftaten zu mißbrauchen oder dazu, die
Sicherheit der Vollzugsanstalt erheblich zu gefährden. Die Verteidigung
mehrerer Beschuldigter durch nur einen Verteidiger war nicht mehr möglich, damit nicht ein Beschuldigter zum Nutzen eines anderen in eine
ungünstigere Position geraten konnte. Die Zugehörigkeit zu einer Terrorgruppe wurde mit schwererer Strafe als früher bedroht und die Anzeige-
pflicht auch auf Straftaten von terroristischen Vereinigungen erstreckt.

Durch das Gesetz zur Änderung des Strafgesetzbuches und der Strafprozeß-
ordnung aus dem Jahre 1976 wurde für die Terroristen das Haftrecht verschärft und eine Überwachung des schriftlichen Verteidigerverkehrs ermöglicht. Noch während der Entführung von Hanns-Martin Schleyer erfolgte
der Erlaß des »Kontaktsperregesetzes«. Dieses Gesetz entstand aus der
Erkenntnis, daß die zeitweilige, völlige Unterbrechung aller Kontakte mit
inhaftierten Terroristen die Chancen zur Rettung einer Geisel wesentlich
erhöhen würden. Erst später wurden durch ein besonderes Gesetz die Durchsuchung aller Wohnungen eines Gebäudes und die Einrichtung von Kon-
trollstellen bei der Fahndung nach terroristischen Gewalttätern ermöglicht.
Außerdem erklärte man für zulässig, einen Verteidiger in einem Verfahren
gegen Terroristen dann auszuschließen, wenn Tatsachen dafür sprachen,
daß der Verteidiger mit seinem Mandanten neue Straftaten vorbereitete.
Schließlich wurde die bis dahin schon rechtlich zulässige Trennscheibe bei
Gesprächen zwischen dem Verteidiger und dem Beschuldigten zwingend
vorgeschrieben. Dadurch sollte die Übergabe von Gegenständen verhindert
werden.

Einige von unseren bundesrepublikanischen Gesetzestexten wurden 1978
von der spanischen Regierung im Parlament eingebracht und von den Cortes
beschlossen.

Im Dezember 1977 fragte das spanische Innenministerium bei der Innenbehörde in Hamburg an, ob man mich für einige Monate nach Madrid abord-
nen könne, um die spanischen Dienste »in der Aufklärung und Abwehr von

terroristischen Bestrebungen« zu beraten. Senator Werner Staack schickte seinen Vertreter, Staatsrat Dr. Frenzel, zu Staatssekretär Dr. Schüler nach Bonn, um abzuklären, ob die Bundesregierung Einwände haben könnte. Manfred Schüler hatte keine Bedenken. Er sagte Jürgen Frenzel, daß eine Rückfrage bei Minister Matthöfer ergeben habe, eine solche Abordnung könne aus politischen Gründen durchaus nützlich sein.

Vor dem 4. Juni 1978, dem Tag der Bürgerschaftswahl in Hamburg, konnte ich sowieso nicht gehen. Ein weiteres Hindernis war die Vertreterfrage. Auch seine Parteifreunde trauten meinem FDP-Stellvertreter nicht zu, das Landesamt in meiner Abwesenheit problemlos zu führen. Deshalb schlug ich Senator Staack vor, anstelle des FDP-Mannes den CDU-Mann Christian Lochte als Vertreter einzusetzen. Der Senator akzeptierte. Er konnte auch die FDP-Fraktion davon überzeugen, daß diese Umbesetzung notwendig war. Danach hatte auch Bürgermeister Klose keine Einwände, mich nach Spanien gehen zu lassen.

Hans Matthöfer schrieb einen Brief an Felipe Gonzalez, um ihn über meinen Auftrag aufzuklären. Dabei hob er hervor, daß ich die spanischen Sicherheitsbehörden bei Plänen zu beraten habe, sich »in einem demokratischen Rahmen zu reorganisieren und bei Überlegungen, die spanischen Gesetze zur Bekämpfung des Terrorismus dem deutschen System anzupassen«.

Einer der ersten Besuche in Madrid galt Felipe Gonzalez. Wir trafen uns in den Cortes. Er redete so schnell, daß ich Mühe hatte, ihm zu folgen. Bei der Erläuterung seiner Position zur baskischen Frage betonte er die besonderen Eigenheiten der baskischen Tradition. Er sagte, daß man diesen historischen Wurzeln in einem besonderen Autonomiestatut für das Baskenland Rechnung tragen müsse. Das war damals für den Chef einer Oppositionspartei, deren künftige Regierungsverantwortung auf Zentralismus orientiert war, sehr ungewöhnlich.

Wir hatten uns in das neue Haus in Mirasierra noch nicht eingewöhnt, als das erste Attentat geschah. Das war am 21. Juli 1978. Eine Rotte von Terroristen streckte General Juan Sanchez Ramon und seinen Adjutanten Oberstleutnant Perez Rodriguez mit einer Salve aus ihren Maschinenpistolen nieder, als der General aus seiner Wohnung kam und in das wartende Fahrzeug mit seinem Adjutanten einsteigen wollte.

Maria und ich waren am späten Vormittag nach Toledo gefahren, um die Stadt zu besichtigen und perdizes zu essen, das sind Rebhühner. Perdizes sind die Spezialität eines Restaurants am Rande der Stadt, das wie eine Bastion hoch über dem tiefen Tal des Tajo liegt. Beim Nachtisch erreichte uns ein Kurier des Ministers. Ich wurde gebeten, sofort ins Ministerium zurückzukommen, um dort ein Fernsehinterview zu geben über die Hintergründe und Auswirkungen des Attentats vom Vormittag. Ich hatte keine Zeit mehr, mich umzuziehen. In der Fernsehsendung versuchte ich darzulegen, daß es sich bei dem Anschlag nicht um eine Aktion der ETA handeln konnte, sondern — dem Modus operandi folgend — das Attentat entweder die Handschrift der FRAP oder der GRAPO trage. Einige Wochen später ergaben sich Hinweise, daß der Anschlag eine — damals wie heute ungewöhnliche — gemeinsame Operation gewesen sein konnte zwischen ETA-militar und GRAPO. Organisator dieser neuen Allianz sollte Miguel Angel Apalategui gewesen sein, genannt »Apala«, der Mörder von »Pertur«, dem Chef von ETA-politico-militar.

Mein früher Fernsehauftritt brachte Schwierigkeiten. Ich hatte noch keine Gelegenheit gehabt, mich dem deutschen Botschafter in Madrid vorzustellen. Nun mußte er aus den Medien erfahren, daß ein deutscher Verfassungsschützer in Spanien weilte, um der Polizei zu helfen. Außerdem waren schon Beschwerden eingegangen. Einige Botschaftsangehörige und vor allem der deutsche Generalkonsul in Bilbao, Wolf-Dietrich Weiss, fürchteten, daß meine Arbeit in Spanien und ihre Erwähnung in den Medien die ETA veranlassen könnten, jetzt auch deutsche Diplomaten als potentielle Zielpersonen für Attentate einzuplanen.

Botschafter Dr. Lothar Lahn — damals Nachbar von Dr. Manfred Schüler in Pech bei Bonn — beschaffte sich meine Anschrift und Telefonnummer in Madrid über mein Büro in Hamburg. Er ließ mich anrufen und bat um eine Unterredung. Ich erläuterte ihm meine Aufgabe. Er sagte, daß man diese Arbeit vielleicht mit etwas mehr Zurückhaltung und Diskretion anfassen sollte. Ich meinte, mit Diskretion könne man keine Erfolge in der Bekämpfung des Terrorismus erzielen. Außerdem hätte ich mich der Bitte des spanischen Innenministers, mich für ein Fernsehinterview zur Verfügung zu stellen, kaum entziehen können. Wir einigten uns schließlich dahingehend, daß jeder von uns seinen Job nach seinen eigenen Vorstellungen durchführen müsse.

Michael Vermehren, damals Korrespondent des ZDF in Madrid, hatte mein Fernsehinterview ebenfalls gesehen. Auch er beschaffte sich meine Telefonnummer über mein Büro in Hamburg. Wir verabredeten ein gemeinsames Abendessen. Ich plante, ins Baskenland zu reisen. Michael Vermehren empfahl mir, in Bilbao unbedingt mit Xabier Arzallus zu sprechen. Senor Arzallus habe in Deutschland studiert, und zwar zunächst Theologie und später Jurisprudenz. Heute sei er Anwalt in Bilbao. Er habe über seine jeweiligen Funktionen in der »Partido Nacional Vasco« (PNV) hinaus maßgebenden Einfluß auf die künftige baskische Politik. Man könne ihn als den »ungekrönten König des Baskenlandes« betrachten.

Ich traf Xabier Arzallus in San Sebastian. Das war auf dem Höhepunkt einer Entwicklung, die Vermutungen bestärkte, daß die Zentralregierung in Madrid ihr Versprechen, die traditionellen Sonderrechte der Basken — die fueros — in der kommenden Gesetzgebung der Cortes zu berücksichtigen, nicht einhalten würde. Eine große Mehrheit der baskischen Bevölkerung schwankte nun zwischen der Furcht vor den Terroristen und der Sympathie, zumindest dem Verständnis, für die Aktionen der ETA. Die Terroristen waren inzwischen von Mordanschlägen gegen Offiziere der Guardia Civil und der spanischen Nationalpolizei zu Geiselnahmen von baskischen Industriellen übergegangen. Sie brauchten Geld für ihre Operationen.

Im Jahre 1976 hatten sie den Industriellen Berazadi aus San Sebastian entführt, in einer Scheune in einem baskischen Dorf in einen Sack eingenäht und an einem Pfosten angekettet. Einflußreiche Männer aus dem Baskenland, die Anfang der sechziger Jahre zum Teil noch selbst Mitglied der ETA gewesen waren, setzten sich mit der Spitze der Terror-Organisation in Verbindung, um sie vor einem Mord an Berazadi zu warnen. Der damalige Führer und Chefideologe des politischen Flügels der ETA, Euardo Moreno Bergerache, genannt »Pertur«, stimmte zu, daß man Berazadi nach Zahlung des Lösegeldes freilassen müsse. Der spätere Kommandeur von ETA-militar, Miguel Angel Apalategui, genannt »Apala«, nahm »Pertur« den Fall aus der Hand und ermordete Berazadi mit einem Genickschuß, nachdem die ETA das Lösegeld erhalten hatte. Kurz darauf verschwand »Pertur«; seine Familie beschuldigte »Apala«, den Konkurrenten ermordet zu haben.

Einige Tage, bevor ich mit Xabier Arzallus in San Sebastian sprach, waren Meldungen in der Presse erschienen, daß »Apala« inzwischen ebenfalls ermordet worden sei, und zwar im Zuge von Auseinandersetzungen zwischen ETA-militar und dem politischen Flügel der ETA über die künftige Politik. Anfang 1977 hatte die ETA den Großindustriellen Ybarra aus Bilbao entführt. Als er von den geforderten 400 Millionen Peseten Lösegeld zunächst nur 200 Millionen aufbringen konnte, wurde er ermordet.

Kurz danach fiel der Präsident der Deputation von Bilbao, Unceta, der als Befürworter einer gemäßigten Autonomie-Regelung galt, mitsamt seinem Bewacher der ETA zum Opfer.

Diese Aktionen führten zahlreiche Industrielle und auch viele kleinere Geschäftsleute dazu, Schutzgelder — sogenannte Revolutionssteuern — an die ETA zu zahlen. Der Inhaber eines Geschäftes für Hemden und Pullover im Parte Vieja in San Sebastian, den ich mehrfach besuchte, sagte mir, daß auch er Revolutionstaxe bezahle. Mit seinem Sohn, 19 Jahre alt, könne er darüber nicht reden. Er fürchte, daß dieser auch für die ETA kämpfe.

Xabier Arzallus gab mir eine detaillierte Schilderung über die bisherigen Operationen der ETA, über ihre verschiedenen Fraktionen und die daraus folgenden internen Auseinandersetzungen sowie eine eingehende Beschreibung der Persönlichkeit der Funktionäre, mit denen man bei Gesprächen oder »Verhandlungen« rechnen mußte. Er regte an, daß wir uns am nächsten Tag mit »anderen guten baskischen Männern« im Restaurant Nikolaschka zum Mittagessen treffen sollten.

Neben Xabier Arzallus waren die herausragenden Persönlichkeiten dieser Herrenrunde Luis Maria Retolaza, ein Fabrikant aus Bilbao, und Eli Galdos, Kaufmann und damals Alcalde in Oñate, einem Städtchen in Guipuzkoa. Alle Teilnehmer der Zusammenkunft hatten eine solide ökonomische Basis. Im Gegensatz zu vielen anderen europäischen Politikern brauchten sie die Politik nicht, um davon leben zu können. Die meisten hatten ihre

Unternehmen an die Söhne oder an Geschwister übergeben, um unabhängig zu sein und ihre ganze Kraft für das Baskenland einsetzen zu können. Andere befanden sich auf dem Wege dazu, das zu tun.

Die baskische Küche war ausgezeichnet und reichlich. Nach dem Hors d'oeuvre und der Suppe hielt Xabier eine kleine Ansprache. Er versuchte, den Zweck des Zusammentreffens zu erklären. Er meinte, daß Deutschland und das Baskenland schon seit mehr als 150 Jahren über eine besondere Beziehung verfügten. Wilhelm von Humboldt habe Anfang des 19. Jahrhunderts zweimal Spanien und das Baskenland besucht. Nach seiner ersten Reise in die nordspanischen Provinzen im Jahre 1801 habe er geschrieben, die Zentralregierung in Madrid behandele die Basken »mit Härte und Eifersucht«. Dieses gelte bis heute. Höhepunkt der Diskriminierung baskischer Eigenständigkeit sei die Zeit unter Franco gewesen. Das habe die Entstehung der ETA zur Folge gehabt.

Dies war prinzipiell richtig, und zwar unabhängig von der Frage, ob und inwieweit man die Anwendung von Gewalt rechtfertigen kann. Ich selbst erlebte Ende der fünfziger Jahre in einem kleinen Dorf in der Nähe von San Sebastian, daß ein Baske eine Geldstrafe bezahlen mußte, weil er in der Öffentlichkeit, d.h. auf der Straße, Baskisch gesprochen hatte.

Xabier Arzallus schloß seine Tischrede mit einem Appell an künftige Möglichkeiten. Er hoffe, so sagte er, daß Deutschland den Basken mit seinen neuen demokratischen Erfahrungen helfen könne. Inzwischen habe die Bundesrepublik dreißig Jahre lang den Umgang mit föderalistischen Strukturen gelernt. Das sei ein Weg, der vom Zentralismus wegführe. Wenn Madrid diesem Beispiel zu folgen bereit sei, so könne das den baskischen Weg zur Selbstbestimmung unterstützen. Der Ausdruck »Selbstbestimmung«, den Xabier gebraucht hatte, verwischte die Grenzen zwischen Autonomie und Unabhängigkeit.

Nach dem Essen saßen wir noch bei einem Cognac und einer Zigarre der Marke »Montecristo Quatro« zusammen. Die Probleme der inneren Sicherheit kamen zur Sprache. Alle waren der Überzeugung, daß die künftige baskische autonome Regierung eine eigene Polizei haben müßte. Einer der Teilnehmer meinte: »Wenn wir das haben, werden wir das Problem der ETA sehr schnell lösen. Wir werden mit diesen Jungen nicht so zimperlich umgehen wie die Polizei aus Madrid.«

Ich widersprach. Die künftige Polizei des Baskenlandes könne wohl kaum auf die Vernehmungsmethoden der Franco-Zeit zurückgreifen. Sie dürfe sich bei der Praktizierung von Demokratie, und dazu gehöre auch die gesetzliche Begrenzung des staatlichen Gewaltmonopols, von keiner Behörde aus Kastilien übertreffen lassen. Außerdem sei nicht zu verkennen, daß der Aufbau einer eigenständigen baskischen Polizei Jahre in Anspruch nehmen werde. In den spanischen Sicherheitsbehörden gebe es wahrscheinlich keine Basken in leitender Funktion, auf deren Erfahrung man zurückgreifen könne. Es sei zwar richtig, daß die Bekämpfung des Terrorismus »vor Ort« geschehen müsse. Die Abwehr des Terrorismus hänge aber in erster Linie davon ab, daß die Polizei über zuverlässige nachrichtendienstliche Informationen verfüge. Voraussetzung sei also ein überregionaler Nachrichtenverbund. Deshalb müßten die künftige baskische Regierung und die spätere baskische Polizei mit Madrid zusammenarbeiten.

Im Herbst 1978 schickte ich den baskischen Politikern, zu Händen von Xabier Arzallus, eine Ausarbeitung über die Organisation, die Aufgaben und die Rechtsgrundlagen der deutschen Polizei und der deutschen Nachrichtendienste sowie ein Referendum über die Mechanismen der Zusammenarbeit zwischen Polizei und Verfassungsschutz. Im Juni 1979 kamen Xabier Arzallus, Luis Maria Retolaza und Eli Galdos nach Hamburg, um an Beispielen aus der Praxis zu vertiefen, was sie gelesen hatten. Im Bundesland Hamburg sollte demonstriert werden, wie Föderalismus funktioniert.

Wir hatten ein zehn Tage umfassendes Besuchsprogramm mit zahlreichen Präsentationen organisiert. Die baskischen Freunde waren sehr an den Einstellungskriterien und an der schulischen Ausbildung für Polizisten in Hamburg und in der Bundesrepublik interessiert. In einem vorbereitenden Brief hatten sie gebeten, darüber unterrichtet zu werden, welche Voraussetzungen ein Bewerber für den Polizeidienst haben sollte und welche Ausbildungsprofile für die einzelnen Polizeilaufbahnen üblich seien. Wir hatten deshalb allein für die Besichtigung der Landespolizeischule in Hamburg zwei Tage vorgesehen.

Bei der Präsentation der technischen Geräte, Wasserwerfer oder Mannschaftswagen der Bereitschaftspolizei etwa, fragten die Basken jedesmal nach dem Preis. Und jedesmal zuckten sie zusammen, wenn ihnen die Summen genannt wurden.

In der Schlußbesprechung, die in meinem Büro im Johanniswall Nr. 4 stattfand, fragten sie mich, ob ich ihnen nicht eine schriftliche Zusammenfassung des Gezeigten schicken könne. Ich hatte das vorausgesehen und mich entsprechend vorbereitet. Ich konnte sofort ein Manuskript übergeben, etwa 30 Seiten stark, in dem das Besichtigungsprogramm aufgelistet war bis hin zu den Kostenfaktoren der Besichtigungsobjekte. Der letzte Absatz enthielt einen Katalog von zehn Punkten, die nach unserer Auffassung beim Aufbau einer autonomen baskischen Polizei unbedingt beachtet werden mußten.

Bei der Erläuterung wies ich noch einmal darauf hin, daß die baskische Autonomie auf zwei Säulen ruhen müsse, nämlich auf Polizei und Geld. Die Verhandlungen mit Madrid sollten das Ziel haben, die Verantwortung für die innere Sicherheit in der baskischen Region in die Hand einer autonomen baskischen Regierung zu legen; diese Regierung müsse auch maßgebend sein für die Verteilung des Steueraufkommens im Baskenland.

Während der Diskussion fragte Xabier Arzallus, was die Basken wohl aus der jüngeren deutschen Geschichte, d.h. dem Wiederaufbau der Demokratie, lernen könnten. Ich meinte, das Baskenland solle durchaus die deutschen Erfahrungen beim Aufbau und in der Arbeitsweise der Polizei sowie in der Organisation des Finanzwesens übernehmen. Für die Gestaltung der allgemeinen Politik aber gebe es — abgesehen vielleicht vom Prinzip des Föderalismus — keine typischen deutschen Beispiele. Die Basken müßten jetzt zeigen, daß sie — nach 40 Jahren Franco-Diktatur und jahrhundertelanger Abhängigkeit von Madrid — autonome und demokratische Politik verwirklichen könnten. Aus freien und geheimen Wahlen werde ein Parlament entstehen. Entsprechend der daraus resultierenden Mehrheitsverhältnisse werde man dann eine Regierung bilden. Er, Xabier, habe ja bestimmte Vorstellungen für die künftige Entwicklung des Baskenlandes. Er sei angesehener Professor für Staats- und Verfassungsrecht. Deshalb solle er sich als Kandidat für den Posten des Regierungschefs zur Verfügung stellen.

Xabier winkte ab und sagte: »Nein, nein. Ich kann mehr Einfluß ausüben, wenn ich außerhalb der Verantwortungen bleibe, die ein Staatsamt mit sich bringt.«

Ich ergänzte, daß für die ersten Jahre der neuen baskischen Politik der Posten des Innenministers von großer Bedeutung sei. Die demokratische Entwicklung des Baskenlandes hänge weitgehend davon ab, ob und wie schnell es gelinge, den Terrorismus der ETA auszulöschen, zumindest einzudämmen. Der künftige baskische Innenminister müsse sich aber deutlich unterscheiden von dem, was von der Zentralregierung in diesem Ressort bisher eingesetzt worden sei, gestützt auf den funktionierenden Apparat des Cuerpo Superior de la Policia, der Policia Nacional und der Guardia Civil. Im Gegensatz zu dem Mann aus Madrid solle der Minister aus Vitoria tunlichst kein Berufspolitiker sein, eher ein unabhängiger Bourgeois, mit der Fähigkeit zu Ausgleich und Kompromiß. Als Director General der künftigen baskischen Polizei könne man daran einen Hardliner nehmen, der mit starker Hand nach innen für Ordnung sorgen und den Aufbau der Polizeiorganisation zügig voranzutreiben in der Lage sei. Die beiden Kandidaten für diese Positionen, so fügte ich hinzu, wären Luis Maria Retolaza und Eli Galdos.

So kam es dann auch. Bei Bildung der ersten baskischen Regierung am 29. April 1980 wurde Luis Maria Innenminister; Eli ernannte man zum Generaldirektor einer Polizei, die noch nicht existierte.

Luis Maria hatte in den sechziger Jahren gegen das Franco-Regime gekämpft und mußte sich damals verborgen halten. An den Feiern zur Erstkommunion seiner Kinder konnte er nicht teilnehmen, weil die Guardia Civil in der Kirche darauf wartete, ihn verhaften zu können. Eli gehörte der ETA an, bevor diese sich ihre marxistisch-leninistische Tünche gegeben hatte. Luis Maria war Fabrikant und hatte sein Unternehmen an Verwandte übergeben, bevor er in die Politik eintrat. Eli leitete ein kleineres Unternehmen in Oñate und war Alcalde, d.h. Bürgermeister, dieses Städtchens. Beide sind Beispiel für ein Engagement aus Patriotismus, das viele Politiker der PNV auszeichnet. Für sie bedeutet Politik kein Job zum Broterwerb, sondern häufig nur Verzicht auf bessere Einkunftsmöglichkeiten im nichtpolitischen Bereich.

Im März 1980, als ich nach meinem Herzinfarkt zur Rehabilitation im Jägerwinkel in Bad Wiessee war, besuchten mich Xabier und Luis Maria. Sie baten mich, nach meiner Genesung ein Gespräch mit der Geschäftsleitung des Atomkraftwerkes Lemoniz, in der Nähe von Bilbao, zu führen. Die Direktion beabsichtige, Sicherheitsvorkehrungen gegen mögliche Anschläge der ETA zu treffen. Ich wandte ein, daß ich zwar eine Gefahrenanalyse erstellen könne, aber mangels eigener Erfahrung nicht in der Lage sei, bestimmte Empfehlungen zu geben, welche Schutzmaßnahmen im technisch-materiellen Bereich durchgeführt werden müßten. Dazu solle man sich besser an Firmen wenden, die sich auf derartige Beratungen spezialisiert hätten. Ein Freund von mir, ehemaliger CIA-Beamter, sei Mitinhaber eines solchen Unternehmens, Sitz San Francisco.

Der Name des Unternehmens war »Research West Incorporated«, Gründerin Patricia Atthow, genannt Pat, eine Dame irischen Ursprungs. Nach Watergate hatte die amerikanische Politik nicht nur die CIA kastriert und deren operative Möglichkeiten stark beschnitten. Die »Freedom of Information Act« hatte auch zahlreiche regionale Polizeibehörden veranlaßt, ihre Archive, die über Jahrzehnte gewachsen waren und Personalerkenntnisse enthielten, die weit über Strafregisterauszüge hinausgingen, aufzulösen. Der Mann von Pat Atthow war hoher Polizeibeamter gewesen und mußte aus Krankheitsgründen vorzeitig in Pension. Der Zeitpunkt traf mit der Watergate-Affäre zusammen. Er nahm das Archiv mit. Pat profitierte davon und gründete eine eigene Organisation. Die Erkenntnisse, die ihr Mann mitgebracht hatte, betrafen Personen in ganz Kalifornien, vorwiegend im Norden des Staates.

Mein Freund Harold Chipman, der sich »Chip« nennen ließ, machte die Analysen, jeweils bezogen auf die Gefährdungsaspekte der einzelnen Unternehmen. Und Pat verkaufte sie, vollbusig, mit breitem Zahnweiß-Lächeln und mit keltischer Rhetorik. Als das Geschäft in den USA florierte, versuchten die beiden, auch den internationalen Markt zu besetzen. Sie gründeten Dependancen in London, Tokio und Singapur. Zur Werbung in den USA veranstalteten sie mehrere Konferenzen. An zwei dieser Zusammenkünfte in San Francisco und an einer Veranstaltung in New York, im »Plaza«, nahm ich teil. Das war so etwas wie eine Frontberichterstattung für die Etappe. Das mittlere und obere Management bestimmter Schlüsselindustrien — Öl, Elektrizität, Atomkraft und Verkehr — lauschte hingerissen den Erfahrungsberichten von einigen Experten, darunter General Yehosafat Harkabi aus Israel, Professor Franco Ferracuti aus Rom und Robert Moss aus London. Nach Watergate, als sich der Staat aus der vorbeugenden Sicherheit für Industrie und Wirtschaft weitgehend abgemeldet hatte, wurden in den Vereinigten Staaten Privatunternehmen, die sich mit der Analyse des Internationalen Terrorismus beschäftigten, zum großen Renner.

Robert Moss, der einige Bücher zum Thema geschrieben hatte, konnte dabei das Auditorium durch einige nonchalante Nichtigkeiten überzeugen, und zwar nur deshalb, weil er das Thema in dem ihm eigenen makellosen Oxbridge-English behandelte. Dabei war der Mann nicht aus England, sondern aus Australien und hatte weder in Oxford noch in Cambridge studiert.

Chip erhielt den Auftrag, eine Skizze zu entwerfen, welche Sicherheitsmaßnahmen in Lemoniz eingerichtet werden sollten und welche schon existierenden Schutzvorrichtungen verbessert werden müßten. Im August 1980 trafen wir uns zu einer Besprechung mit der Geschäftsleitung. Wir redeten auch über die Gefährdung von Personen. Der leitende Ingenieur, José Maria Ryan Estrada, sagte uns, er sei Baske, seine Familie lebe schon seit dem Mittelalter im Baskenland. Deshalb könne er sich nicht vorstellen, jemals Zielperson für Mordanschläge der ETA zu werden. Ich wandte ein, daß die ETA in jüngster Zeit einige Restaurantbesitzer umgebracht habe, in deren Betrieben mit Rauschgift gehandelt worden sei. Die ETA bemühe sich um eine breitere Sympathiebasis in der Bevölkerung. Vertrieb und Konsum von Rauschgift seien zu einem großen Problem für das Baskenland geworden. Der Kampf gegen Dealer sei deshalb populär. Ähnliches gelte für Umweltfragen. Die Anti-Kernkraft-Bewegung habe jetzt auch in Spanien Erfolge. Die ETA werde wahrscheinlich versuchen, auch davon zu profitieren. Deshalb sei jeder, der in leitender Position an der friedlichen Nutzung der Kernenergie arbeite, gefährdet. Ryan Estrada lachte und meinte: »Solange ich nicht konkret bedroht bin, d.h. schriftlich gewarnt werde, bleibe ich ohne Personenschutz und benutze kein gepanzertes Fahrzeug.«

Am 6. Februar 1981 wurde Ryan Estrada von der ETA ermordet. Sein Nachfolger, Angel Pasqual Mugica, starb am 5. Mai 1982 im Kugelhagel. Das

Atomkraftwerk arbeitet bis heute nicht. In Lemoniz hat der Terror der ETA gewonnen.

Nach Beendigung der Gespräche mit dem Management des Atomkraftwerkes blieb ich noch zwei Tage bei den baskischen Freunden. Es ging um den Aufbau der autonomen baskischen Polizei. Ich empfahl Xabier Arzallus, sich der Unterstützung der Firma Knight-Wegenstein zu versichern. Der Hamburger Senat habe sich vor einigen Jahren von diesem Unternehmen eine Strukturanalyse machen lassen und auf dieser Basis die Hamburger Polizei reorganisiert und den modernen praktischen Erfordernissen angepaßt.

Xabier beriet sich mit dem Ministerpräsidenten, damals noch Carlos Garaikoetxea, und den Kabinettsmitgliedern. Dann fragte er mich: »Kannst Du selbst nicht eine solche Analyse für uns machen? Du bist unser Freund! Wir haben Vertrauen zu Dir.« Ich sagte: »Das kann ich nicht alleine machen. Ich brauche dazu eine kleine Equipe von Fachleuten, einige pensionierte Polizeibeamte.« Man war einverstanden.

Vierzehn Tage später stand die Mannschaft. Die Arbeit begann. Nach einem halben Jahr lieferte ich der inzwischen etablierten baskischen Regierung ein dickleibiges Kompendium ab, etwa 300 Seiten, das alle Details für die Organisation und für die Aufgabenstellung einer autonomen baskischen Polizei enthielt, bis hin zu den Ortsbestimmungen und Einsatzzahlen der einzelnen Polizeireviere.

Die angestrebte Personalstärke von 7.000 Schutzpolizisten für das Baskenland ist noch nicht erreicht. Die Abschottung gegen die Versuche der ETA, die neue Polizei zu infiltrieren, greift nicht immer. Die bisher eingesetzten 4.000 bis 5.000 Beamten arbeiten nach dem Hamburger Vorbild mit bemerkenswerter Wirkung. Die Polizeiakademie in der Nähe von Vitoria ist dem Beispiel der Landespolizeischule in Hamburg nachgebildet.

Die baskischen Freunde waren und sind so sehr auf das deutsche Beispiel fixiert, daß sie sich manchmal selbst darüber lustig machen. Bei einer Parade der Kadetten der Polizeiakademie, an der auch junge weibliche Polizisten teilnahmen, sagte Luis Maria zu mir: »Du siehst, wir folgen in allen

Dingen Eurem Beispiel. Die jungen Polizistinnen haben solche schönen und starken Brüste wie die deutschen Frauen.« Ich weiß nicht, welchen Frauen Luis Maria in Deutschland begegnet ist.

Bei der Organisation und Ausbildung einer Spezialtruppe zur Bekämpfung des Terrorismus, vergleichbar unserer GSG 9, waren deutsche Experten nicht beteiligt. Hierbei haben sich die Basken von Fachleuten der britischen SAS helfen lassen. Ich konnte das Ausbildungslager der Berozis, so heißen die Mitglieder dieser Spezialtruppe, in den baskischen Bergen mehrfach besuchen und ihre Übungen beobachten. Die Berozis waren mindestens so gut wie die Geos der Zentralregierung in Madrid.

Als das Hamburger Polizeimodell zum Erfolg wurde, bat mich der Vorstand der PNV, einen geheimen baskischen Nachrichtendienst zu organisieren. Dieser Geheimdienst solle zwar Informationen für die baskische Regierung beschaffen und auswerten, in der Finanzierung und in der Hierarchie aber an die Parteiführung und nicht an das Kabinett angebunden sein. Dadurch wolle man vermeiden, daß ein künftiger möglicher Koalitionspartner in der Regierung, z.B. die PSOE, Einfluß auf den Dienst gewinnen könne.

Das war nun mein Metier. Ich entwarf ein Organogramm für den geheimen baskischen Nachrichtendienst, mit detaillierten Anweisungen für die Arbeitsmethoden von Auswertung und Beschaffung. Im operativen Bereich lag der Schwerpunkt der Empfehlungen bei der Anbahnung, Werbung und Führung von geheimen Mitarbeitern. Die Schilderung der Observationsmethoden war angereichert durch Operationsskizzen. Im Hinblick auf die Tatsache, daß der neue Nachrichtendienst weder de facto noch de jure Teil der staatlichen Administration sein sollte, schlug ich vor, ihm einen unverfänglichen Namen zu geben. Das wurde akzeptiert. Der Dienst arbeitet auch heute noch nach dem Vorbild des Verfassungsschutzes von Hamburg. Sein Name lautet »El Club«.

1982 plante die ARD eine Fernsehdokumentation über die ETA. Paul Mautner vom Bayerischen Rundfunk, der sich als Spezialist für Terrorismus ausgewiesen hatte, sollte das machen. Ich wurde gebeten, ihn zu beraten. Wir versuchten, das breite Band der verschiedenen Fraktionen der ETA abzudecken durch Interviews mit Patrioten, Proletariern und Intellektuellen.

Erster Interviewpartner war Jon Idigoras, Mitglied des Vorstandes von Herri Batasuna (HB), dem politischen Arm der ETA. Angeblich repräsentiert er die Arbeiterklasse und die Basis, die sich für marxistisch-leninistisch hält. Idigoras trat als Einpeitscher bei den meisten Demonstrationen auf, dabei immer in vorderster Reihe, mit zerfurchtem Gesicht und strähnigem Haar. Er kultivierte eine Art von Schlabberlook, den er wohl für proletarisch hielt. Im Interview spulte er die fünf Punkte der »Alternative KAS« ab, die zum Programm der HB gehörten, darunter die utopische Forderung, daß sich die spanische Armee aus der baskischen Region zurückziehen müsse.

Nach dem Fernsehgespräch saßen wir noch lange mit ihm und seinen Genossen bei Käse und Rotwein zusammen. Es ging laut und herzlich zu.

Eine vollkommen andere Persönlichkeit war Iñaki Esnaola, unser nächster Gesprächspartner. Er hatte eine gutgehende Anwaltskanzlei in San Sebastian und war das Porta voz, das Sprachrohr, von Herri Batasuna. Er trug einen kurzgestutzten schwarzen Kinnbart, hatte eine hohe Stirn, fast schon eine Glatze, und ähnelte in Physiognomie und fanatischem Ausdruck seinem Namenspatron Ignatius von Loyola. Er redete so schnell, daß die späteren Übersetzer des Interviews in München erhebliche Schwierigkeiten mit der Übertragung hatten. Im September 1990 wurde er durch einen Sprengstoffanschlag in Madrid schwer verletzt, mit Folgeschäden bis heute. Bisher ist nicht geklärt, wer die Attentäter waren. Man vermutet, daß es sich um Leute von der GAL handelte, eine Geheimorganisation, die die ETA mit den Methoden des Terrorismus bekämpft, bezahlt wahrscheinlich von der spanischen Industrie und organisiert von ehemaligen Beamten der spanischen Polizei oder der Guardia Civil. Andere Beobachter halten es für möglich, daß Iñaki Esnaola Opfer von Fraktionskämpfen innerhalb der ETA wurde. Seit dem Attentat hat sich Iñaki nicht mehr am politischen Leben beteiligt.

In San Sebastian machten wir auch ein Interview mit dem deutschen Konsul Eugen Beihl. Er war eines der ersten Opfer des Terrorismus der ETA. Die ETA-politico-militar hatte ihn im September 1971 aus seinem Haus über der Concha in San Sebastian entführt, nach Südfrankreich verschleppt und im Hause eines katholischen Pfarrers, eines Basken natürlich, festgehalten. Erst nach mehreren Wochen konnte Beihl sich befreien und nach San Sebastian zurückkehren.

Als wir das Fernsehgespräch auf der Plaza Central in San Sebastian führten, stürmte plötzlich eine Rotte junger Männer laut schreiend auf uns zu. Ich wußte nicht, was vor sich ging, da ich das Geschrei nicht verstand. Als ich mich umblickte, waren Eugen Beihl, Paul Mautner und der Kameramann verschwunden. Sie hatten sich in eine Bar zurückgezogen, um erst einmal die Entwicklung auf dem Platz abzuwarten. Ich versuchte, die jungen Leute zu beruhigen. Ein 25jähriger Mann mit Bart schien der Sprecher zu sein. Ich fragte ihn, was das Ganze solle. Er schrie: »Dieser Beihl ist ein alter Nazi. Er ist zu Recht entführt worden. Wenn ihr den über die ETA befragt, dann bekommt ihr nur falsche Auskünfte. Der Mann muß zurück nach Deutschland.« Ich erwiderte, daß wir uns einen möglichst breiten Überblick über alle Probleme verschaffen wollten, die mit der baskischen Autonomie und Selbstbestimmung zusammenhingen, und daß wir um eine objektive Darstellung bemüht seien. Wir seien auch mit maßgebenden baskischen Politikern in Verbindung, wie z.B. mit Carlos Garaikoetxea und mit Xabier Arzallus. Als ich den Namen von Xabier nannte, schrie mein Gesprächspartner erneut auf: »Arzallus! Dieser Jesuit!« Erst als ich unsere Gespräche mit Iñaki Esnaola und mit Jon Idigoras erwähnte, ließ die Spannung nach. Die Lautstärke der Diskussion näherte sich wieder der Normallage. Schließlich verließen die jungen Leute die Plaza. Wir konnten das Interview mit Eugen Beihl beenden.

Als wir Anfang 1987 einen zweiten Film über die ETA machten, sollte Höhepunkt der Dokumentation eine Unterredung mit Txomin Iturbe werden. Txomin war damals Chef von ETA-militar. Er hatte sich nach Südfrankreich zurückgezogen und war dort, auf Druck der spanischen Regierung, von der französischen Polizei festgenommen, schließlich aber nur unter eine Art von Hausarrest gestellt worden. Er konnte aus Frankreich nach Algerien fliehen. Von dort organisierte er die Anschläge der ETA im Baskenland und in Spanien. Am 27. Februar 1987 kam er bei einem Autounfall ums Leben.

Ich bat einen hohen baskischen Politiker um eine schriftliche Empfehlung und um die Vermittlung eines Gespräches mit Txomin Iturbe. Er war einverstanden. Ich fragte dann, was für ein Mensch Txomin Iturbe sei. Mein baskischer Freund meinte, daß es sich bei dem Chef von ETA-militar um keinen Intellektuellen, sondern eher um einen einfachen, aber geradlinigen

Mann handeln würde. Wenn Txomin ja sage, so bedeute das ja. Wenn er nein sage, werde er auch durch Überredungsversuche seine Meinung nicht mehr ändern. Txomin Iturbe sei ein baskischer Ehrenmann. Ich könne ihm volles Vertrauen schenken.

Die positive Bewertung erstaunte mich. Ich gab zu bedenken, daß man den Chef von ETA-militar beschuldige, mindestens sieben Morde begangen zu haben. Mein Gesprächspartner machte aber nur eine abwehrende Handbewegung und sagte: »Ach was, das waren doch nur Spanier.« Ein anderer Freund, der hohe Verantwortung in der baskischen Politik trägt, sagte mir einmal, daß die baskischen Nationalisten die Mitglieder der ETA nicht ohne weiteres verurteilen könnten. Ihre Taten müsse man zwar als Verbrechen verdammen, die Täter aber seien Söhne und Töchter des baskischen Volkes. Deshalb sei der Eterra vielleicht ein Gegner; der Offizier der Guardia Civil aber, der im Baskenland Dienst tue, sei ein Feind.

Die Spannungen zwischen der Zentralregierung in Madrid und der autonomen Regierung in Vitoria blieben. Manchmal eskalierten sie. In Madrid gab es immer wieder Betonköpfe, die die Autonomierechte, welche man den Basken zugesagt hatte, begrenzen wollten oder ihre Anwendung verzögerten. Im Baskenland wiederum traten immer wieder Politiker hervor, die den Friedensprozeß dadurch erschwerten, daß sie irreale Forderungen stellten, die Madrid nicht erfüllen konnte.

Der Streit entzündete sich manchmal an Nebensächlichkeiten, z.B. an der Frage der Polizeiausrüstung. Die Polizisten in Madrid benutzten japanische Krafträder. Die waren billiger als deutsche oder britische Modelle. Luis Maria Retolaza verlangte, daß seine Ertzanza — das ist der Name der baskischen Polizei — BMW-Motorräder fahren durften. Er setzte sich durch, aber dieser Erfolg hinterließ bei seinen Gesprächspartnern in Madrid einige Narben.

Bei den Diskussionen über die Weiterentwicklung der Ertzanza und über die Einrichtung der Polizeiakademie tauchte häufig die Frage auf, ob man dem Generaldirektor der Polizei nicht eine Art von Generalstabschef zur Seite stellen müsse, der über Erfahrungen im höheren Polizeidienst verfügte. Eli Galdos hatte zwar die Funktion, das Organisationstalent und die notwendige

Härte, den Apparat zu führen. Er hatte aber nicht gelernt, wie man eine militärähnliche Organisation wie die künftige baskische Polizei bedienen und steuern mußte. Dazu bedurfte er der Unterstützung. Ich nannte einige Namen, die ich von Madrid kannte. Das lehnte man ab. Man wollte keine Leute aus Kastilien. Mit einem Bekannten aus Lima, der sich in der Bekämpfung des peruanischen Terrorismus verdient gemacht hatte, sprachen Luis Maria und Xabier mehrere Stunden. Auch ihn wollte man nicht haben. Später sagten sie mir, sie hätten nicht riskieren wollen, mit einem Mann zusammenzuarbeiten, der möglicherweise über zu enge Kontakte zur CIA verfügte.

Schließlich fanden sie Carlos Diaz Arcocha, baskischer Oberstleutnant in der spanischen Armee, der bereit war, an der neuen Aufgabe mitzuwirken. Luis Maria machte ihn zum Superintendenten der Ertzanza und zum Chef der Polizeiakademie. Am 7. März 1985 wurde er von der ETA ermordet.

Als die Administration in Madrid die Schritte zur Autonomie mit immer neuen Manövern zu blockieren versuchte, schlug ich den baskischen Freunden vor, einige internationale Experten zu beauftragen, ein wissenschaftliches Gutachten zur baskischen Frage zu erarbeiten. Man müsse eine Gefährdungsanalyse erstellen mit Vorschlägen zur Lösung der anstehenden politischen, kulturellen und polizeitaktischen Fragen. Als Schwerpunkt solle beschrieben werden, wie man — gestützt auf die Erfahrungen aus anderen Ländern — den Terrorismus der ETA eindämmen und schließlich auslöschen könne. Madrid müsse überzeugt werden, daß das nur durch die Verbindung zwischen politisch-kulturellen Zugeständnissen einerseits und harten Polizeimaßnahmen andererseits möglich sei. Je mehr Autonomie die Zentralregierung dem Baskenland zubillige, desto kleiner würden der Symathisantensaum und die Anzahl der Unterstützer für die ETA.

Der neue Lehendakari, d.h. der Ministerpräsident der baskischen Regierung, José Antonio Ardanza, griff den Gedanken auf. Er fragte mich, ob ich eine solche Arbeit organisieren könne. Ich verneinte und wies darauf hin, daß man Madrid nur mit einer Analyse überzeugen könne, die hohes wissenschaftliches Niveau habe. Dazu müßten Recherchen in verschiedenen europäischen Ländern durchgeführt werden mit den entsprechenden Reisen, und zwar in ständiger Abstimmung mit den anderen Mitgliedern der

Expertengruppe. Das erfordere einen Zeitaufwand von etwa einem Jahr. Zur Vorbereitung und Durchführung dieser Aufgabe fehle mir der notwendige Apparat. Falls die baskische Regierung sich aber entschließen solle, eine derartige Analyse in Auftrag zu geben, so empfehle ich ein Gespräch mit der Firma Control Risks Ltd. in London, die sich mit ähnlichen Dingen beschäftige. Control Risks sei an den Versicherungskonzern von Lloyd angeschlossen. Namen von Experten, die internationalen Ruf hätten, könne ich beisteuern.

So kam es zur Gründung der »International Commission on Violence in the Basque Country«. Die vier Weisen — »Los Quadro Sabios«, wie man uns nannte — waren: Professor Franco Ferracuti, Inhaber des Lehrstuhls für Psychiatrie an der Universität Rom, der sich lange mit der Psyche der Terroristen der »Roten Brigaden« beschäftigt hatte und Berater des italienischen Geheimdienstes SISDE war; Professor Jacques Léauté, Dekan der juristischen Fakultät und Chef des Instituts für Kriminologie an der Sorbonne, langjähriger Experte für die »Action Directe«; Dr. Peter Janke, Head of Research bei Control Risks Ltd., und ich. Control Risks hatte empfohlen, als fünftes Mitglied unserer Kommission einen Chairman hinzuzunehmen, der unsere regelmäßigen Sitzungen koordinieren und leiten, unsere Arbeiten zusammenfassen und die Schlußredaktion unserer Analyse machen sollte. Das war Sir Clive Rose, zuletzt britischer Botschafter bei der NATO in Brüssel. Mit den Vorbereitungen begannen wir Anfang 1985. Am 7. Juni bekamen wir den Vertrag. Danach trafen wir uns alle vier Wochen für acht Tage in London. In zwei oder drei Fällen mußte ich Einzelgespräche in Mechernich in der Eifel organisieren.

Maria und ich waren am 8. Mai 1985, dem Jahrestag der Kapitulation, aus Hamburg nach Mechernich, wo wir beide aufgewachsen sind, zurückgekehrt. Die Kapitulation, vierzig Jahre vorher, habe ich auf der Marinekriegsschule in Mürwik erlebt. Das war eine Zäsur. Auch jetzt, in der Eifel, hatte ein neuer Lebensabschnitt begonnen.

Die Generalthemen bearbeiteten wir gemeinsam. Daneben wurden Einzelprojekte vergeben. Nachrichtendienstliche Themen und Methoden der Informationsgewinnung fielen in meine Kompetenz. Für Polizeifragen glaubte sich Franco Ferracuti zuständig. Peter Janke wurde beauftragt, eine Recherche über die IRA zu machen, auf dem Hintergrund ihrer Aktionen in Nordirland und in Großbritannien. Jacques Léauté sollte eine Analyse über die korsische Unabhängigkeitsbewegung erarbeiten. Franco wollte sich um Südtirol kümmern. Dagegen wandte ich ein, daß Franco das Problem sicherlich aus dem Blickwinkel der Regierung in Rom bewerten werde. Die baskische Position mache es aber erforderlich, Argumente für eine autonome Politik aus der Region selbst zusammenzustellen. Ich bat, daß ich das machen dürfe.

Am 1. Oktober 1985 fuhr ich nach Bozen, um mich mit Dr. Silvius Magnago zu treffen, damals Vorsitzender der Südtiroler Volkspartei und Präsident der Regionalregierung. Der offizielle Titel »Landeshauptmann«, den der jeweilige Chef der Südtiroler Administration trägt, zeigt nicht nur die sprachlich-kulturelle Eigenständigkeit gegenüber Rom, sondern erinnert auch daran, daß die italienische Regierung endlich ihre Verpflichtung zur Verwirklichung der Südtiroler Autonomie, eingegangen und unterschrieben im Friedensvertrag von Saint Germain-en-Laye am 10. September 1919, einhalten sollte.

Das Gespräch mit Silvius Magnago hatte mein Freund Antonio Carlino vermittelt, früher bei der Sicurezza und danach für zwei Jahre als Questore in Bozen verantwortlich für die innere Sicherheit von Südtirol.

Silvius Magnago ist ein großer, hagerer und sehr eindrucksvoller Mann. Er geht an Krücken; als Offizier im Zweiten Weltkrieg verlor er ein Bein.

Die Regierung in Rom hat ihre Verpflichtungen aus dem Friedensvertrag von 1919 immer wieder verzögert. Kleinere Konzessionen wurden erst nach dem Ende der Ära Mussolini zugebilligt. Dr. Silvius Magnago schilderte das anhand von zahlreichen Einzelbeispielen. Inzwischen seien die Zusagen von Sain-Germain-en-Laye fast vollständig erfüllt. Er räumte ein, daß die Politiker in Rom durch die Anschläge der »Dynamiti«, die sich vorwiegend gegen Objekte der Energieversorgung und selten gegen Personen gerichtet hatten, zum »Nachdenken« gebracht worden seien. Mit Terrorismus aber könne man im Grunde genommen keine Politik machen, vor allem dann nicht, wenn zu dieser Politik auch die Bewahrung des einmal Erreichten gehöre. Terroraktionen als Methode der Politik seien vielleicht notwendig in einem totalen Krieg. Den gebe es hier nicht. Deshalb habe am Ende auch nur das beständige und hartnäckige Drängen der Südtiroler Vertreter in Rom dazu geführt, daß man sich der Autonomie Schritt für Schritt genähert habe. Das sei unterstützt worden durch den Druck der Schutzmacht Österreich, verstärkt seit den sechziger Jahren. Die vorübergehende Sympathie, welche die Südtiroler Bombenleger in Deutschland gehabt hätten, sei ohne Bedeutung geblieben. Die Südtiroler seien keine Deutschen, sondern gehörten zu Österreich. Die Rückkehr in das Vaterland sei aber unter den gegebenen Bedingungen nur durch einen großen Krieg möglich. Den könne niemand wollen. Südtirol müsse bei möglichst weitgehender Autonomie Mitglied des italienischen Staatsverbandes bleiben.

Diese Erfahrungen und Erkenntnisse galt es nun, den Basken zu vermitteln. Ihre Fähigkeit, die Grenzen des Möglichen einzusehen, war sicher nicht so groß wie diejenige der deutschsprachigen Leute in Bozen. Die Basken hatten und haben bis heute allerdings auch keine Schutzmacht, die ihre Interessen gegenüber Madrid vertreten könnte.

Ich hatte schon 1981 eine Demonstration angeregt, die man als Unterstützung für die baskische Politik hätte werten können. Bundespräsident Prof. Dr. Carstens hatte mich nach meiner Pensionierung gebeten, ihm ein Briefing zu geben über die innere Sicherheit und den Internationalen Terrorismus. Hamburger Beamte dürfen keine Orden annehmen, auch keine Auszeichnungen der Bundesregierung. Die Einladung, dem Bundespräsidenten vorzutragen, mußte ich wohl als eine Anerkennung für meine vergangene amtliche Arbeit ansehen. Nach meinen Ausführungen zum Internationalen Terrorismus und einigen Bemerkungen zur ETA gab ich zu bedenken, ob die Bundesregierung nicht ein Monument in Guernica im Baskenland errichten müsse, zumindest eine Gedenktafel an der Kirche der Stadt anbringen solle. Die Legion Condor hatte während des spanischen Bürgerkrieges am 26. April 1937 einen Bombenangriff gegen Guernica geflogen, als dort Markttag war. Pablo Picasso machte die Erinnerung an diesen ersten Bombenteppich gegen zivile Ziele unvergeßlich durch sein berühmtes Bild, das heute in einem besonderen Museum in der Nähe des Prado in Madrid ausgestellt ist. Ich meinte, der Bundesrepublik Deutschland würde es gut anstehen, jetzt den baskischen Opfern, getötet von Deutschen, durch eine besondere Geste zu gedenken, um damit die freundschaftlichen Beziehungen zwischen beiden Völkern zu vertiefen.

Bundespräsident Carstens fand den Gedanken gut. Er sagte, Staatssekretär Hans Neusel solle das in die Hand nehmen und als Anregung des Bundespräsidenten an das Auswärtige Amt weitergeben. Einige Wochen später rief mich Hans Neusel an und sagte mir, das Außenministerium habe abgewunken. Madrid könne es als unfreundlichen Akt und als Einmischung in innerspanische Verhältnisse ansehen, wenn Deutschland ein Denkmal in Guernica errichten oder auch nur eine Gedenktafel an der Kirche anbringen werde.

Die Diskussionen in unserer »Comision Internacional sobre la Violencia en el Pais Vasco« waren manchmal von einer erfrischenden Heftigkeit gekennzeichnet. Streit hatten häufig unsere lateinischen Freunde — Franco Ferracuti, dessen kahlgeschorener Schädel an die späten römischen Imperatoren erinnerte, und Jacques Léauté, der mit behenden Handbewegungen und gallischer Hartnäckigkeit auf seinem Standpunkt beharrte. Peter und ich versuchten zu vermitteln. Sir Clive verstand es immer wieder auszugleichen. Franco nannte Clive »Sir Rose«. Wenn Peter das hörte, zuckte er zusammen. Jacques redete unseren Chairman mit dessen Vornamen an, sprach den ersten Vokal allerdings nicht wie das englische ai aus, sondern mit langgezogenem französischen i: »Dear Cliive«.

Ein Kernpunkt unserer Arbeit war der »Plan de Concienciacion«, d.h. Bewußtseinsbildung. Clive hatte in einem Vorwort zu diesem Kapitel erläutert, daß es in einem demokratischen Gemeinwesen an sich keine staatlich verordnete und gesteuerte Bewußtseinsbildung geben dürfe. Das sei auch mit den Empfehlungen, die man in dem folgenden Abschnitt finden werde, nicht beabsichtigt. Die Ursachen der derzeitigen Spannungen zwischen Vitoria und Madrid seien aber nicht nur sprachlicher, kultureller oder allgemein-politischer Art. Die Probleme lägen vor allen Dingen im ethnischen Bereich. Ein großer Teil der Bewohner der drei nördlichen Provinzen sei nicht original Baskisch, sondern aus anderen spanischen Regionen zugewandert und erst später Baskisch geworden. Diesem Prozeß der Assimilierung, der vor etwa 150 Jahren mit der Industrialisierung im nördlichen Teil Spaniens begonnen hatte, habe man Rechnung zu tragen. Man müsse die Bevölkerung des Baskenlandes davon überzeugen, ihre Zweisprachigkeit, ihre besondere Tradition und Geschichte zu bejahen und als Vorteil auch gegenüber Madrid zu nutzen. Dies bedeute aber auch, daß die spanische

Sprache und spanische kulturelle Elemente eine Heimat im Baskenland behalten sollten.

Danach folgten dann die einzelnen Empfehlungen, etwa die Forderung, eine eigene baskische Rundfunk- und Fernsehanstalt zu errichten, die halb in Spanisch und halb in Baskisch senden sollte, eine nationale baskische Universität aufzubauen bis hin zur Einführung von baskischen Namen für Städte, Dörfer, Plätze und Straßen.

Wir hatten die Analyse in Englisch abgefaßt, um sie später ins Spanische übertragen zu lassen. Das erste Exemplar der spanischen Fassung schickte José Antonio Ardanza an Felipe Gonzalez. Danach erhielten wir eine Einladung, dem spanischen Ministerpräsidenten in seinem Palast in Moncloa unsere Arbeit zu erläutern. Wir trafen uns am 19. November 1986 im Palacio de Ajoria-Enea in Vitoria, dem Amtssitz des baskischen Lehendakari, um von Vitoria aus am nächsten Tag mit mehreren Wagen nach Madrid zu fahren. Abendessen gab es im Privathaus von José Antonio.

Nach dem Dinner saßen wir noch bei einem Rioja Alta zusammen. Jacques und ich sprachen über philosophische Themen. Der Wein hatte mich so gezeichnet, daß ich mich nicht mehr Französisch unterhalten konnte. Jacques verzichtete aus Höflichkeit darauf, seine Muttersprache zu benutzen. Wir sprachen Spanisch. Jacques meinte, daß Martin Heidegger nach den Scholastikern einer der bedeutendsten Philosophen gewesen sei. Sein Ruhm in Frankreich und seine Bedeutung für die Philosophie des Existentialismus seien unübertroffen. Ich erwiderte, die luzide Argumentation der französischen Existentialisten hätte weitaus mehr Überzeugungskraft als die dunklen Formulierungen des Deutschen. Jacques faßte das als Kompliment für die französische Nation auf. Er bedankte sich dafür, blieb aber bei seiner positiven Bewertung Martin Heideggers.

Für das Gespräch mit Felipe Gonzalez war eine Stunde vorgesehen. Jeder von uns sollte etwa zehn Minuten vortragen. Der Ministerpräsident kam auf die Minute pünktlich. Wir wickelten unsere Beiträge ab. Er stellte sehr gescheite Fragen. Offensichtlich hatte er unsere Analyse gelesen. Exakt eine Stunde später stand er auf, gab uns allen die Hand und sagte, daß er den Anregungen, die wir geschrieben hätten, folgen wolle. Er benötige noch ein weiteres Exemplar der Analyse. Die Ausarbeitung, welche ihm von Don José Antonio geschickt worden sei, habe er dem König gegeben.

Tatsächlich konnten die meisten Forderungen, die wir in unserer Arbeit — verpackt als Empfehlung — niedergelegt hatten, später umgesetzt werden. Die unabhängige baskische Rundfunk- und Fernsehanstalt ist längst als selbstverständlicher Part für die Information und die Unterhaltung der baskischen Bevölkerung akzeptiert. Die nationale baskische Universität ist als wissenschaftliche Institution hohen Niveaus anerkannt. Eine gemeinsame Kommission Madrid/Vitoria für die Behandlung von Polizeifragen und zur Bekämpfung des Terrorismus hat — etwas stockend — mit der Arbeit begonnen.

Natürlich gibt es nach wie vor Schwierigkeiten, etwa bei den Informationen, die von der spanischen Polizei an die französischen Behörden gehen, um die in Südfrankreich verborgenen Etarras aufzuspüren und festzunehmen. Derartige Erkenntnisse laufen häufig an der baskischen Polizei vorbei. Trotz solcher Unzulänglichkeiten bin ich sicher, daß unsere Arbeit den Friedensprozeß im Baskenland gefördert hat.

Spionageabwehr

Im Spionagegeschäft waren unsere Gegner die Sowjetunion mit dem KGB und dem Militärischen Nachrichtendienst (GRU) sowie die Nachrichtendienste der sowjetischen Satelliten, vor allem das Ministerium für Staatssicherheit (MfS) der DDR. Gegenüber dem MfS konnten wir, in enger Zusammenarbeit mit dem Bundesamt, einige Erfolge erringen. Gegenüber KGB und GRU taten wir uns am Anfang schwer. Erst nach einer gewissen Einarbeitungszeit konnten wir immer mehr Operationen gegen die Russen vom Bundesamt übernehmen und weitgehend selbständig zu Ende führen.

Die im Westen stationierten Residenturen des KGB waren nach dem Vorbild der Zentrale in Moskau organisiert. Die wichtigsten Auslandsniederlassungen befanden sich in Bonn, London, Paris, New York (mit der UNO) und Washington. Untergebracht waren sie in den obersten Stockwerken der jeweiligen sowjetischen Botschaft — Stützpunkte des ehemaligen Sowjetimperialismus im sogenannten »feindlichen« Ausland.

Der Residenturkomplex der Botschaft war in der Regel mit schalldichten Doppelmauern und Doppelfenstern umgeben. Zwischen den Doppelmauern und Doppelfenstern arbeitete ständig ein Multifrequenz-Sonarsystem, das Lauschangriffe von außen verhindern sollte. Der Eintritt in diesen Bunker war nur möglich durch eine Sicherheitsschleuse, in der man sich identifizieren mußte. Zugang hatten nur Mitarbeiter des KGB. Im untersten Stockwerk der Residentur befand sich das Büro des Ersten Hauptdirektorats. Hier hatten nur jeweils Mitarbeiter der »Linie PR« (Politische Beschaffung und Desinformation) und der »Linie X« (Wissenschafts- und Technologiespionage) Zutritt.

Bevor die KGB-Offiziere das Büro betraten, mußten sie ihre Aktentaschen und — bei Damen — Handtaschen in einem Vorraum hinterlegen. Dadurch wollte man vermeiden, daß Dokumente unbefugt aus der Residentur herausgebracht wurden.

In dem meist saalartigen Arbeitsraum waren die Arbeitsplätze mit durchsichtigen Trennwänden abgeteilt. Jeder Mitarbeiter konnte beobachtet werden. Die Damen des Sekretariats, das rund um die Uhr besetzt war, notierten, wann die betreffenden Offiziere den Arbeitsraum betraten und wann sie ihn wieder verließen. Im Arbeitsraum war es verboten zu rauchen, den Platz zu wechseln oder mit jemand zu sprechen. An den Wänden hingen Fotografien von Mitarbeitern der örtlichen Spionageabwehr und von Beamten der CIA, die an der jeweiligen amerikanischen Botschaft beschäftigt waren. Die Kfz-Kennzeichen von erkannten Observationsfahrzeugen — etwa des Verfassungsschutzes — waren in Originalgröße ebenfalls an den Wänden angebracht.

Wenn ein KGB-Offizier Einblick in ein Dossier über einen Agenten oder eine Zielperson nehmen sollte, mußte er diesen Wunsch schriftlich begründen. Sein Name sowie Datum und Uhrzeit von Aushändigung und Rückgabe des Dokuments wurden in einem besonderen Register festgehalten. Die Überwachung solcher Vorgänge oblag der »Referentura«.

Die »Referentura« war die Geheimregistratur des KGB im Ausland. Ihre Unterbringung erfolgte getrennt von allen anderen Abteilungen. Dazu war sie durch eine Panzertür gesichert und wurde Tag und Nacht von einem bewaffneten Posten bewacht. Neben dem dort tätigen Beamten erhielt nur ein eng begrenzter Kreis von KGB-Offizieren Zutritt. Die »Referentura« verwaltete die Personalakten der Agenten, die Forschungsbogen für künftige Operationen, die Depeschen von Moskau und die Kopien der Berichte der Residentur für die Zentrale.

Im obersten Stockwerk der Residentur saßen die Büros der Gegenspionage (»Linie KR«) und der Abteilung für elektronische Überwachung. Die Abteilung Gegenspionage steuerte den Einsatz der Agentenführer des KGB. Ihr Arbeitsraum war vollgestopft mit elektronischen Geräten, die sie in die Lage versetzten, den Funkverkehr der Polizei, der gegnerischen Spionageabwehr und des Verfassungsschutzes, abzuhören. Wenn die Mitarbeiter dieser Abteilung aus dem Funkverkehr entnahmen, daß ein KGB-Offizier auf dem Weg zum »Treff« mit seinem Agenten observiert wurde, konnten sie ihn über einen Mini-Empfänger, den er ständig bei sich führte, warnen.

Die Abteilung für elektronische Überwachung gehörte zum Achten Direktorat des KGB. Sie hörte den Telefonverkehr in den jeweiligen Gastländern ab.

Mit Hilfe von Parabolantennen, die auf den Dächern der sowjetischen (jetzt russischen) Botschaften plaziert waren, konnte man jedes Telefongespräch, das über Satellit geführt wurde, auffangen. Die mit den Antennen verbundenen Computer waren so programmiert, daß sie auf ein bestimmtes Schlüsselwort oder eine bestimmte Telefonnummer, die erfaßt wurden, ansprangen und den Text speicherten.

Man muß davon ausgehen, daß die Residenturen des KGB inzwischen vom neuen Aufklärungsdienst der Russischen Republik übernommen worden sind unter Beibehaltung der bisherigen Aufteilung der Zuständigkeiten und daß sie mit den früheren Arbeitsmethoden ihre Tätigkeit fortsetzen.

In den westlichen Demokratien ist die Trennung zwischen Abwehr und Aufklärung Tradition. Sie soll Machtmißbrauch verhindern. Sie begünstigt allerdings auch Rivalität und Eifersucht zwischen den Diensten. Gleichwohl haben die Erfahrungen mit Himmler, dem sowohl die Gestapo als Abwehrdienst als auch — nach Zerschlagung des als »Abwehr« bezeichneten Apparates von Admiral Canaris — die Auslandsaufklärung unterstand, alle Versuche von Nachrichtendienstfachleuten und Politikern, den Bundesnachrichtendienst und den Verfassungsschutz zusammenzulegen, abgeblockt.

Die Sowjetunion, deren Bevölkerung und deren Politiker schon unter KGB-Chef Jeschow bei den großen Säuberungen schreckliche Erfahrungen mit dem allmächtigen sowjetischen Nachrichtendienst machen mußten, konzentrierte bis zu ihrem Zusammenbruch den Inland-Nachrichtendienst und die Ausland-Aufklärung in einer Hand. Erst als Michail Gorbatschow die Macht verloren hatte, übertrug man die unterschiedlichen Aufgaben auf zwei verschiedene Organisationen.

In der Ausland-Aufklärung zeigte sich während der Sowjetzeit eine derartige Massierung von Personal, daß man von einer Abhängigkeit der diplomatischen Mitarbeiter der Sowjetunion vom KGB sprechen konnte. Erfahrungsgemäß waren 40 bis 60 Prozent der Mitarbeiter der sowjetischen Botschaften, Konsulate und Handelseinrichtungen für das KGB oder für die GRU tätig.

Diese sogenannten »legalen Residenturen« waren seit jeher die Operationsbasen der sowjetischen Geheimdienste. Neben dem von dort geführten

Agentennetz existierte aber auch noch ein Apparat von sogenannten »Illegalen«. In den Vereinigten Staaten unterhielt die Sowjetunion noch bis zur Zeit von Gorbatschow etwa 2.000 Spione dieser Art. In der Bundesrepublik belief sich die Anzahl der Agenten, die zum »illegalen Netz« gehörten und die nur zum Teil von den »legalen Residenturen« gesteuert wurden, auf mindestens 3.000. Diese Zahl umfaßte sowohl die Spione, die für das KGB tätig waren, als auch die Agenten, welche im Auftrage des MfS arbeiteten. In der härtesten Zeit des Kalten Krieges verfügte die CIA in der Sowjetunion nur über sechs Agenten.

Der sowjetische Spionageapparat spielte nach 1945 bei jedem großen Unternehmen der sowjetischen Politik eine überragende Rolle. Schweigend bereitete er den kommunistischen Armeen den Weg für ihre Vorstöße in Europa, rollte mit ihnen vor und richtete sich nach dem Sieg in den »befreiten« Ländern als legaler oder halblegaler Dienst ein. Wo die Sowjets den Sieg nicht erringen konnten, wie etwa in Griechenland oder in Korea, entstanden Untergrundnetze. Japan und die Bundesrepublik wurden Schwerpunkt der sowjet-kommunistischen Spionage.

Neben brillanten Erfolgen, vor allem in der Gewinnung von Informationen über atomwissenschaftliche Geheimnisse Ende der vierziger/Anfang der fünfziger Jahre und im Diebstahl von Halbleiter-Technologie Anfang der siebziger Jahre, kam es immer wieder zu schweren Fehlschlägen. In den sechziger Jahren und Ende der siebziger häuften sich die Verluste. In der Ära von Juri Andropow führte das zu Reformen im Ausbildungssystem des KGB, dessen verbesserte Qualität eine größere Anpassungsmöglichkeit an westliche Verhaltens- und Lebensweisen gewährleisten sollte. Dies allerdings wiederum erhöhte die Zahl der Überläufer.

In mehr als einer Hinsicht ließen sich beim sowjetischen Nachrichtendienst die bestimmenden Merkmale der sowjetischen Armee feststellen: Quantitative Überlegenheit über alle anderen vergleichbaren Kräfte, die eine qualitative Unterlegenheit wettmachen sollte. Das Verhältnis zwischen Quantität und Qualität, ein Erbe aus Jahrhunderten russischer Geschichte, besteht bis zum heutigen Tag, d.h. auch beim neuen russischen Geheimdienst, und wird sicher auch in Zukunft vorherrschen. Hinzu kommt eine auf die Spitze getriebene Zentralisierung und die damit verbundene übliche Überbürokratisierung des früheren sowjetischen und heutigen russischen Systems. In der Sowjetzeit kamen hinzu die Mißachtung des Faktors Mensch und die in der kommunistischen Ideologie begründeten Vorurteile bei der Deutung von Ereignissen. Die daraus resultierende unzulängliche Auswertung der durch das KGB gewonnenen Erkenntnisse schmälerte die Qualität des sowjetischen Nachrichtendienstes und hinderte ihn letztlich daran, tatsächlich bessere Ergebnisse zu erzielen als etwa der amerikanische, britische und deutsche Nachrichtendienst.

Seit Anfang der siebziger Jahre hatten das KGB und die »Hauptverwaltung Aufklärung« (HVA) — der Auslandsnachrichtendienst des MfS — eine Werbungsmethode entwickelt, die ihnen besondere Erfolge brachte. Die Werber sprachen gezielt alleinstehende Sekretärinnen an, die in Schlüsselfunktionen in Bonner Ministerien arbeiteten. Die betreffenden Damen hatten wegen ihres beruflichen Engagements und auch wegen ihres Alters nur geringe gesellschaftliche Kontakte. In den »Romeos im besonderen Einsatz«, die sich ihnen näherten, fanden sie je nach persönlicher Befindlichkeit leidenschaftliche Liebhaber oder verständnisvolle Lebenskameraden. Wenn die zwischenmenschlichen Beziehungen gefestigt waren, gaben sich die russischen oder deutschen Werber als »Offiziere im besonderen Einsatz« zu erkennen. Sie nötigten die Frauen, die sich zumeist schon nachrichtendienstlich verstrickt hatten — ohne es zu wissen — oder die sich gefühlsmäßig gebunden glaubten, zu weiterer Spionage.

Wir machten in Hamburg eine umgekehrte Erfahrung. Im Jahre 1977 versuchte eine russische oder deutsche Agentin — welche Nationalität sie tatsächlich hatte, haben wir nie erfahren — einen sowjetischen Überläufer, den wir zu betreuen hatten, zur Rückkehr nach Rußland zu bewegen. Unser Mann war Armenier, deshalb lief er unter dem Decknamen Mikojan. Er war groß, kräftig und hatte schwarzes Haar und blaue Augen. Wir trafen uns häufig, entweder bei mir oder bei ihm zu Hause. Im Laufe von sechs bis sieben Monaten hatte er gelernt, fließend Deutsch zu sprechen. Er erwies sich als ein engagierter Kenner klassischer Musik, Liebhaber schöner Frauen (mit entsprechend vielen Begegnungen) und als ein großer Erzähler.

Wir waren verpflichtet, seine Damenbekanntschaften zu überprüfen. Seine Frequenz auf diesem Feld erwies sich aber bald als so hoch, daß wir mit unseren Maßnahmen nicht folgen konnten oder zu spät kamen. Wenn wir eine Überprüfung abgeschlossen hatten, meistens »ohne Erkenntnisse«, hatte er schon wieder eine neue Freundin kennengelernt. Unser Eifer ließ nach. Auch als ihm »die Frau für's Leben« — so sagte er jedenfalls — begegnet war, hatten wir es nicht so eilig. Unsere Erkundigungen versandeten irgendwie.

Mikojan war dieser Frau — einer jungen zierlichen Person, die sich als Deutsche ausgab — in der Abteilung für klassische Musik eines Schallplattengeschäftes begegnet. Sie suchte nach den Brandenburgischen Konzerten. Er beriet sie beim Kauf. Daraus entstand eine Beziehung. Er war begeistert von ihrem Verständnis für Beethoven und Brahms und freute sich, wenn er ihr etwas von diesen beiden Komponisten oder von Mozart vorspielen konnte.

Einige Monate später kam er aufgeregt zu mir und sagte: »Doktor, ich glaube, Marianne ist eine Agentin, entweder vom KGB oder vom MfS.« Ich fragte ihn, wie in aller Welt er auf eine solche Idee kommen könne. Er erzählte: »Sie hat mir in den letzten Monaten immer wieder gesagt, wie schade es sei, daß wir nicht zusammen in meine alte Heimat fahren könnten. Sie würde so gerne Rußland kennenlernen. Dabei weiß sie ganz genau, daß das völlig unmöglich ist. Und jetzt ist folgendes geschehen. Wir lagen vor dem Kamin und hörten die Serenaden für Orchester von Johannes Brahms.« Ich mußte lachen und unterbrach ihn: »Jetzt fangen Sie wieder an zu fabulieren. Sie haben doch überhaupt keinen Kamin.« Mikojan hob die Hand und fuhr fort: »Das habe ich doch nur gesagt, um diskret anzudeuten, daß wir beide nackt waren. Und dann, im fünften Satz der Serenade Nr. 1 in D-Dur, sagte Marianne plötzlich: ›Mein Gott, schalte doch endlich diese Scheißmusik ab.‹ Und das war gerade bei diesem knappen, straffen Scherzo, das so sehr an Beethoven erinnert. Das kann keine Frau sagen, die klassische Musik liebt. Wenn Ihr Marianne noch nicht überprüft habt, so macht das bitte sofort. Ich habe Sorgen.«

Als wir mit der Überprüfung beginnen wollten, hatte sich Marianne schon abgesetzt. Die Personalien, die sie unserem Freund gegeben hatte, waren falsch. Mikojan hatte sie zu Recht verdächtigt, aber doch leider etwas zu spät reagiert.

Mit einem anderen eindrucksvollen Überläufer sprach ich in London. Das war im Oktober 1986, als ich schon für den Springer Verlag arbeitete. Es handelte sich um Wladimir Kusitschkin, damals 38 Jahre, der früher im ultrageheimen Direktorat »S« des KGB gearbeitet hatte, das die »Illegalen«, die im Ausland eingesetzt waren, kontrollierte. Später wurde er als Major in der KGB-Residentur der sowjetischen Botschaft in Teheran eingesetzt. Von dort desertierte er zu den Briten.

Wladimir Kusitschkin erzählte mir im einzelnen, wie sich die sowjetische Intervention in Afghanistan entwickelt hatte und schilderte ihre Hintergründe.

Im Jahre 1973 wurde der afghanische König von Mohamed Daoud, einem afghanischen Politiker der Mitte, mit Hilfe der afghanischen Linken gestürzt. Als Daoud begann, die Führer der Kommunistischen Partei zu verhaften, und Vorbereitungen für einen Schauprozeß traf, befahlen die Funktionäre der afghanischen KP aus ihren Gefängniszellen den Aufstand. Der Coup gelang. Die Kommunisten konnten in Kabul die Macht übernehmen. Das KGB hatte die Mitglieder des Politbüros gewarnt, sich in die innerafghanischen Verhältnisse einzumischen. Mohamed Daoud sei von den verschiedenen afghanischen Stämmen trotz seiner Härte als legitimer Herrscher akzeptiert. Ein offenes kommunistisches Regime werde im Land zu Feindseligkeiten führen, die sich gegen die Sowjetunion richten würden.

Leonid Breschnew schob die Warnung beiseite. Für ihn galt nur die Frage, welchen Kommunisten man als künftigen Regierungschef nehmen könne. Man hatte die Wahl zwischen Karmal, dem Führer der Parcham-Fraktion der afghanischen Kommunistischen Partei, und Noor Mohammed Taraki, der die Khalq-Fraktion leitete. Das KGB empfahl Karmal, der in politischen Geschäften geschult wäre. Vor allem aber sei er lange Jahre Agent des KGB gewesen und werde deshalb sowjetischen Ratschlägen folgen. Demgegenüber besäße Mohammed Taraki kein Feingefühl, politische Komplexe flexibel zu erfassen und schnell und sicher zu entscheiden. Er sei von den Ratschlägen seiner Freunde abhängig und werde sich nicht an die Sowjetunion halten.

Das Politbüro entschied, Taraki zu unterstützen, weil Breschnew gesagt hatte, er kenne Taraki persönlich und sei sicher, daß dieser dem sowjetischen Vorbild folgen werde.

Taraki übernahm die Führung der Kommunistischen Partei und die Regierungsgeschäfte. Karmal wurde als Botschafter nach Prag abgeschoben. Dann begann Taraki, die Politiker und Parteifunktionäre zu ermorden, die Karmal unterstützt hatten. Er verschloß sich den Ratschlägen des sowjetischen Botschafters und konterkarierte einige politische Maßnahmen der Sowjetunion in Afghanistan. Als der Schah im Iran gestürzt wurde, befürchteten die Sowjets, der schiitische Fundamentalismus werde auf Afghanistan übergreifen. Tarakis harte Politik gegenüber den südlichen Stämmen brachte Unruhe. Ein moslemischer Aufstand schien bevorzustehen. Tarakis Antwort auf diese Drohung waren Massenexekutionen gegen alles, was er als Opposition meinte fürchten zu müssen. Die Sowjets warnten ihn vor diesem Vorgehen. Taraki sagte ihnen, sie sollten sich aus der afghanischen Politik heraushalten.

In dieser Situation bot sich der Vertreter von Taraki, ein Mann namens Hafizullah Amin, als Notlösung an. Amin war ein gut erzogener und kultivierter Charmeur. Er verstand es, in wenigen Wochen wichtige Entscheidungsbefugnisse für Armee und Polizei von Taraki wegzuziehen und in seine Verantwortung zu übernehmen. Außerdem überzeugte er Moskau, daß er in der Lage sein werde, der moslemischen Bedrohung zu begegnen.

Das KGB hatte Zweifel. Ihm waren Informationen zugegangen, daß Amin Verbindungen zur CIA habe. Die KGB-Spitze schlug dem Politbüro deshalb vor, Karmal wieder aus der Versenkung zu holen und zum Ministerpräsidenten zu machen.

Leonid Breschnew schob auch diese Empfehlung des KGB zur Seite. Das Politbüro kam mit Amin überein, dieser solle dafür sorgen, daß Taraki als Ministerpräsident zurücktrete. Amin nahm die Aufforderung allzu wörtlich. Er ließ Taraki umbringen. Die anderen Zusagen, die er in dem Arrangement mit Moskau gemacht hatte, ließ er außer acht.

Schon wenige Wochen, nachdem er die Macht übernommen hatte, begann er, sich beim Politbüro der KPdSU über die Aktivitäten des KGB in Afghanistan zu beschweren. Amin forderte Moskau auf, einige der sowjetischen Berater, die ihm in die Gestaltung seiner Politik hineingeredet hatten, abzuberufen.

Der Fundamentalismus, auch finanziell unterstützt von Teheran, nahm zu. Amin schien nichts zu tun, um diese Entwicklung einzudämmen. Afghanistan drohte, zu einem orthodox-islamischen Staat zu werden, dessen Politik sich gegen den »Großen Satan« Rußland richten würde.

Jetzt endlich kam das KGB ins politische Geschäft. Das Politbüro gab den Auftrag, so erzählte Kusitschkin, daß Amin gehen müsse, möglichst lautlos, aber endgültig. Das KGB hatte schon vorsorglich einen hauptamtlichen Mitarbeiter in die Entourage des Ministerpräsidenten eingeschleust. Der Mann war Russe, konnte aber als Afghane durchgehen. Er war als Koch beschäftigt. Jetzt sollte er Amin vergiften. Der Ministerpräsident war aber so mißtrauisch wie die italienischen Renaissancefürsten. Er wechselte in unregelmäßigen Abständen sowohl Nahrung als auch Getränke. Der Koch glaubte, daß Verdacht auf ihn gefallen sei. Er desertierte.

Danach war das Politbüro auch mit einer weniger lautlosen Methode des Machtwechsels einverstanden. Sowjetische Truppen sollten den Palast des Ministerpräsidenten in Kabul stürmen. Am Tag nach Weihnachten 1979 flogen Fallschirmjäger der UdSSR auf dem Flugplatz ein. Am nächsten Tag bewegte sich eine bewaffnete Kolonne vom Flugplatz zum Palast. Die Truppe bestand aus mehreren hundert Sowjetsoldaten, verstärkt durch eine Spezialeinheit des KGB zur Anti-Terror-Bekämpfung. Alle trugen afghanische Uniformen. Die Fahrzeuge hatten afghanische Embleme und Kennzeichen.

An einem Kontrollpunkt in der Nähe des Palastes, der von der afghanischen Armee besetzt war, wurde die Kolonne aufgehalten. Zahlreiche afghanische Soldaten umstanden die Panzerfahrzeuge. Sie wunderten sich, was der Aufmarsch zu bedeuten habe. Plötzlich öffneten die Sowjets die Schießscharten ihrer Schützenpanzer und mähten die Afghanen nieder. Die Kolonne setzte ihren Marsch zum Palast fort. Die Fallschirmjäger umzingelten das Gebäude. Sie hatten Befehl, jeden, der den Palast verlassen wollte, zu erschießen. Oberst Bayerenow, Chef des Ausbildungszentrums für Anti-Terror-Einsätze im KGB, drang mit seiner Spezialtruppe in das Gebäude ein.

Ministerpräsident Amin stand im obersten Stockwerk an der Bar, einen Cocktail in der Hand. Seine Geliebte, eine wunderschöne junge Frau, trank ein Glas Champagner. Zwei Hilfskräfte bedienten. Die KGB-Offiziere stürmten in den Raum. Der Präsident, seine Freundin und die beiden Kellner starben in den Feuerstößen der Kalaschnikows.

Zeugen durfte es nicht geben. Die Leibwachen Amins wußten das. Um jedes Zimmer mußte erbittert gekämpft werden. Die KGB-Einheit brauchte Unterstützung. Oberst Bayerenow ging nach draußen, um Verstärkung zu holen. Er wurde von seinen eigenen Fallschirmjägern erschossen. Sie hatten ihn in seiner Uniform für einen afghanischen Offizier gehalten.

Der neue Ministerpräsident Babrak Karmal belohnte die sowjetische Intervention. Er bat offiziell um die Entsendung sowjetischer Truppen nach Afghanistan. Damit begann für die UdSSR ihr »Vietnam-Trauma«.

Nach diesem Gespräch fragte ich Wladimir Kusitschkin, warum er 1982 statt zu den Briten nicht zu den Amerikanern übergelaufen sei. Die hätten doch größere finanzielle Möglichkeiten und würden ihm sicher mehr Geld gezahlt haben als der britische Dienst. »Nun«, meinte Kusitschkin, »Borschtsch und Blinis passen besser zu Wurst und Sauerkraut als zu amerikanischer Fast Food. Die Amerikaner sind keine Europäer. Die Russen gehören, trotz mancher Eigenheit, zu Europa. Außerdem hätten mich die Leute von der CIA sofort an einen Lügendetektor angeschnallt. Das wäre unter meiner Würde gewesen.«

Ich fragte noch, weshalb er nicht zum BND gegangen sei. Er meinte, seine Freunde und Verwandten in der Sowjetunion würden einen Wechsel nach Großbritannien vielleicht verurteilen, ihn letztlich dennoch wohl verstehen. Wenn er zum BND gegangen wäre, so hätte das so ausgesehen, als wenn er zum Feind übergelaufen wäre. Die Russen hätten den Überfall der Deutschen und den Großen Vaterländischen Krieg auch nach vierzig Jahren noch nicht vergessen. Die Antwort war höflich und gescheit. Sie machte es schwer zu fragen, wie das KGB die Qualität des deutschen Aufklärungsdienstes einschätzte.

Als ich 1969 nach Hamburg kam, gab es dort noch keine Residentur des KGB. Die erste konsularische Vertretung der Sowjetunion wurde am 1. November 1972 eingerichtet. Der neue Generalkonsul, German Iwanowitsch

Wladimirow, war gleichzeitig Resident des sowjetischen Geheimdienstes. Das abhörsichere Gebäude in der Nähe des Feenteichs, in dem später der sowjetische Generalkonsul und die KGB-Residentur sitzen sollten und das heute die entsprechenden Einrichtungen der Russischen Republik beherbergt, war noch nicht gebaut. Generalkonsul Wladimirow wohnte im Gaedechensweg in Eppendorf und hatte dort auch sein Büro. Als die Nachbarwohnung frei wurde, mieteten wir diese an. Wir hatten keine Ahnung, was das KGB in Hamburg unternehmen wollte. Vom Bundesamt hatten wir nur einige Hinweise, wer von den Sowjets für den Nachrichtendienst arbeitete. Wir konnten nur durch eine Lauschoperation weiterkommen. Ich bat einen befreundeten Dienst um Unterstützung. Wir selbst waren damals noch nicht so weit, das selbst machen zu können.

Die alliierte Spezialtruppe, die extra eingeflogen wurde, versuchte, von der Nachbarwohnung aus eine Steckdose im Arbeitszimmer Wladimirows anzubohren, um ein kleines Mikrofon anbringen zu können. Sie verfehlte ihr Ziel um einen Millimeter. Ein kleines Loch in der Tapete war nicht zu vermeiden. Wladimirow, ein Fachmann, entdeckte das. Einige Tage später sagte er zu Georg Dornhoff, damals Reporter bei der BILD-Zeitung in Hamburg, daß er »eine kleine Unebenheit« auf der Tapete seines Arbeitsraumes entdeckt habe. Er fügte hinzu: »Sie können Herrn Horchem sagen, daß er es nicht noch einmal zu versuchen braucht. Ich ziehe sowieso aus.«

Die Amerikaner hatten damals in einer sowjetischen Botschaft in Südamerika einen Zugang. Über diesen wurde bekannt, daß das KGB seine Residenturen weltweit von diesem Vorfall unterrichtet hatte. Die Warnung lautete: »Achtet auf Lauschoperationen. Die Deutschen und möglicherweise auch die Amerikaner werden wieder aktiv.«

German Wladimirow war während des Krieges als junger Mann in einen deutschen Bombenteppich geraten. Er hatte einen Gehörschaden davongetragen. Nun hoffte er, daß deutsche Spezialisten in Hamburg das korrigieren könnten. Wir gingen davon aus, daß der Hamburger KGB-Chef nach seiner Operation noch acht bis vierzehn Tage im Krankenhaus bleiben müsse und während dieser Zeit dort seine Mitarbeiter empfangen und sprechen werde. Wir ließen uns von der Krankenhausverwaltung einen Raum anweisen, der in der Nähe des Patientenzimmers lag. In der Armlehne des Sessels, der für Besucher vorgesehen war, brachten wir ein Mikrofon an. Eine Drahtverbindung zwischen Sender und Empfänger war nicht möglich.

Schon am zweiten Tag nach der Operation kam eine Krankenschwester zum Chefarzt und teilte mit, daß sie soeben die Stimme des Patienten von Zimmer Nr. 17 im Radio gehört habe. Der Chefarzt ging sofort zu unseren Leuten und sagte: »Ich weiß nicht, was Sie gemacht haben. Aber ich werde jetzt Herrn Wladimirow zu einer Nachuntersuchung abholen lassen. Wenn ich ihn zurückbringe, dann muß das verdammte Ding, das Sie eingebaut haben, aus dem Krankenzimmer verschwunden sein.«

German Wladimirow blieb Generalkonsul in Hamburg bis zum 3. Juli 1975. Sein Nachfolger als Resident des KGB wurde German Wasilewitsch Kokorew, der schon 1973 nach Hamburg gekommen war. Er war häufiger Gesprächspartner des späteren Senators Dr. Henning Scherf, damals noch Bürgerschaftsabgeordneter der SPD in Bremen.

Kokorew war nicht als Generalkonsul eingesetzt. Er nannte sich Konsul. Neben ihm arbeitete ein besonders aktiver junger Mann mit Namen Scharapow. Er versuchte, mit der Romeo-Methode Quellen zu werben. Wir nannten ihn den »Bock vom Konsulat«. Er bediente nicht nur mehrere Sekretärinnen, sondern hatte auch enge Verbindungen zu Damen der sogenannten guten Gesellschaft. Das konnte Probleme bringen.

Am späten Nachmittag des 3. März 1974, dem Tag der Bürgerschaftswahl, gab die West-Bank in ihrem Gebäude am Ballindamm eine Wahlparty. Zu dieser »Post-Votum-Veranstaltung« waren Journalisten, Konsularbeamte, Politiker und Beamte, die im politischen Geschäft tätig waren, eingeladen. Georg Dornhoff stellte mir die Herren Kokorew und Scharapow vor. Er sagte ihnen auch meine Funktion. Die hätten sie bei Nennung meines Namens wahrscheinlich sowieso gewußt. Wir sprachen über Freizeittätigkeit und stellten fest, daß sowohl Scharapow als auch ich Tennis spielten. Ich schlug vor, daß wir doch einmal gegeneinander spielen sollten. Ich sei Mitglied vom Tennisclub »Klipper« an der Alster; er, Scharapow, wohne doch gar nicht so weit davon weg. Wir sollten uns morgens um 7.00 Uhr einmal zum Tennis verabreden, dann würden wir mit Sicherheit einen Platz in der Halle bekommen. Herr Scharapow lächelte und stimmte zu. Er hielt das Ganze wahrscheinlich für einen Scherz, dem keine Realisierung folgen würde.

Am nächsten Morgen rief ich Scharapow in seinem Büro an und erinnerte ihn an unsere Verabredung. Damit hatte er offensichtlich nicht gerechnet. Er schien aufgeregt und sagte, er könne nicht mit mir spielen. Ich fragte: »Warum nicht?« Er erwiderte: »Sie sind großer Boss in Hamburg, und ich bin nur kleiner Konsularbeamter.« Ich sagte: »Nun, ich kann ja nicht mit Ihrem Generalkonsul spielen. Der versteht nichts von Tennis. Vielleicht kann er kegeln. Aber wahrscheinlich müssen Sie auch irgend jemand fragen, ob Sie mit mir spielen dürfen.« Er zögerte, sagte dann aber doch: »Ja, das auch.« Ich setzte nach: »Und Herr Kokorew wird das sicherlich nicht genehmigen.« Er stimmte zu: »Ja, ja, wahrscheinlich nicht.« Ich schloß das Gespräch ab: »Nun, wir werden sehen.«

Unmittelbar nach diesem Gespräch wählte ich jedoch noch einmal die Telefonnummer des sowjetischen Generalkonsulates. Ich ließ mich mit German Kokorew verbinden und fragte ihn: »Lieber Freund, warum verbieten Sie denn Ihrem Mitarbeiter Scharapow, mit mir Tennis zu spielen? Er würde mich so gerne einmal treffen. Bitte erlauben Sie ihm doch, einige Spiele mit mir zu machen.« Kokorew war offensichtlich konsterniert. Er stotterte und sagte: »Nun gut, nun gut, wir werden sehen.« Ich bedankte mich und hängte ein. Drei Tage später hatte die Zentrale den Vizekonsul Scharapow nach Moskau zurückgerufen. Das Ziel unseres kleinen taktischen Geplänkels war erreicht.

Das war eine kleine Desinformationsoperation, mit der der Gegner ohne Aufwand gezwungen worden war, seine Maßnahmen und seine möglichen Pläne zu korrigieren. Die Sowjets waren Meister in diesem Spiel. Bis zum Zerfall der Sowjetunion unterhielt das KGB eine eigene Abteilung für derartige Operationen, die als »aktive Maßnahmen« bezeichnet wurden. Angeblich waren rund 1.000 Leute für solche Manöver eingesetzt. Aber wer kann solche Zahlen überprüfen. Auch hochrangige Überläufer konnten uns dabei nicht helfen. Bei ihnen handelte es sich meistens um direkte »Kundschafter an der Front des Friedens«, die keinen Einblick in die Schottenstruktur des KGB in Moskau hatten.

Ich selbst hatte meine ersten Erfahrungen mit aktiven Maßnahmen schon machen können, als ich vom Justizdienst zum BfV übergewechselt war. Am 17. Mai 1957 wurde dem damaligen Präfekten des Departements Bas-Rhin in Straßburg, André-Marie Tremeaud, mit der Post eine Kiste Zigarren zugestellt. Monsieur Tremeaud war gerade in einer Besprechung mit einem seiner Mitarbeiter. Er wollte dem Mitarbeiter eine Zigarre anbieten. Dieser verzichtete. Das rettete ihm und dem Präfekten das Leben. Madame Tremeaud plante zwei Tage später einen Empfang in ihrem Hause. Vor dem Eintreffen der Gäste öffnete sie die Zigarrenkiste. Die Kiste enthielt keine Zigarren, sondern eine Bombe. Madame Tremeaud wurde bei der Explosion getötet.

Wenige Tage später erschienen Flugblätter eines »Kampfverbandes unabhängiges Deutschland«, der sich zu dem Attentat bekannte. Die französischen Zeitungen reagierten mit einer Kampagne gegen einen angeblichen Revanchismus und gegen Umtriebe von Neonazis in Deutschland. Den Kollegen von der Abteilung »Rechtsextremismus« im BfV war ein »Kampfverband unabhängiges Deutschland« nicht bekannt.

Zwei Jahre später wurde die Bundesrepublik von einer Welle antisemitischer Schmierereien überzogen. Auf zahlreichen Synagogen und auf vielen Grabsteinen jüdischer Friedhöfe waren über Nacht Hakenkreuze und Nazi-Parolen angebracht worden. Wieder einmal berichteten die Medien über eine drohende Renaissance des Rechtsextremismus in Deutschland. Als die angebliche antisemitische Kampagne ihren Höhepunkt erreicht hatte, besuchte mich Lorenz Bessel-Lorck, damals noch Leiter der Abteilung »Rechtsextremismus«, und fragte mich, ob Kommunisten hinter den Schmierereien stehen würden, vielleicht mit dem Ziel, die Bundesrepublik als neofaschistisch und als zweifelhaften Bündnispartner zu brandmarken; aus den rechtsextremistischen Organisationen, die alle mit Agenten des Verfassungsschutzes durchsetzt seien, lägen keine Erkenntnisse darüber vor, daß die Aktionen von Neonazis ausgegangen seien. Ich war damals Referent für »Linksextremismus«. Uns lagen keine Informationen darüber vor, daß die Schmierereien von Kommunisten durchgeführt worden waren.

Erst zehn Jahre später wurde bekannt, daß sowohl hinter dem Mord in Straßburg als auch hinter den Hakenkreuzschmierereien des Jahres 1959 der tschechische Geheimdienst stand. Der frühere Leiter der Abteilung Desinformation des tschechischen Geheimdienstes, Ladislaw Bittmann, hatte nach dem Einmarsch der Sowjets und ihrer Satelliten in die Tschechoslowakei das Land verlassen und die entsprechenden Informationen übermittelt.

Am 27. April 1972 kam es zu einer Geheimdienstoperation, mit der das MfS, wahrscheinlich auf Weisung des KGB, aktiv in die Entscheidungszüge der westdeutschen Politik eingriff. Die CDU hatte einen Mißtrauensantrag gegen Bundeskanzler Willy Brandt gestellt. Die SPD/FDP-Koalition sollte weggefegt werden. Rainer Barzel wollte Kanzler werden.

Nach dem Wahlgang fehlten der CDU zwei Stimmen. Eine davon gehörte Julius Steiner, einem Hinterbänkler der CDU, der aus Baden-Württemberg stammte. Steiner war Agent des MfS. Seine beiden Führungsoffiziere, Ingolf Freyer und Frieder Kilian, hatten ihm 50.000,— DM in Tausendmarkscheinen übergeben und befohlen, gegen Rainer Barzel zu stimmen. Danach sollte er das Geldbündel auffällig-unauffällig bei der Filiale der Deutschen Bank am Bundeshaus deponieren, um damit den anvisierten politischen Eklat gezielt vorzubereiten.

Ende Mai ging Steiner dann, befehlsgemäß, an die Öffentlichkeit. Er sagte beim »Spiegel« und bei der »Quick«, er habe gegen Rainer Barzel gestimmt. Dies habe er aus politischer Überzeugung und nicht für Geld getan. Zwei Wochen später gab er der »Quick« eine zweite Version. Er erklärte, vom Fraktionsgeschäftsführer der SPD, Karl Wienand, mit 50.000,— DM bestochen worden zu sein. Das Geld habe er kassiert und auf sein Konto bei der Deutschen Bank eingezahlt.

Mit diesem Manöver landeten die Kommunisten einen Doppelschlag. Sie hatten die Wahl Rainer Barzels verhindert, die unter Umständen zu einer Änderung der Ost-Politik der Bundesregierung geführt hätte. Durch die Offenlegung der angeblichen Geldtransaktion schwächten sie darüber hinaus den moderaten Flügel der SPD um Herbert Wehner und den Geschäftsführer der SPD, Karl Wienand. Egon Bahr konnte seine Ost-Politik fortsetzen, gestützt auf Willy Brandt und unwidersprochen von Kabinett und Koalition, und die Konzessionen durchsetzen, die er der Regierung der DDR zugestanden hatte.

Bundesanwalt Siegfried Buback leitete ein Ermittlungsverfahren gegen Julius Steiner wegen unerlaubter nachrichtendienstlicher Tätigkeit ein. Ein parlamentarischer Untersuchungsausschuß wurde eingesetzt. Das Ermittlungsverfahren wurde 1975 eingestellt. Diese Maßnahme verhinderte, daß sich der parlamentarische Untersuchungsausschuß mit der Spionagetätigkeit von Julius Steiner im einzelnen beschäftigen konnte.

Herbert Wehner hatte bei seinen Vernehmungen im Ausschuß mehrfach geäußert, daß er hinter der Affäre Steiner/Wienand eine »Gruppe von Konstrukteuren« vermute. Dies geschah wohl auch, um seinen Geschäftsführer und Freund Karl Wienand abzustützen. Er konnte seine Überlegungen aber nicht substantiieren, wie der Berichterstatter der CDU bemerkte.

Ich schrieb danach auf einer Reise von Hamburg nach München im Intercity einen Artikel mit der These, daß die 50.000,— DM »aus östlichen Tresoren« gekommen seien. Steiner sei für sein Anti-Barzel-Votum nicht von Wienand, sondern vom DDR-Staatssicherheitsdienst oder vom sowjetischen KGB mit dem Geld honoriert worden. Ich schickte den Artikel an Theo Sommer mit der Bitte, ihn zu publizieren, ohne dabei meinen Namen zu nennen, sondern ihn nur mit drei Sternen zu versehen.

Der Artikel erschien in der »Zeit« vom 3. August 1973. Man vermutete, hier habe Günther Nollau ein Entlastungsmanöver für Herbert Wehner versucht.

Die SPD nahm die in der »Zeit« getroffene Analyse nicht auf. Sie hätte damit zwar Karl Wienand vom Verdacht der Bestechung befreien können. Sie konnte aber kaum zugeben, daß Willy Brandt — wie die Enthüllungen der Stasi-Offiziere später bestätigten — zum Kanzler von MfS-Gnaden geworden war.

Im Jahre 1975 kam Valentin Koptelzew als sowjetischer Generalkonsul nach Hamburg. Ich begegnete ihm zum ersten Male im Mai 1976 bei einer Ausstellung des russischen Malers Glasunow in Hamburg. Der inzwischen verstorbene Vizepräsident des Deutschen Bundestages, Hermann Schmitt-Vockenhausen, machte uns bekannt. Danach trafen wir uns häufig bei Empfängen des Hamburger Senats und bei Veranstaltungen der Rotarier.

Während eines Diplomatenempfangs im Rathaus standen wir zusammen. Wir unterhielten uns über die Qualität deutscher Weine. Ich rühmte die bei mir zu Hause gelagerten Sorten und bot Koptelzew an, mich zu besuchen und einen Vergleich zu ziehen mit den Weinen, die der Senat anbot. Er wandte ein, daß er dazu eine Genehmigung von Moskau brauche. Der Besuch bei einem »Mann des deutschen Geheimdienstes« setze voraus, daß die Zentrale dazu vorher ihr Einverständnis erklärt habe.

Etwa drei Monate nach diesem Gespräch, bei einer weiteren offiziellen Veranstaltung, kam er auf mich zu und rief: »Ich habe gefragt. Ich darf kommen.« Ich erkundigte mich, ob er möchte, daß wir noch andere Leute einladen sollten. Falls ja, dann solle er uns die Namen der Personen nennen, die er gerne dabei haben wolle. Er sagte: »Nein, nein, ich möchte mit Ihnen allein sein — natürlich mit meiner Frau und mit Ihrer Frau.« Wir vereinbarten den darauffolgenden Mittwoch. Das war der 23. November 1977.

Von dem Plan zur Einladung und dem Termin, der schließlich vereinbart worden war, wußten nur drei Herren der Abteilung für Spionageabwehr. Am Morgen des Tages, an dem Valentin Koptelzew und seine Frau mich besuchen wollten, kam einer dieser Herren zu mir und sagte: »Der Generalkonsul wird nicht kommen. Wir haben eine Information aufgefangen, daß er morgen früh um 9.00 Uhr bei Botschafter Falin in Bonn sein muß.« Ich antwortete: »Nun gut. Wenn er nicht kommen kann, dann müßte er bis heute mittag absagen.«

Koptelzew sagte nicht ab. Pünktlich zur vereinbarten Zeit, um 19.30 Uhr, stand er mit seiner Frau Galina Koptelzewa, ein großes Gebinde weißer Orchideen in der Hand, vor unserer Tür.

Maria hatte Kassler mit Sauerkraut gekocht. Wir aßen lange. Schließlich nahm er das letzte Stück Fleisch, das Maria ihm vorgelegt hatte, und plazierte es auf meinen Teller. Er sagte: »Ich kann nicht mehr. Das müssen Sie essen. Und dies ist dann das erste Mal, daß die Sowjetunion der Bundesrepublik Entwicklungshilfe gibt.«

Später gingen wir ins Arbeitszimmer. Wir sprachen über Berlin, über die mögliche Entwicklung Spaniens zur Demokratie und über die Stabilität

Israels im Kräfteverhältnis des Nahen Ostens. Er wußte genau, wo meine Interessen lagen und welche Art von Verbindungen, die über meinen dienstlichen Aufgabenbereich hinausgingen, ich damals hatte.

Valentin Koptelzew hatte eine ungewöhnliche Kondition. Die vielen Zigarren, die wir in dieser Nacht rauchten, schienen ihm nichts auszumachen. Der Wein beflügelte ihn. Ich wurde müde. Galina Koptelzewa sprach mit meiner Frau über Kindererziehung und die Schulsysteme in der Sowjetunion und in der Bundesrepublik. Ab und zu beteiligte sie sich auch an der Diskussion der Männer. Die Gespräche dauerten bis um 4.30 Uhr morgens.

Ich brachte die Gäste zum Wagen und wünschte ihnen noch einige Stunden ruhigen Schlafs. Valentin Koptelzew sagte: »Für meine Frau vielleicht; ich fahre nur nach Hause, um mich umzuziehen. Ich muß sofort auf eine Geschäftsreise.« Ich antwortete: »Ja, ich weiß. Sie sind um 9.00 Uhr mit Herrn Falin in Bonn verabredet.« Er lachte und sagte: »Guter Geheimdienst.«

Als er 1979 wieder nach Moskau zurück mußte und im sowjetischen Konsulat seinen Abschiedsempfang gab, nahm er mich zur Seite, legte mir die Hand auf die Schulter und sagte: »Das, was ich Ihnen jetzt sage, können Sie verwenden. Ich gehe zurück nach Moskau, aber nicht ins Außenministerium. Ich werde dritter Mann in einer neuen Abteilung des ZK der KPdSU. Botschafter Falin wird zweiter Mann. Die Abteilung beschäftigt sich mit der Auswertung der westlichen Presse und mit der Umsetzung dieser Informationen für die Ziele der KPdSU. Die Abteilung heißt Internationale Informationsabteilung.«

Nach dem XXVII. Parteitag der KPdSU im März 1986 wurde diese Abteilung wieder aufgelöst. Valentin Koptelzew ist jetzt Leiter der Außenstelle der russischen Botschaft in Berlin.

Am 6. Mai 1978 besuchte Leonid Breschnew Hamburg. Dabei lernten wir eine andere Art von Sowjetbürgern kennen als die gebildeten Diplomaten und trainierten KGB-Offiziere, mit denen wir bis dahin zu tun hatten. Die Einladung des Generalsekretärs der KPdSU in die Heimatstadt des Bundeskanzlers sollte dem Staatsbesuch wahrscheinlich einen privaten Akzent geben, der den deutsch-sowjetischen Beziehungen förderlich sein konnte.

Breschnew war mit Sekretariat, Leibwache und Kammerdiener im Gäste-haus des Senats untergebracht, das nicht weit entfernt von unserer Wohnung lag. Wir hatten am Abend Reinhard Baumann, genannt »Felix«, vom NDR-Hörfunk und seine Freundin Karen »Anna« Klamroth bei uns. Breschnew hätte etwa um 22.00 Uhr an unserer Wohnung vorbeifahren müssen. Er ver-spätete sich. Wir hatten schon sehr früh begonnen, intensiv über die Ost-Politik und die sowjetische Politik der sogenannten friedlichen Koexistenz zu diskutieren. Dadurch verpaßten wir die Blaulicht-Kolonne.

Mitarbeiter des LfV hatten die Polizei bei der Vorbereitung der Sicherheits-maßnahmen für den sowjetischen Staatschef beraten. Einige waren auch dabei, als die Mitglieder der sowjetischen Equipe nach Beendigung des Staatsbesuches ihre Sachen zusammentrugen, um das Gästehaus zu verlas-sen. Sie verstärkten die Mannschaft des Senats, die schon mit den Aufräu-mungs- und Säuberungsarbeiten begonnen hatte, als die Sowjets noch im Gästehaus waren. Dabei sahen sie, daß einige der jungen Sowjetbürger Teile des Silberbesteckes des Senats in Stoffservietten einwickelten und in ihrem Gepäck verstauten. Zur Rede gestellt sagten sie, sie hätten geglaubt, das Sil-ber sei ein Gastgeschenk für die Begleitung Breschnews. Als das Besteck wieder in die Schubladen eingeräumt war, versuchten drei junge Russen, sich die Beute doch noch mit einem schnellen Griff zu sichern. Auch das konnte verhindert werden. Das Senatssilber blieb Hamburg erhalten.

Recht unverfroren war auch SAVAK, der Geheimdienst des Schahs von Per-sien. Im Sommer 1978 besuchte mich ein hoher Funktionär dieses Dienstes in meinem Büro. Er kam sofort zur Sache und fragte mich, ob wir ihm nicht helfen könnten bei einem Einbruch in die Büroräume der Hamburger Moschee. Dort lagerten die Unterlagen von allen iranischen Studenten, die auf dem Wege in den Fundamentalismus seien. Wenn man davon Kopien machen könne, habe man einen Überblick über den wichtigsten Teil der Opposition gegen den Schah.

Ich war bestürzt sowohl über das Vorhaben selbst als auch über die Tatsa-che, daß man uns schlankweg ein solches Ansinnen stellte. Ich sagte dem Kollegen, daß wir ihm nicht helfen könnten. Falls er aber einen Alleingang versuchen sollte, so würde das erhebliche Konsequenzen haben. Ich könne dafür sorgen, daß das iranische Konsulat in Hamburg geschlossen werde.

Imam der Moschee, die wie unsere Wohnung an der Außenalster lag, war von 1964 bis 1969 Ayatollah Mohammed Hossein Beheschti gewesen. Er hatte die Studenten zum Fundamentalismus gebracht und in die Opposition zum Schah geführt. Unter Ayatollah Khomeini wurde er einer der schlimmsten Scharfmacher der »Islamischen Revolution«. Für die Hinrichtungswelle der Jahre 1979/80 — 1.600 Todesurteile — trägt er die Verantwortung. Am 26. Juni 1981 wurde er durch einen Bombenanschlag auf das Hauptquartier der »Islamischen Republikanischen Partei« in Teheran, dem 69 Personen zum Opfer fielen, ermordet.

Terrorismusforschung

Anfang August 1979 war ich im Rätikon. Ich hatte Thomas, der damals sechzehn Jahre alt war, mitgenommen. Stützpunkt war die Lindauer Hütte. Nach fünf Tagen intensiver Kletterei, bei der wir die Schwierigkeitsgrade fortlaufend gesteigert hatten, wollten wir den Südpfeiler des Großen Drusenturms machen. Er war — mit Schwierigkeitsgrad VI — als Höhepunkt unserer Kletterwoche gedacht. Die Drusentürme begrenzen das Gauertal. Sie sind die schönste Kletterformation der Nördlichen Kalkalpen, ein Glanzpunkt der schweizerisch-österreichischen Gebirgswelt. Ihre harmonisch geschwungenen Gipfel krönen eine senkrechte Kalkmauer, die sich — wie große Architektur — mit bestürzender Majestät 500 Meter hoch aus dem Kar aufbaut.

Nach drei Stunden angestrengten Kletterns wurden wir von einem überhängenden Riß aufgehalten. Unser Bergführer hatte oberhalb einen Standplatz gewonnen. Er führte Thomas am Seil. Mein Seil war eingezogen, lag aber lose zu seinen Füßen. Thomas hantierte an einem Karabiner, suchte nach Griffen und schrie dann: »Ich schaff' das nicht. Hier komme ich nicht rüber. Ich finde keinen Griff.« Ich stand einige Meter links seitlich unter ihm und rief ihm zu: »Warte einen Moment. Ich komme rüber und sage Dir, wo die Griffe sind.« Ich versuchte zu queren. Meine Füße gingen auf Reibung. Während ich mit der rechten Hand nach einem Halt suchte, löste sich der Griff, den ich links zu haben glaubte. Ich stürzte und schlug fünf Meter tiefer auf einem zwei Meter breiten Band auf. Ich konnte mich nicht halten und wurde aus der Wand herausgeschleudert. Das Seil sauste durch die Karabiner, ein Haken wurde aus der Wand gerissen. Brustgeschirr und Sitzgurt verhinderten, daß ich mit dem Kopf nach unten fiel. Das alles ging in Bruchteilen von Sekunden vor sich. Ich hatte nicht die Furcht, daß das Seil reißen würde. Meine Sorge war, daß ich nachher an dem nur fingerdicken Strick wieder hochklettern mußte. Nach zwanzig Metern freiem Fall hatte der Bergführer mein Seil wieder unter Kontrolle. Die Kunststoffkonstruktion federte wieder hoch, und ich wurde an die gegenüberliegende Felswand geworfen. Das gab mir die Chance, mich mit den Füßen kräftig abzustoßen und dadurch wieder an unsere Kletterwand zurückgeschleudert zu werden. Ich krallte mich fest, holte Atem und kletterte mit wenigen, hektischen

Zügen bis zu der Stelle, von der ich abgestürzt war. Dann schrie ich Thomas an: »Nun mach weiter, Du Penner. Wenn Du es jetzt nicht schaffst, dann kommen wir alle nicht durch.« Geschockt von meinem Sturz und verärgert über mein Geschrei schaffte er es dann, den Überhang mit vier bis fünf Griffen zu überwinden.

Durch die Hast, mit der Thomas jetzt geklettert war, löste er einen Steinschlag aus. Einige Brocken trafen meinen Helm. Meine Hände bluteten. Ich verband zuerst meine Finger. Dann rief ich nach oben, der Bergführer solle mir etwas Zug geben. Oberhalb des Überhangs mußte ich zuerst verschnaufen. Nach weiteren vier Stunden waren wir auf dem Gipfel. Der Abstieg war leichter. Als wir auf der Lindauer Hütte ankamen, war ich fix und fertig.

Das Abenteuer hatte Nachwirkungen. Zurück in Hinterthal war ich nicht in der Lage, die wenigen Treppen zu unserer Wohnung ohne Pause durchzusteigen. Ich litt unter Atemnot und hatte stechende Schmerzen in der Brust. Das besserte sich erst nach einigen Wochen.

Die Geschäfte im Amt in Hamburg gingen weiter. Für den 16. Januar 1980 war eine Sitzung der Kontrollkommission für den Verfassungsschutz und gleichzeitig eine Sitzung der Kommission zur Überwachung unserer Telefon- und Postkontrolle angesetzt. Die beiden Kommissionen sind in Hamburg mit den gleichen Personen besetzt. Deshalb behandelten wir die Themenbereiche beider Kommissionen jeweils in einer Sitzung. Auf der Tagesordnung standen diesmal Abhörmaßnahmen, die seit einiger Zeit umstritten waren, gegen eine Organisation, dann der Fall unseres Agenten im Geheimdienst der PLO und schließlich eine weitere heikle nachrichtendienstliche Operation. Als ich am Morgen des 16. Januar zum Büro fuhr, sagte ich zu Maria: »Dieses wird ein harter Tag.«

In der Sitzung trug ich den Mitgliedern der Kommission zunächst noch einmal die Begründung für unsere Abhörmaßnahmen vor. Das Projekt lief schon seit Jahren. Wir hatten es mit Erkenntnissen gerechtfertigt, die belegen sollten, daß die Organisation ein hochverräterisches Unternehmen plane. Dieses konnte man bei weiter Auslegung der Gesetze tun. Die Gegenposition, d.h. daß unsere Erkenntnisse nicht ausreichen, den Verdacht auf Hochverrat zu begründen, konnte man ebensogut vertreten. Nach langer und harter Diskussion fragte ein Mitglied der Kommission, welche anderen Verfassungsschutzämter diese Organisation noch abhören würden. Ich mußte einräumen, daß Hamburg das einzige Amt war, in dem eine solche Maßnahme beschlossen worden war. Daraufhin stimmte die Kommission mit Mehrheit dafür, die Operation zu beenden.

Bei unserem Agenten in Al Rasd trieb einige Kommissionsmitglieder die Sorge um, daß Hamburg mit Terroranschlägen der PLO bedroht werden könne, wenn bekannt würde, daß der Hamburger Verfassungsschutz eine Quelle im Geheimdienst von Yassir Arafat geführt habe. Ich erläuterte eingehend, daß wir mit diesem Agenten einen Zugang hätten, über den kein anderer Geheimdienst verfüge. Die Informationen der Quelle seien nicht nur für uns, sondern für alle befreundeten Dienste von sehr großem Wert. Ein Mitglied der Kommission meinte daraufhin, daß wir dann doch diesen Mann sofort an den Bundesnachrichtendienst abgeben sollten. Ich erwiderte, die Zusammenarbeit mit dieser Quelle habe ein besonderes Vertrauensverhältnis entwickelt; der Agent habe mehrfach erklärt, nur mit seinem jetzigen VM-Führer und mit dem Landesamt für Verfassungsschutz in Hamburg zusammenarbeiten zu wollen. In der Diskussion zeichnete sich aber ab, daß sich eine Mehrheit dafür einsetzen würde, den VM entweder abzuschalten oder an einen anderen Dienst abzugeben. Ich versuchte, das noch einmal zu konterkarieren und sagte: »Wenn wir den Mann abgeben, dann geben wir ihn an Mossad. Die werden ihn aber dann mit aktiven Maßnahmen oder vielleicht sogar mit Sabotage beauftragen. Das birgt für die Quelle ein hohes Risiko.« Ein Diskussionsteilnehmer meinte daraufhin nur: »Nun gut, das ist dann aber nicht mehr unser Bier.« Die Kommission beschloß mit Mehrheit, daß wir unsere Quelle entweder abzuschalten hätten oder an einen anderen Dienst abgeben müßten. Gott sei Dank ließen sie offen, mit welchem Dienst wir dabei zusammenarbeiten sollten.

Im dritten Fall entschied die Kommission schon nach wenigen Minuten, daß die Operation einzustellen sei.

Es war 18.00 Uhr geworden. Ich versuchte, noch das Sitzungsprotokoll zu diktieren. Atemnot quälte mich, und ich öffnete das Fenster meines Büros.

Das brachte keine Linderung. Ich sagte meiner Sekretärin, daß wir am nächsten Tag weitermachen würden, und ließ mich nach Hause fahren. Dort brach ich mit einem Herzinfarkt zusammen.

Der Genesungsprozeß dauerte lange. Während der Rehabilitation überlegte ich, ob ich wieder ins Amt zurückgehen solle. Der Münchner Freund, von dem ich ins Bergsteigen eingeführt worden war, hatte am gleichen Tag wie ich einen Infarkt erlitten. Er starb elf Monate danach. Die Amtsärztin in Hamburg sagte mir, falls ich zurück zu meinem Job gehen würde, sei der nächste Infarkt vorprogrammiert. Ich ließ mich pensionieren.

Im Oktober 1980 waren Peter Tamm und seine Frau Ursula bei uns zum Abendessen. Ich erzählte ihnen von meiner Absicht, in den Ruhestand zu gehen. Peter Tamm sagte: »Wenn Sie wollen, dann können Sie bei uns anfangen.« Ich überlegte kurz. Dann sagte ich zu. Einige Wochen später machten wir einen Vertrag, der mich zur journalistischen Mitarbeit bei den Blättern des Springer Verlages verpflichtete und zur Fertigung von Analysen über bestimmte politische Sachzusammenhänge. Am 1. Februar 1981 fing ich bei Springer an.

Im Frühjahr des gleichen Jahres traf ich mich mit Nina Grunenberg und Haug von Kuenheim in einem Restaurant in der Innenstadt. Haug fragte, warum ich zu Springer gegangen sei. Durch diesen Wechsel hätte ich mit Sicherheit einige »linke Freunde« verloren. Nun, ich zweifle, daß ich damals überhaupt Freunde links in der SPD hatte. Ich sagte aber nur: »Wenn die Gräfin mir zuerst ein Angebot gemacht hätte, wäre ich auch zu Euch gekommen.«

Andere journalistische Kollegen waren nicht so zurückhaltend. Der SPD-Bundestagsabgeordnete Hugo Brandt aus Rheinland-Pfalz hatte einen Artikel, den ich in der »Welt« vom 6. August 1981 geschrieben hatte, zum Anlaß genommen, mir in einem Aufsatz im »Sozialdemokratischen Pressedienst« vom 11. August 1981 Lehren über Stil und Grammatik zu erteilen. Wahrscheinlich glaubte er, dadurch meiner These, die sozialliberale Koalition habe »den Verfassungsschutz heruntergewirtschaftet«, besser widersprechen zu können. Redakteure von »Stern« (27. August 1981) und »Spiegel« (31. August 1981) griffen das Thema auf. Sie schrieben, ich hätte mit

Artikeln in der »Welt«, im »Handelsblatt« und in der »Zeit« eine Kampagne gegen Bundesinnenminister Gerhart Baum eröffnet. Eine Viererbande, zu der der frühere Ministerialdirektor im Bundesinnenministerium, Werner Smoydzin (FDP), und die ehemaligen Chefs des Verfassungsschutzes in Kiel, Roland Schmidt (CDU), und Berlin, Eberhard Zachmann (SPD), gehörten, führe unter der Anleitung von Horchem einen Kreuzzug gegen die liberale Sicherheitspolitik des Bundesinnenministers.

Der arme Eberhard. Er wußte gar nicht, was vor sich ging. Er saß in Staufen im Breisgau, trank Rotwein vom Kaiserstuhl und hatte weiß Gott anderes im Sinn, als sich an einem angeblichen Kreuzzug zu beteiligen. Der »Stern« mußte sich in seiner Ausgabe vom 26. November 1981 berichtigen, konnte es sich aber nicht verkneifen, aus einer Kleinen Anfrage des SPD-Abgeordneten Sachs in der Hamburger Bürgerschaft zu zitieren. Darin hieß es, ob dem Senat meine Veröffentlichungen in Springer-Blättern und in der »Zeit« bekannt seien und ob diese publizistischen Aktivitäten beamtenrechtlich abgedeckt seien.

Ende August/Anfang September 1981 rief mich Nicholas an, ein Freund aus dem britischen Geheimdienst, der inzwischen auch pensioniert war. Er fragte, ob er einen Herrn zu mir schicken dürfe, der Unterstützung brauche. Selbst wenn ich dem Mann nicht helfen könne, so sei ich sicherlich an einem Gespräch mit diesem »oriental Gentleman« interessiert. Dr. Jagjit Singh — das sei der Name — werde sich, falls ich einverstanden sei, bei mir melden.

Singh bedeutet Löwe und ist der Zusatzname, den alle Sikhs tragen. Wenige Tage später traf Dr. Jagjit Singh ein. Er war ein beeindruckend großer Mann, etwa 65 Jahre alt, mit langem weißen Bart. Er trug einen grünen Turban, enge Jodhpur-Hosen und eine schwarze Oberbekleidung, die wie ein Gehrock wirkte. Wir tranken Tee. Er sagte mir, er sei informiert worden, daß ich eine sehr gute Ausarbeitung für den Aufbau einer Baskischen Polizei gemacht hätte. Er sei Mitglied der Exil-Regierung der »Republic of Khalistan«, im Westen bekannt unter dem Namen Pandschab. Die Sikhs wollten einen unabhängigen Staat, frei von allen Bindungen zu Indien. Dafür seien sie bereit, auch einen sehr langen Krieg durchzukämpfen. Er sei in Europa unterwegs, um Waffen zu kaufen und Trainigsmöglichkeiten für die Offiziere der Sikhs zu erkunden. Ursprüngliche kämpferische Traditionen seien verschüttet und müßten wieder aufgefrischt werden. Außerdem sei es notwendig, das militärische Training westlichem Niveau anzupassen. Dann fragte er mich, ob ich dabei nicht helfen könne, entweder persönlich oder durch Hinweise auf erfahrene Offiziere, die die Ausbildung in die Hand nehmen sollten.

Ich mußte das ablehnen. Ich sagte ihm, meine Erfahrungen beschränkten sich auf Geheimdienst und Polizei. Über Ausbildung und Organisation militärischer Einheiten hätte ich keine Kenntnisse. Über Verbindungen zur Armee oder zu ehemaligen Offizieren, die hier helfen konnten, verfügte ich ebenfalls nicht.

Kontakte zu privaten wissenschaftlichen Institutionen, die sich mit dem Studium des Terrorismus befaßten, hatte ich schon während meiner Zeit beim Verfassungsschutz geknüpft. Ende der siebziger Jahre besaßen einige dieser Einrichtungen manchmal bessere Hintergrunderkenntnisse als das BfV oder der BND. Besonders enge Beziehungen gab es zur Rand Corporation in Santa Monica/Californien, zur Universität Tel Aviv und zur Universität Aberdeen. Bei Rand hatte Brian Jenkins eine respektable Abteilung entwickelt, die sich mit dem Studium von Terroraktionen, ihrem Modus Operandi und mit den internationalen Verbindungen der einzelnen Terrorgruppen beschäftigte, vorwiegend orientiert auf Lateinamerika. Im Center for Strategic Studies an der Universität Tel Aviv leitete Dr. Ariel Merari die entsprechenden Aufgaben. Seine Abteilung verfügte über die besten Erkenntnisse hinsichtlich der PLO und ihrer Untergruppen. Auch Mossad fragte manchmal bei Ariel an. Professor Paul Wilkinson leitete an der Universität von Aberdeen den Fachbereich Politische Wissenschaften. Er beschäftigte sich seit Jahren mit dem Studium der Ursachen und Wirkungen des Internationalen Terrorismus. Sein Hauptaugenmerk lag dabei auf der IRA.

Im Sommer 1982 besuchten mich die Freunde. In mehreren Besprechungen in meinem Büro im Springer Verlag prüften wir, wie wir unseren Informationsaustausch verbessern konnten. Jeder Teilnehmer des Pools sollte über ein Computersystem verfügen, in das die vorhandenen und in Zukunft eingehenden Informationen gespeichert werden sollten, und das kompatibel sein mußte. Jeder Partner konnte dann seine Disketten den Kollegen zur

Verfügung stellen und diese dadurch in die Lage setzen, die Informationen in das eigene System zu übertragen.

Die Rand Corporation und das Center for Strategic Studies in Tel Aviv verfügten schon über ein entsprechendes Computersystem. Paul Wilkinson hoffte, daß die Universität Aberdeen ihm in Kürze eine Datenbank kaufen und Geldmittel für zwei Programmierer zur Verfügung stellen würde. Wir rechneten aus, daß ich für mindestens zwei Jahre drei Arbeitskräfte brauchen würde, um mein privates Archiv, das ich 1968 eingerichtet und seither laufend bestückt hatte, in einen Computer zu übertragen. Danach würde man wahrscheinlich nur noch eine ständige Arbeitskraft brauchen, um die in Zukunft anfallenden Informationen einzuspeichern.

Ich trug Peter Tamm meine Überlegungen vor. Er schaute mich an, zog an seiner Zigarre und sagte: »Das geht nicht. Es ist keine Frage des Geldes. Aber Sie haben ja selbst erlebt, daß Ihre Beschäftigung bei uns nicht überall Zustimmung gefunden hat. Wenn wir uns jetzt an einem internationalen Apparat beteiligen, so wie Sie das wollen, dann werden einige Politiker und Konkurrenten sagen, daß sich Springer einen eigenen Nachrichtendienst aufbaut. Das gilt selbst dann, wenn Sie sich tatsächlich auf Terrorismus beschränken. Wir würden unnötige Kritik provozieren.«

Im Jahre 1976 hatte ich angeregt, einen Verein zu gründen, über den man Geld sammeln konnte zur Unterstützung des Londoner »Institute for the Study of Conflict«. Die Londoner Einrichtung war von Brian Crozier gegründet worden und wurde von ihm geleitet. Wir wollten von Fall zu Fall ausgewählte Analysen des Instituts anfordern, selbst Forschungsaufträge vergeben und danach beides ins Deutsche übertragen lassen und hier vertreiben.

Die Organisation nahm Hermann Segnitz in die Hand, der neben seiner großen Belastung als Chef seiner Wein-Import-Firma und als Initiator des Bremer Wein-Collegs immer noch Zeit fand, sich mit Politik zu befassen. Aus rechtlichen Gründen und mit Rücksicht auf die in der Satzung näher erläuterte Zweckbestimmung nannten wir den Verein etwas umständlich »Deutsche Vereinigung zur Förderung der Internationalen Konfliktforschung«. Der Verein wurde beim Amtsgericht in Bremen angemeldet und registriert. Die Finanzbehörde erkannte an, daß die »Deutsche Vereinigung« gemeinnützigen Zwecken diente. Damit konnten die Sponsoren ihre Spenden von der Steuer absetzen.

Als Brian Crozier die von ihm gegründete Organisation Anfang der achtziger Jahre verließ, fanden wir zu seinem Nachfolger nicht die Bindungen, die wir zu Brian gehabt hatten. Die Beziehungen verkümmerten. Unsere Kasse war noch gefüllt. Deshalb regte ich an, einen Wettbewerb für die Abiturienten des Jahres 1984 auszuschreiben. Die jungen Leute sollten eine wissenschaftliche Arbeit machen, nicht länger als fünf Seiten, die sich mit einem Thema über Demokratie und Freiheit zu beschäftigen hatte.

Am 10. Oktober 1983 war Herbert Weichmann, Hamburgs großer Bürgermeister, verstorben. Ich schlug vor, unseren Preis »Herbert-Weichmann-Preis« zu nennen. Elsbeth Weichmann war einverstanden. Wir faßten die Reden, die zur Trauerfeier von Herbert Weichmann am 16. Oktober 1983 im Hamburger Rathaus gehalten worden waren, und die Beileidsadressen, welche der Senat und Frau Dr. Weichmann erhalten hatten, in einem Buch zusammen. Im Mittelpunkt der Publikation stand die Ansprache, die Prof. Dr. Weichmann am 17. Juni 1982 im Deutschen Bundestag gehalten hatte. Damals beklagte er, daß bis dahin »als unabdingbar angesehene Richtpunkte menschlichen Verhaltens... in den Abfalleimer der Geschichte geraten« seien. »Religion, Autorität, Familienbildung, Respekt vor dem Alter... sind weitgehend als Leitmotive oder Bewußtseinsinhalte verdrängt und verkümmert.« Deshalb müsse man jetzt »an jene demokratische Gesinnung appellieren, bei der Libertas nicht mit Libertinage gleichzusetzen ist, bei der Freiheit auch Beschränkung bedeutet, die Pflicht zur moralischen Verantwortung im Denken an sich selbst und an die Gemeinschaft«.

Am 16. Februar 1984 überreichten Elsbeth Weichmann und Hermann Segnitz das Buch an Bundespräsident Prof. Dr. Karl Carstens.

Die letzte Seite enthielt die Einladung zum Wettbewerb. Als Thema hatten wir ein Wort von Papst Johannes Paul II. genommen, das dieser in einer Grußbotschaft zum Weltfriedenstag am 1. Januar 1981 ausgesprochen hatte: »Um dem Frieden zu dienen, achte die Freiheit.« Als erster Preis waren 5.000,— DM ausgesetzt, als zweiter Preis 3.000,— DM und als dritter Preis 1.500,— DM. Hinzu kamen zahlreiche Buchpreise. Einsendeschluß für die

Arbeiten war der 15. September 1984. Zur Jury gehörten Prof. Dr. Gesine Schwan aus Berlin, Staatssekretär a.D. Hans Birckholtz aus Hamburg, Prof. Dr. Ernst Nagel aus Hamburg, Prof. Dr. Thomas Nipperdey und Prof. Dr. Michael Wolffsohn aus München.

Wir verschickten das Buch mit der Einladung zum Wettbewerb an die rund 250.000 jungen Leute, die 1984 das Abitur gemacht hatten. Der Vertrieb erfolgte über die Kultusministerien, zum Teil direkt über die Schulen, weil sich einige Minister weigerten, ihre Häuser an der Mitwirkung zum Wettbewerb zu beteiligen. Wir erhielten 241 Arbeiten. Davon waren nur 70 brauchbar. Die Preisverleihung fand am 10. Juli 1985 in der Stadtwaage in Bremen statt. Prof. Dr. Wolffsohn hielt die Laudatio. Frau Dr. Weichmann überreichte die Preise.

Nach der begrenzten Resonanz auf unsere Ausschreibung richteten wir die Einladungen zu unserem nächsten Wettbewerb nicht mehr an Abiturienten, sondern an die Studenten der Geschichtswissenschaft und der Politologie. Wir schrieben die Leiter der betreffenden Fachbereiche an allen deutschen Universitäten an. Zur Jury gehörten Prof. Dr. Martin Kriele aus Köln, Prof. Dr. Joseph Rovan aus Paris und wieder Prof. Dr. Michael Wolffsohn aus München. Frau Annemarie Renger, Vizepräsidentin des Deutschen Bundestages, hatte sich bereit erklärt, die Schirmherrschaft über den Wettbewerb zu übernehmen. Eingereicht werden sollten Aufsätze zum Thema »Der Friedensgedanke in Ost und West — Anspruch und Wirklichkeit«. Die Arbeiten durften einen Umfang von zehn Schreibmaschinenseiten nicht überschreiten. Für die vier besten Arbeiten hatten wir insgesamt 10.000,— DM ausgelobt. Einsendeschluß war der 31. Januar 1987.

Das Ergebnis war noch dürftiger als beim ersten Wettbewerb. Aus der stattlichen Schar der jungen Historiker und Politologen gingen nur 22 Arbeiten ein. Davon kamen lediglich vier für eine Bewertung in Betracht. Die restlichen 18 Ausarbeitungen waren unter jedem Niveau. Eine Kandidatin, Studentin der Politologie im sechsten Semester, schickte uns ein Mäppchen mit Zeitungsausschnitten der Konferenz Gorbatschow-Reagan in Reikjavik und bat, dies als ihren Beitrag zum Wettbewerb zu bewerten. Die Jury befand, daß nur eine Arbeit mit einem Preis ausgezeichnet werden könne. Dieser Aufsatz war allerdings gut.

Ursprünglich war vorgesehen, die Preisverleihung in der Redoute in Bad Godesberg mit größerer Pressebeteiligung durchzuführen. Ich empfahl, sie trotz des beschämenden Ausgangs unseres Wettbewerbs dennoch, wie vorgesehen, dort durchzuführen, um sie als Plattform zu nutzen, die miserable Qualität des deutschen Bildungswesens darzustellen. Annemarie Renger lehnte ab. Sie meinte, dies werde auf die Veranstalter zurückschlagen. So fand die Verleihung des zweiten Herbert-Weichmann-Preises im Büro der Vizepräsidentin des Deutschen Bundestages statt. Beteiligt waren nur der Preisträger, Frau Renger, ihr persönlicher Referent, Hermann Segnitz und ich.

Danach wurden keine Wettbewerbe mehr ausgeschrieben. Wir beschlossen, von Fall zu Fall herausragende Veröffentlichungen auszuzeichnen, Monographien oder Aufsätze, die dem Gedanken von Demokratie und Freiheit förderlich waren. Zweimal wurden Preise verliehen, und zwar an Dr. Gerhard Wettig und an Rainer Kunze.

Ende 1982 kam ich erneut mit dem KGB in Berührung. Ich besuchte Research West, jenen abenteuerlichen Verein, der die amerikanische Industrie, vorwiegend die kalifornische Wirtschaft, über die Bedrohung durch den Internationalen Terrorismus zu beraten versuchte. Pat Atthow und mein Freund Harold Chipman hatten in San Francisco neue Büroräume angemietet, mit einem wunderschönen Blick über die Bucht. Als ich mich umgesehen hatte, meinte Chip: »Willst Du unseren KGB-Major kennenlernen?« Ich wußte nicht, was er meinte. Das änderte sich schnell, als Stanislaw Levschenko den Raum betrat.

Stan war bis Oktober 1979 Mitarbeiter der sowjetischen Botschaft in Tokio gewesen. Er hatte für die »Linie PR«, d.h. für die »aktiven Maßnahmen« des KGB gearbeitet. Nach außen trat er auf als Korrespondent der sowjetischen Zeitschrift »New Times«. Er war in die amerikanische Botschaft in Tokio gegangen und hatte dort um Asyl gebeten. Die Amerikaner hatten ihn sofort nach Washington ausgeflogen, wo ihn die CIA mehrere Wochen lang befragte. Danach hatte sich John Barron mit ihm beschäftigt und monatelange Gespräche geführt. Daraus entstand dann Barrons Buch über die sowjetische Desinformationspolitik mit dem Titel »KGB today, the hidden hand«.

Im Jahre 1981 war dann Pat Atthow aufgetaucht und hatte ihm angeboten, bei Research West als »Analytiker« zu arbeiten.

Stan glaubte lange Zeit, daß seine Analysen zur Beratung von Klienten gebraucht würden, die sich über die Lage in der Sowjetunion orientieren oder Geschäfte mit sowjetischen Partnern machen wollten. Er produzierte ununterbrochen Papiere. Sie landeten alle im Papierkorb von Pat Atthow. Sie verstand nichts von Terrorismus, geschweige denn von internationaler Politik. Sie wollte nur Geld verdienen.

Als Stan endlich feststellte, daß niemand mit ihm über seine Ausarbeitungen sprach, ging er zu Pat, um sich zu beschweren. Sie schrie ihn an. Die Diskussion endete im Streit. Sie sagte ihm: »Du bist ein kleines intellektuelles Würstchen. Wir haben Dich nur als Köder angeheuert, um Dich vorzeigen zu können, falls einer unserer Klienten Interesse daran haben könnte, einmal einen echten KGB-Major zu sehen. Es wäre besser für Dich gewesen, in Deiner Ecke sitzenzubleiben und Gehalt zu beziehen, statt dauernd nutzlose Papiere zu produzieren.«

Stan verließ nach zwei Jahren Research West. Die Firma ist inzwisch bankrott, Harold Chipman tot. Stanislaw Levschenko arbeitet heute als freier »Industrial Consultant«. Häufig wird er vom State Department zu Rate gezogen. In seinem Buch »On the wrong side, my life in the KGB« (1988) hat er seine Erlebnisse geschildert und sich seine Enttäuschungen von der Seele geschrieben. Heute geht es ihm gut.

Im Jahre 1986 konnte ich einige Freunde und Bekannte überreden, sich an einem Verein zur Terrorismusforschung zu beteiligen. Die Gründungsversammlung war im August. Der Verein wurde im Vereinsregister beim Amtsgericht in Bonn eingetragen unter dem Namen »Institut zur Erforschung von Ursachen und Auswirkungen des Internationalen Terrorismus«. In der Korrespondenz und im Geschäftsverkehr firmierte der Verein nur unter »Institut Terrorismusforschung«. Das Finanzamt erkannte an, daß es sich um einen gemeinnützigen Verein handelte.

Die Büroräume des Instituts waren unter dem Dach des Springer Verlages. Wir gaben einen Informationsdienst heraus, der den Namen »TERRORIS-

MUS« trug. Dieser Dienst erschien monatlich und umfaßte jeweils acht Seiten. Er schilderte und bewertete Terroranschläge, brachte Kurzbiographien von führenden Terroristen und stellte von Fall zu Fall die Entwicklung und die Strukturen von Terrororganisationen dar. Die Finanzierung von Institut und Informationsdienst war nie ohne Schwierigkeiten. Der Springer Verlag zahlte nichts. Die Fazilitäten, die er zur Verfügung stellte, waren Unterstützung genug.

Unsere Gelder kamen aus Wirtschaft und Industrie. Anfang 1992 drehten die beiden wichtigsten Sponsoren den Geldhahn zu. Notwendige Investitionen in den neuen Bundesländern ließen angeblich kein Geld übrig, um politische Experimente zu finanzieren. Die Regierung oder staatliche Stellen sprangen nicht ein. Mit April 1992 mußten wir Druck und Vertrieb des Informationsdienstes einstellen und das Institut zum Jahresende auflösen.

Unser Verein hatte schon wenige Monate nach seiner Gründung internationale Anerkennung gefunden. Daraus entwickelte sich ein ständiger Informationsaustausch mit anderen ähnlichen Instituten in Europa und in Übersee. Wir veranstalteten wissenschaftliche Seminare und internationale Konferenzen, die sich mit Terrorismus beschäftigten, berieten und begleiteten Studien über Terrorismus und förderten Monographien aus diesem Themenbereich.

Unsere internationale Reputation führte zu einer neuen Begegnung mit dem KGB.

Der sowjetische Staatschef Gorbatschow hatte schon 1987 in seinem Bestseller »Perestroika« geschrieben, daß die Sowjetunion grundsätzlich den Terrorismus ablehne und bereit sei, mit jedem anderen Staat energisch zusammenzuarbeiten, um »dieses Übel auszurotten«. Im November 1988 sagte Igor Beljajew, führender Mitarbeiter der »Literaturnaja Gazeta« und kooptierter Mitarbeiter des KGB, daß man »vielleicht einige gemeinsame Aktionen mit den Vereinigten Staaten gegen den Internationalen Terrorismus« diskutieren solle. Im Januar 1989 sagte der KGB-General Vitali Ponomarew: »Wir sind bereit, sogar mit der CIA zusammenzuarbeiten, wenn das notwendig ist, und mit den britischen Nachrichtendiensten, mit dem israelischen Mossad und anderen Geheimdiensten aus dem Westen.«

Sowjetische und westliche Journalisten und Mitarbeiter trafen sich dann vom 23. bis 27. Januar 1989 zu einer Besprechung in Moskau, um die Möglichkeiten einer solchen Zusammenarbeit auszuloten. Im Mittelpunkt dieser Diskussion stand die Frage, ob in Zukunft die terroristische Bedrohung nicht doch weniger von linksextremistischen Fanatikern wie den Mitgliedern der »Roten Brigaden« oder den Genossen der »Roten Armee Fraktion« ausgehen würde, sondern tatsächlich von palästinensischen Extremisten oder islamischen Fundamentalisten.

Die Sowjets gestanden zu, daß auch die UdSSR inzwischen mit Entführungen von Personen und Kaperungen von Flugzeugen Erfahrungen machen mußte. Die sowjetischen Vertreter schienen vor allen Dingen darüber besorgt zu sein, daß Terroranschläge von unkontrollierbaren Gruppen zu einer Konfrontation zwischen den beiden Supermächten führen könnten. Auch hierbei sahen die Sowjets den Nahen Osten als mögliches Szenario. Hinzu kam — damals noch — die Furcht, daß die »von den Amerikanern unterstützten« afghanischen Rebellen ihren Kampf aus Afghanistan auch in die Sowjetunion hineintragen könnten. Das war Teil der Überlegungen, wie sich der islamische Fundamentalismus überhaupt auf die 50 Millionen Moslems, die in der Sowjetunion leben, auswirken könne.

Dieser ersten Begegnung auf dem Feld der Terrorismusbekämpfung zwischen Amerikanern und Sowjets folgte ein zweites Seminar, das am 29. September 1989 in den Räumen der Rand Corporation in Santa Monica/Californien begann. Teilnehmer waren dieses Mal — neben Wissenschaftlern und Publizisten — der ehemalige KGB-Generalleutnant Fjodor Tscherbak, früher Vizedirektor des zweiten Direktorats, und der ehemalige KGB-Generalmajor Viktor Schesdenkow, früher Chef der Terrorismusabwehr des KGB. Von amerikanischer Seite beteiligten sich der ehemalige Chef von CIA, William Colby, und der frühere CIA-Vize Ray Cline.

Die Teilnehmer der verschiedenen Arbeitsgruppen der Konferenz entwarfen Empfehlungen für künftige Kooperation, darunter für einen Erfahrungs- und Informationsaustausch der sowjetischen und amerikanischen Geheimdienste, für die Zusammenarbeit bei der Befreiung von Geiseln und für die Zusammenarbeit in der Bekämpfung des Terrorismus aus dem Nahen Osten.

Am 20. Dezember 1990 trafen sich die Experten erneut in der Universität von Saint Andrews in Edinburgh. Der Schwerpunkt dieser Veranstaltung lag bei der Bewertung der irakischen Invasion in Kuwait. Die Teilnehmer stellten fest, die Regierung des Irak habe die Zusammenarbeit verschiedener Terrorgruppen mit unterschiedlichen ethnischen, religiösen und ideologischen Orientierungen gefördert. Die »Libanisierung« ganzer Regionen habe nicht nur einen Prozeß der Zerstörung von Werten und von menschlichem Leben eingeleitet, sondern unausweichlich zu einer dramatischen Verbreitung von Gewalt geführt. Die Gefahr, daß Sponsorstaaten sich in nationale, ethnische und religiöse Auseinandersetzungen durch Unterstützung von Terrorgruppen einschalten könnten, sei gewachsen. Die internationale Gemeinschaft müsse derartige Entwicklungen von Anfang an bekämpfen. Möglicherweise könne auch der Terrorismus von Westeuropa über die früheren Ostblockländer in die Sowjetunion hineinwirken. Die beteiligten Länder müßten über die UNO oder über die Mechanismen der KSZE zu einer Zusammenarbeit in der Abwehr des internationalen Terrorismus finden.

Am 10. und 11. Juni 1991 fand in Paris die fünfte und letzte Konferenz dieser Art statt. Von sowjetischer Seite beteiligten sich wieder Igor Beljajew und die beiden KGB-Generäle Fjodor Tscherbak und Viktor Schesdenkow. Die Konferenz wurde organisiert von Xavier Raufer vom Institut für Kriminologie an der Sorbonne. Der stellvertretende Chef des französischen geheimen Nachrichtendienst DST beteiligte sich.

Bei dieser Zusammenkunft wurde noch deutlicher als bei den früheren Konferenzen, wie sehr sich die Sowjets durch politische Gewalt, die vom Westen nur zum Teil als terroristische Aktivität bewertet werden kann, gefährdet glaubten. In den Besprechungen kristallisierte sich heraus, daß die Sowjetunion den islamischen Fundamentalismus als eine politische Kraft ansah, die sich auch gegen ihre Interessen richtete. Der Terrorismus aus dem Mittleren Osten bedrohte nach Meinung der sowjetischen Experten nicht nur die USA, Israel und Objekte und Personen in Westeuropa, sondern hatte möglicherweise auch Ziele in der UdSSR. Deshalb müsse man — nach Meinung der Sowjets — gerade diesen Terrorismus »verhindern, begrenzen und bestrafen«, ein durchaus konsens- und verhandlungsfähiger Standpunkt.

Nach Abschluß der Konferenz trafen sich die Teilnehmer zum Abendessen in einem baskischen Lokal. Xavier Raufer hatte das organisiert. Wahrscheinlich wollte er den Sowjets eine Begegnungsstätte zeigen, die sie daran erinnern sollte, daß sie früher den Terrorismus der ETA unterstützt hatten.

Die KGB-Generäle waren trainierte Trinker. Sie gossen sich ihre Gläser randvoll und leerten sie mit einem Zug. Als Fjodor Tscherbak eine Flasche Rotwein getrunken hatte, sprach er mich auf Spanisch und mit »Companero« an, d.h. »Genosse«. Er fragte mich: »Was macht das Baskenland?« Wir unterhielten uns. Dann fragte ich ihn, woher er so gut Spanisch spreche, ob er im spanischen Bürgerkrieg gewesen sei. Er lachte und sagte: »Komm' mal raus. Ich muß Dir was sagen.« Wir gingen in die Ecke des Speisezimmers. Dort umarmte er mich und sagte: »Du hast Deine Hausaufgaben nicht gemacht. Ich bin doch erst sechzig Jahre alt und kann gar nicht im spanischen Bürgerkrieg gewesen sein. Ich war mehrere Jahre lang Berater des kubanischen Geheimdienstes. Das hast Du wohl nicht gewußt, wie? Bevor ich in diese Konferenz ging, habe ich mir aber die Zeit genommen, in Deine Akte zu schauen.«

Die vorläufig letzte Begegnung mit KGB-Leuten hatte ich im November 1991 während einer Konferenz auf Schloß Cecilienhof in Potsdam über »Intelligence and the New World Order«. William Colby war auch da. Als Star der Veranstaltung trat der ehemalige KGB-Generalmajor Oleg Kalugin auf. Sein Vater war Offizier in Stalins NKWD gewesen. Kalugin selbst wurde vom KGB rekrutiert, als er an der Universität Leningrad studierte. Er kam zur Ersten Hauptabteilung. Unter Legende als Journalist besuchte er die Columbia State University in New York. Tatsächlich arbeitete er als »Illegaler« in Spionageoperationen und als Einflußagent. Danach avancierte er zum Residenten des KGB an der sowjetischen Botschaft in Washington. Er wurde der jüngste General in der Geschichte des KGB und sollte Chef der »Linie KR« werden, d.h. die Verantwortung für die Gegenspionage übernehmen.

Noch in der alten Abteilung kritisierte er die Organisation des KGB und die Arbeit seines unmittelbaren Vorgesetzten, des Chefs der Ersten Hauptabteilung, Viktor Kryuchkow, der später Chef des KGB werden sollte und dieses Amt noch inne hatte während des Putsches gegen Gorbatschow. Kalugin trat

1989 von seinen Funktionen zurück und verließ das KGB. Er setzte seine publizistischen Angriffe gegen das KGB fort. Im Jahre 1990 unterzeichnete Michail Gorbatschow einen Erlaß, durch den General Kalugin seinen Rang, seine Orden und Ehrenzeichen und seine Pension verlor. Dieser kandidierte daraufhin für einen Sitz im Obersten Sowjet, dem damaligen »Parlament« der UdSSR, und hatte Erfolg. Nach dem Putsch vom August 1991 berief ihn der neue KGB-Chef Wadim Bakatin zum Berater. Im Oktober 1991 löste Präsident Gorbatschow das KGB auf und verteilte seine bisherigen Aufgaben auf drei neue Organisationen. Der sogenannte Zentrale Nachrichtendienst übernahm die Aufgaben der Ersten Hauptabteilung im Rahmen der bisherigen Auslandsaufklärung. Der Sicherheitsdienst ersetzte die Zweite Hauptabteilung, die für die politische Polizei verantwortlich war und bis dahin den riesigen Repressionsapparat des KGB in der Hand hatte. Die dritte Organisation übernahm die Grenzpolizei. Chef der Auslandsaufklärung wurde Jewgeni Primakow, kein Karrierist und Betonkopf aus dem KGB, sondern Wissenschaftler und Arabist.

In seinem Referat auf Schloß Cecilienhof rühmte sich Kalugin seines Beitrags bei der Zerschlagung der alten Strukturen des KGB. Die Kollegen, die im Ausland eingesetzt gewesen seien, hätten durch ihre Kontakte zum Westen schon frühzeitig Flexibilität gelernt. Die Mehrheit der KGB-Offiziere sei aber in der Zentrale und in der Sowjetunion eingesetzt gewesen. Diese Leute seien unbeweglich geblieben. Einige von ihnen hätten versucht, die notwendige Entwicklung zur Demokratie zu blockieren. Abgesehen von Kryuschkow und einigen Leuten an der Spitze habe sich das KGB dennoch nicht an dem Putsch gegen Gorbatschow beteiligt, habe sich wenigstens passiv verhalten.

Michail Gorbatschow habe sich schon jetzt seinen Platz in der Geschichte gesichert. Kein anderer als er habe es gewagt, das siebzig Jahre alte Sowjetsystem — geprägt von Verdächtigungen, Furcht, Gewalt, Unterdrückung und Tod — herauszufordern. Vor allem ihm verdanke Deutschland seine Wiedervereinigung. Kein anderer als er habe mit der Politik von Abrüstung und Entspannung so viel Erfolg gehabt. Gorbatschow sei es auch gewesen, der die ständige Finanzierung anderer marxistisch-leninistischer Regime und sogenannter Nationaler Befreiungsbewegungen wirklich ernsthaft gestoppt habe.

An dieser Stelle hätte Kalugin sich korrigieren müssen. Im Juni 1992 veröffentlichte der russische Informationsminister Poltananin Dokumente aus den Archiven der KPdSU, nach denen die sowjetische Führung auch noch unter Gorbatschow internationale Terrorgruppen unterstützt hatte.

Gorbatschow sei nicht gescheitert, so fuhr Kalugin fort, weil er eine falsche Politik gemacht habe, sondern weil die Ereignisse ihn überrollt hätten. Der Kommunismus sei jetzt tot. Gorbatschow habe sicher nicht die Absicht gehabt, ihn zu zerstören. Er habe versucht, den Frieden zu sichern, die Demokratie zu verwirklichen und die wirtschaftliche Lage in Rußland zu verbessern. Und dabei habe er — eher zufällig, aber unvermeidlich — den Marxismus-Leninismus beseitigen müssen.

Auch Kalugin hatte die Sorge, daß sich der islamische Fundamentalismus in den von Moslems bewohnten Ländern der Gemeinschaft Unabhängiger Staaten (GUS) weiter ausbreiten und den Zusammenhalt der Föderation gefährden könne. Er hob hervor, daß dies auch Probleme für Westeuropa bringen werde. Der verstärkte moslemische Fanatismus könne die Terrorgruppen aus Nahost zu neuen Aktivitäten gegen europäische Ziele provozieren.

Fundamentalismus und Rechtsextremismus

Der Zusammenbruch der Sowjetunion hat den Fundamentalismus gestärkt. Nun können sich die Energien des Islam auf den verbliebenen »Großen Satan« konzentrieren, nämlich auf die Vereinigten Staaten von Amerika, und auf dessen Bündnispartner Israel und die westeuropäischen Länder.

Schon Mitte der achtziger Jahre hatte der Fundamentalismus der Schiiten auf die Sunniten übergegriffen. Von Marrakesch und Algier bis Peschawar und Kabul wurde die islamische Welt überschwemmt von einer Welle neuer Gläubigkeit, deren Militanz voller Siegeszuversicht war, deren Fanatismus aber von Minderwertigkeitskomplexen gespeist wurde. Diese Komplexe hatten sich aus den Erfahrungen des Orients mit dem Abendland über mehrere Jahrhunderte entwickelt. Die Rekonquista wurde vor 500 Jahren mit der Eroberung von Granada abgeschlossen. Vor 300 Jahren standen die Türken vor Wien. In den letzten 150 Jahren haben westeuropäische Regierungen fast alle muslimischen Regionen als koloniale Beute genommen und die Bewohner in ein Fellachendasein gefesselt.

Der Islam hat nie eine Reformation gehabt. Aufklärung, Industrialisierung und Technisierung gingen an der islamischen Welt vorbei. Auch dafür geben die Mohammedaner dem Westen die Schuld.

Wenn bisher die Existenz Israels die zerstrittenen arabischen Stämme und die islamischen Nationen zusammengeführt hat, so dürfte — gefördert durch den Fundamentalismus — in Zukunft der gemeinsame Haß auf den Westen, der durch geschichtliche Erfahrung gespeist ist, die gleiche Bindewirkung haben. Schon jetzt haben die Niederlage Saddam Husseins und die Sanktionen, die ihm die Alliierten auferlegten, die Gräben zwischen der arabisch-islamischen Welt und dem Westen vertieft. Auch die arabischen Alliierten des Westens empfinden inzwischen die Niederlage des Irak als Demütigung für alle Araber. Das wird die Neigung, die Methode des Terrorismus als Ersatzkrieg anzuwenden, verstärken. Wenn man den Westen — wie der Krieg gegen den Irak gelehrt hat — nicht mit den von ihm gelieferten Waffen schlagen kann, dann muß man auf die Waffen der Assassinen zurückgreifen, nämlich auf Attentat und Mord.

Die Spannungen im Mittelmeerraum zwischen der islamischen Welt und den nördlichen mediterranen Küsten haben zugenommen. Das beruht auch auf dem wachsenden Bevölkerungsdruck, der sich von Nordafrika und aus dem Mittleren Osten gegen Europa richtet. Im Jahre 1954 hatte Algerien nur acht Millionen muslimische Einwohner. Bis 1990 wuchs die Einwohnerzahl auf 30 Millionen an. Davon sind mehr als Zweidrittel jünger als 25 Jahre. Früher wurde man in Algier an Marseille erinnert. Heute spiegelt sich Algier in Marseille wieder.

In Frankreich leben knapp vier Millionen Einwanderer muslimischen Glaubens. Sie beten in rund 1.000 Moscheen. Bisher haben sie den Indoktrinierungsversuchen der Fundamentalisten weitgehend widerstanden. Es bleibt abzuwarten, ob und wie bald sie sich als logistische Unterstützer für potentielle Terroroperationen aus der islamischen Welt zur Verfügung stellen.

In Italien, den Beneluxstaaten, einigen skandinavischen Ländern und auch in Deutschland drohen ähnliche Entwicklungen. In Deutschland leben zur Zeit rund 500.000 Kurden, etwa 150.000 in Skandinavien, 50.000 in Frankreich, je 20.000 in Großbritannien und in den Niederlanden. Eine große Anzahl von ihnen unterstützt die Terroroganisation PKK mit Geld. Das mag zur Zeit noch eine Art Tribut sein. Zwischen finanzieller Hilfeleistung über die Mitgliedschaft in der Organisation bis hin zu aktiver Beteiligung an Terroranschlägen liegen nur wenige Schritte.

Der irakische Geheimdienst hat den Kurden in der Türkei im August und September 1991 enorme Mengen chinesischer Waffen und Munition vermittelt. Kurden und Irakis sind hier verbündet. Die weiteren Auseinandersetzungen werden aber nicht nur in der südlichen Türkei stattfinden. Die PKK wird versuchen, türkische Ziele auch in Europa anzugreifen. Unterstützung für diesen »Befreiungskampf« findet die PKK auch in Syrien. Der syrische Geheimdienst unterhält für die PKK nach wie vor ein Ausbildungszentrum in Helwe im Bekaa-Tal unter dem Namen »Militärakademie Mahsum Korkmaz«.

Auf diesem Hintergrund werden Terroranschläge von radikalen arabisch-islamischen Gruppen auch bei uns zu Haßausbrüchen führen. Die Wahlerfolge der »Nationalen Front« des französischen Politikers Le Pen liegen an der französischen Mittelmeerküste zwischen 20 und 25 Prozent. Das sind erste Anzeichen für ein politisches Klima, gegenüber dem sich der Kalte Krieg wie der Prager Frühling ausnehmen könnte.

Ayatollah Khomeini hat prophezeit, daß sich der nächste große Krieg aus dem Gegensatz zwischen Christentum und Islam entwickeln werde. Der Westen werde wahrscheinlich »die Gewehre haben«, die »Kinder des Ayatollah« — und zwar weit über die Grenzen des Iran hinaus — hätten aber »die Erleuchtung«. Sie würden »dem Ruf des Märtyrertums« folgen. Armeen könnten besiegt werden, Märtyrer aber nicht.

Der große Krieg ist für die islamischen Länder noch nicht möglich. Deshalb wird es bei Ersatzkriegshandlungen bleiben. Terroristische Vergeltungsschläge für tatsächliche oder angebliche Demütigungen von Regierungen aus Nordafrika und dem Mittleren Osten durch europäische Länder werden zusammentreffen mit immer neuen Wellen von Flüchtlingen, die dem Hunger und dem Elend in diesen Ländern ausweichen wollen und nach sozialer Sicherheit in Europa suchen.

Ähnliches entwickelt sich in den osteuropäischen Ländern. Von dort haben sich schon jetzt Befehls- und Kommunikationsstränge der organisierten Kriminalität in westeuropäischen Großstädten gebildet. Die katastrophale wirtschaftliche Lage in Rußland ist auch in den nächsten sieben Jahren nicht zu beheben. Mindestens fünf Millionen Russen sitzen auf gepackten Koffern, um ihre Heimat zu verlassen und in Westeuropa einzureisen. Die meisten davon werden in der Bundesrepublik Deutschland bleiben wollen, um sich hier eine neue Existenz aufzubauen.

Beide Probleme treffen zusammen mit einem Urbanisierungssyndrom, das bisher vorwiegend die Riesenstädte in der Dritten Welt befallen hat, das aber auf Europa übergreifen könnte. Lima, Callao, Bogota in Südamerika, Mexiko in Mittelamerika, Karatschi in Asien und Kairo in Afrika können fast nicht mehr regiert werden. In diesen Ballungszentren haben sich Grauzonen gebildet, in die staatliche Autorität keinen Zugang mehr hat und die die Polizei nicht mehr kontrollieren kann. Organisiertes Verbrechen, verbunden mit organisiertem Terrorismus, haben die Herrschaft übernommen.

In den USA ist Beispiel für eine solche Entwicklung Los Angeles. In den Randgebieten dieser Stadt sind rund 60.000 Jugendliche in etwa 900 Gruppen und Banden organisiert, die manchmal nur zehn Personen umfassen, in einigen Fällen aber eine Mitgliederzahl von mehreren tausend Personen haben. Diese Gangs waren im Jahre 1991 verantwortlich für 700 Morde.

Alle diese Banden setzen sich jeweils aus einer »Rasse« zu sammen und zeichnen sich durch den Haß auf alles aus, was andersartig ist. In den Gruppen, die sich aus Schwarz-Amerikanern gebildet haben, gibt es z.B. nur Neger und keine Asiaten bzw. »Hispanics« und umgekehrt. Jede Gang beherrscht ihr jeweiliges Viertel und bekämpft dort jede Konkurrenz. Die Theorie des »amerikanischen Schmelztiegels« ist dabei schon längst ad absurdum geführt.

Wenn eine solche Bande ein »Barrio« oder ein »Quartier« besetzt hat — ein Prozeß, der sich über Monate hinziehen kann —, dann muß das neu gewonnene Territorium kontrolliert werden. Sobald es zu einer »Grauzone« geworden ist, in der staatliche Autorität nicht mehr funktionieren kann, wird es zur Ausbeutung durch die jeweilige Straßengang genutzt. Das kennzeichnet sich für die Bewohner des betreffenden Viertels durch die ständige Präsenz von Gewalt, den wachsenden Konsum von Drogen durch die dort wohnenden Jugendlichen und den Rückzug der Polizei aus dem Viertel. Das ganze Quartier ist eingeschüchtert und terrorisiert durch Gewaltakte einer besonderen Art von Stadtguerilla. Opfer und Zeugen unterliegen ständiger Bedrohung. Die Einwohner werden zu Gefangenen in ihren eigenen Häusern. Die Straßen gehören den Kriminellen.

Berlin läuft Gefahr, als erste europäische Großstadt diesen Beispielen zu folgen.

Der Zerfall der Sowjetunion hat nicht nur den Fundamentalismus gestärkt; er hat auch den Nationalismus wiederbelebt. Die Basken und die Korsen, die Bretonen und die Schotten hatten schon vorher nach ihrer Eigenständigkeit gesucht. Jetzt ist der Zusammenhalt der Gemeinschaft Unabhängiger Staaten nicht mehr gewährleistet. Die einzelnen Länder treiben auseinander. Über den Kaukasus hinaus drohen Bürgerkriegswirren. Die Slowakei hat sich aus dem tschechoslowakischen Staatsverband gelöst. In Belgien haben sich Flandern, die Wallonie und die deutschsprachigen Bezirke voneinander getrennt. Im ehemaligen Jugoslawien hat sich fanatischer Tribalismus zum Völkermord gesteigert.

In Deutschland glaubte man die Götzen des platten Nationalismus tot und seine Altäre zerstört. Jetzt sind die Dämonen zurückgekehrt. Der Alptraum begann in den neuen Bundesländern und dehnte sich nach Westdeutschland aus. Man wird die neuen Probleme aber nicht damit bewältigen können, daß man den dumpfen Chauvinismus der Skinheads mit organisiertem Rechtsextremismus gleichsetzt. In jedem Falle unzulässig ist es, die Reaktion des Staates gegenüber der Gewalt, die sich zum Teil in Rechtsextremismus nur kleidet, mit den Maßnahmen von Politik und Sicherheitsbehörden gegenüber der »Roten Armee Fraktion« zu vergleichen. Bis zur Entführung und Ermordung von Hanns Martin Schleyer und seiner Begleiter wurden die Terroranschläge der RAF gestützt durch Sympathiebekundungen eines großen Kreises von Professoren, evangelischen Pfarrern, Journalisten und Schriftstellern, die zwar die Taten verurteilten, aber für die Motive der Terroristen Verständnis hatten. Nach der Ermordung von Generalbundesanwalt Siegfried Buback äußerte ein »Mescalero« in Göttingen »klammheimliche Freude« und hatte »nur ein wenig Bedauern« darüber, daß »dieses Gesicht nun nicht mehr in das rotschwarze Verbrecheralbum« aufgenommen werden konnte. Dreiundvierzig deutsche Hochschullehrer machten diesen Text in einer Publikation, die sie mit ihrem Namen unterschrieben, einer breiten Öffentlichkeit als »Diskussionsgrundlage« zugänglich. Schweigemärsche zum Gedenken an die insgesamt 32 ermordeten und mehr als 100 verletzten Opfer der RAF und Massendemonstrationen gegen den Terrorismus der extremen Linken hat es nie gegeben. Nach den Anschlägen von Hoyerswerda, Rostock und Mölln haben Hunderttausende der Opfer gedacht und mit gewaltigen Lichterketten gegen die Gewalt von rechts protestiert. Wenn man überhaupt Vergleiche ziehen will, dann sollte man die Aktionen der Skinheads messen an der Welle von Gewalt, mit der Mitglieder rechtsextremistischer Kleingruppen Anfang der achtziger Jahre eine blutige Spur durch Deutschland zogen.

Am 26. September 1980 brachte Gundolf Köhler vor dem Eingang zum Oktoberfest auf der Münchener Theresienwiese eine Bombe zur Explosion, die ihn selbst und zwölf weitere Menschen tötete und 211 Personen zum Teil schwer verletzte. Im gleichen Jahr verübten sechzehn Mitglieder der »Deutschen Aktionsgruppen« Sprengstoffanschläge auf das Landratsamt in Esslingen, die Landratswohnung in Ostfildern, eine Schule in Hamburg, das Ausländerlager in Zirndorf und ein Asylantenheim in Lörrach sowie Brandanschläge gegen Ausländerunterkünfte in Leinfelden und in Hamburg. In Hamburg starben zwei Vietnamesen an den Brandverletzungen. Die Täter konnten nach umfangreichen Vorermittlungen durch uns verhaftet und überführt werden.

Am 19. Dezember 1980 wurden in Erlangen der jüdische Verleger Shlomo Levin und dessen Lebensgefährtin Frida Poeschke von einem Mitglied der »Wehrsportgruppe Hoffmann« erschossen. Am 24. Dezember 1980 erschoß der Neonazi Frank Schubert an der deutsch-schweizerischen Grenze einen Schweizer Polizeibeamten und einen Schweizer Zollbeamten. Zwei weitere Beamte wurden schwer verletzt. Schubert beging anschließend Selbstmord.

Am 28. Mai 1981 tötete Friedhelm Enk, Mitglied der »Aktionsfront Nationale Sozialisten/Nationale Aktivisten«, auf einem Acker in der Nähe von Hamburg ein anderes Mitglied seiner Organisation mit zahlreichen Messerstichen. Es handelte sich um einen Fememord.

Am 25. Juni 1982 erschoß der Neonazi Helmut Oxner in einer Nürnberger Diskothek einen farbigen US-Soldaten und einen farbigen amerikanischen Zivilisten. Eine Koreanerin und ein Türke wurden bei der Schießerei verletzt. Anschließend lief Oxner auf die Straße und schoß mit dem Ruf »Es lebe der Nationalsozialismus!« auf weitere Ausländer. Ein junger Ägypter wurde tödlich getroffen und ein libyscher Staatsbürger schwer verletzt. Nach einem Schußwechsel mit der Polizei, bei dem Oxner verletzt wurde, beging er Selbstmord.

Im Jahre 1982 wurden in der Bundesrepublik insgesamt zwanzig Sprengstoff- und Brandanschläge von Rechtsextremisten verübt. Diese Aktionen richteten sich alle gegen Wohnungen, Unterkünfte und Kraftfahrzeuge, die von Ausländern benutzt wurden. So neu, wie heute vielfach behauptet, sind also Fremdenfeindlichkeit und Gewalt von rechts im Nachkriegsdeutschland nicht.

Nach 1984 ließen die Gewaltaktionen von Rechtsextremisten deutlich nach. Dazu haben beigetragen die entschiedene Haltung der Regierungen von

Bund und Ländern, die zwischen 1980 und 1983 drei wichtige rechtsextremistische Organisationen als verfassungswidrig verboten, die Erfolge von Verfassungsschutz und Polizei und die schnellen Strafverfahren und harten Urteile durch die Gerichte.

Der Staat war weder damals noch ist er heute »auf dem rechten Auge blind«. In der ehemaligen DDR waren rechtsextreme Positionen über Jahrzehnte nicht abgedeckt, sondern ausgegrenzt und unterdrückt. Mit dem Fall der Mauer zeigte sich, daß sich nationalistische Manifestationen, die sich zunächst mehr als Demonstration denn als Aktion präsentierten, entwickeln würden. Die daraus folgenden Eruptionen haben auch im Westen die Krater der Gewalt, die schon erloschen schienen, wiederbelebt. Neue Motivationsquellen wurden erschlossen.

Die Politik, die das hätte voraussehen können, hat auch die Lösung von Problemen, die schon länger anstanden, vor sich hergeschoben. Das war die Asylanten- und Ausländerfrage. Daran wird sich für die nächsten Jahre Gewalt immer wieder neu entzünden. Die meisten Bürger werden das verurteilen. Im Gegensatz zu 1979/80 herrscht aber weitgehend Übereinstimmung darüber, daß die Regierung und die Opposition darin versagt haben, der neuen Völkerwanderung rechtzeitig zu begegnen.

Die einzelnen Aktionen der jugendlichen Schläger in den neuen Bundesländern richteten sich zunächst nicht nur gegen Ausländer und Asylanten. Sie äußerten sich manchmal in bandenkriegsartigen Auseinandersetzungen. In ihren Anfängen waren sie weitgehend unpolitisch. Von den Medien wurden sie allerdings häufig vorschnell mit politischen Etiketten versehen. Man macht es sich zu leicht, wenn man alle Skinheads in den neuen Bundesländern einfach in die Schublade des Rechtsextremismus zu packen versucht.

Den meisten jungen Mitbürgern im Osten sind die politischen Mechanismen einer Demokratie noch immer nicht einsehbar, vor allem nicht die schwierigen und auch langwierigen Entscheidungszüge einer demokratischen Administration. Ihr Rechtsradikalismus — wenn er sich denn so artikuliert — ist auch ohne schlechtes Gewissen, im Gegensatz zu manchen westlichen Extremisten. Sie fühlen sich für die Greueltaten während der Nazizeit nicht verantwortlich, geschweige denn schuldig. Viele von ihnen verneinen sogar die Verantwortung ihrer Großväter für diese Verbrechen. Politische Kompromisse halten sie für verwerflich. Grautöne sind ihnen fremd. Ihre Antipathien und ihre Zuneigungen verteilen sie nach Schwarz-Weiß-Kategorien.

Im Westen war der langjährige Umgang mit demokratischen Prozeduren Teil der Erziehung. Er hat zur Stabilisierung der politischen Kultur beigetragen. Aber auch hier hat es viele Jahre gebraucht, bis sich demokratisches Verhalten und Denken in der Breite entwickelt und verankert hatte.

Im Osten interessieren die Floskeln von den Vorzügen einer multikulturellen Gesellschaft kaum noch jemand. Auch in dem Teil der Bevölkerung, dem extremistisches Gedankengut fremd ist (und das ist die überwältigende Mehrheit), wächst der Unmut über eine zunehmende Zahl alimentierter junger Ausländer, denen zu arbeiten untersagt ist. Inzwischen hat die Asylantenfrage durchgeschlagen auf die Dörfer und Kleinstädte. In den kleineren Gemeinden werden die Gruppen arbeitsloser Fremder, die durch die Supermärkte schlendern, weitaus stärker als Störung empfunden als in den Großstädten. Gerade die sozialdemokratisch regierten Landgemeinden haben erfahren, daß die Spitze der SPD die Verbindung zu den Problemen der Genossen vor Ort verloren hat. In den neuen Ländern wird derartiger Unmut zum Zorn, wenn die Mitbürger realisieren, daß die finanziellen Zuwendungen an Asylbewerber häufig höher sind als die meisten der derzeitig im Osten ausgezahlten Renten oder als ihr eigenes Arbeitslosengeld.

Bisherige Erfahrung zeigt, daß man die Abwehr von Gewalt, die politisch motiviert ist, nicht den Sicherheitsbehörden allein überlassen darf. Die Politik muß unterstützen. Der Appell, es sei notwendig, sich mit dem Rechtsradikalismus »geistig aus einanderzusetzen«, genügt nicht. Das ist nur ein Stereotyp, inzwischen vielfach mißbraucht. Abgesehen davon ist es kaum möglich, sich mit einem Phänomen geistig auseinanderzusetzen, das des Geistes entbehrt.

Die Gewaltaktionen in Ost und West werden vorwiegend von Jugendlichen getragen, die ohne Arbeit sind. Die Regierungen in Bund und Ländern sind deshalb mehr als je gefordert, die Probleme der Jugendarbeitslosigkeit zu bewältigen. Heranwachsende, die den Zusammenhang zwischen Arbeit und Lohn erkennen, bündeln ihre Energien eher für die eigene Zukunft, als sie in letztlich fruchtlosen Aktionen gegen Entwicklungen zu verschwenden, die sie nicht beeinflussen können.

Erst wenn deutlich wird, daß die Politik den Interessen der Mehrheit dient, kann der Einsatz der Polizei gegen die wenigen, die immer unbelehrbar bleiben, Erfolg haben. Andernfalls wird sehr bald aus dem, was sich bisher noch weitgehend als Ausdruck primitiver Gewaltbereitschaft gegen »andere« äußert, organisierter Terrorismus von rechts werden.

Es ist zu befürchten, daß das, was uns aus dieser Entwicklung ins Haus steht, schlimmer werden wird als alles, was wir bisher mit unserem und dem internationalen Terrorismus erlebt haben. Die Aktionen der RAF und der Palästinenser haben Wirkung gehabt nicht durch die Zahl der Opfer, sondern weil sie die Ohnmacht des Staates demonstrierten, dessen Pflicht es sein sollte, seine Bürger zu schützen. Der gemeine Mann war nie in Gefahr, und er wußte das auch. Mit dem Angriff des organisierten Verbrechens auf unsere Gesellschaft und mit dem Beginn ihrer Zerstörung durch wachsendem Drogenmißbrauch wird sich das ändern. Wir werden alle Opfer werden. Der Dschungel wartet vor der Tür. Viele Bürger fürchten schon heute um Sicherheit und Eigentum. Sie sehen den Staat nicht gerüstet, der neuen Gefahr zu begegnen. Man kann nur hoffen, daß er seinen Sicherheitsbehörden endlich die Waffen in die Hand gibt, die — für Aufklärung und Beweissicherung — notwendig sind, die künftigen Auseinandersetzungen zu bestehen. Dazu gehören sowohl die inzwischen beschlossene Verlängerung der Kronzeugenregelung als auch die gesetzlich fundierte Erlaubnis zum Lauschangriff. Beide sind zwar keine Garantie für die Stabilisierung der inneren Sicherheit. Es sind aber Maßnahmen, die helfen können, daß der Kampf gegen Terrorismus und organisiertes Verbrechen nicht verlorengeht.

Ich selbst kann mich in diese Dinge nicht mehr hineinhängen. Ich bin froh, wenn ich die Aufträge, die ich noch habe, erfüllen kann — auch den, über den noch nicht zu sprechen ist. Vielleicht sind die Augenblicke noch nicht vorbei, in denen sich die Kopfhaut zusammenzieht, wenn Gefahr sich nähert.

Jule Baumann, die mich einen Spion nannte, ist tot. Sie starb mit 94 Jahren. Auch sie hat den Hochkönig und die Berge des Steinernen Meeres, die auf Hinterthal herunterblicken, geliebt.

Ich werde diese Gipfel wohl nicht mehr begehen können und nicht mehr das Klirren von Haken und Karabinern hören, nicht mehr das Gewicht der Seile spüren, noch feucht vom Tau des dunklen Morgens, und nie mehr den festen Griff in steiler Verschneidung oder an ausgesetzter Kante fassen, die zum Gipfel führen.

Das alles ist Erinnerung — mehr nicht. Aber das Vertrauen zum Seilgefährten bleibt.

Personenregister